同济经管 时代新知

NEW KNOWLEDGE IN NEW ERA

School of Economics and Management, Tongji University

第二辑 Volume II

同济大学经济与管理学院 编

同济大学出版社

内 容 简 介

本书是“同济经管　时代新知”系列丛书的第二辑，精选了2019—2020年同济大学经济与管理学院的教师发表在国内主流报刊上的部分评论文章，内容涉及新冠肺炎疫情防控、全球经济治理、创新驱动转型、经济理论创新、管理科学新知、区域协调统筹、科研发展规律等主题。文章对当代国内外经济与管理的热点问题进行了深入剖析，并提出了独到的见解和富有新意的建议。本书有助于读者了解当代国内外经济与管理的发展状况及趋势，也践行了同济大学经济与管理学院将教学与研究、理论与实践相结合的理念。

图书在版编目(CIP)数据

同济经管　时代新知. 第二辑 / 同济大学经济与管理学院编. —上海：同济大学出版社，2021.5

ISBN 978-7-5608-9849-0

Ⅰ. ①同…　Ⅱ. ①同…　Ⅲ. ①经济管理　Ⅳ. ①F2

中国版本图书馆CIP数据核字(2021)第051038号

School of Economics and Management, Tongji University: New Knowledge in New Era (Volume Ⅱ)

同济经管　时代新知(第二辑)

同济大学经济与管理学院　编

责任编辑　陆克丽霞　**责任校对**　徐春莲　**封面设计**　吴晨阳　**版式设计**　潘向蓁

出版发行　同济大学出版社　www.tongjipress.com.cn
(地址:上海市四平路1239号　邮编:200092　电话:021-65985622)
经　　销　全国各地新华书店
排　　版　南京文脉图文设计制作有限公司
印　　刷　常熟市大宏印刷有限公司
开　　本　710 mm×1000 mm　1/16
印　　张　18.5
字　　数　370 000
版　　次　2021年5月第1版　2021年5月第1次印刷
书　　号　ISBN 978-7-5608-9849-0

定　　价　88.00元

前　言

2020年是极不平凡的一年。

一场新型冠状病毒肺炎疫情席卷全球，牵动了所有人的心。经历了停工、停课、居家隔离，各省级政府还纷纷启动了国家一级响应，在以习近平同志为核心的党中央的坚强领导下，国内疫情迅速得到有效控制，并全面复工复产。知识报国、学术为民。抗疫期间，同济大学经济与管理学院(以下简称同济经管)教师密切关注、审慎思考、积极行动，就如何提高突发疫情下的公共治理能力、如何完善国家应急管理体系、如何推动疫情后的复工复产等焦点问题建言献策，以学术智慧支援这场全民战"疫"行动。本书收录了部分文章以留存纪念。

2020年又是具有里程碑意义的一年。

我国脱贫攻坚成果举世瞩目，同时，经济发展、防污治理、对外开放、高等教育普及化、国防军队建设等也都取得了决定性的成就。在深圳等经济特区建立40周年、上海浦东开发开放30周年之际，置身春潮涌动的南海之滨、绚丽多姿的黄浦江畔，令人感叹改革开放创造的发展奇迹。我国夺取了全面建成小康社会、实现第一个百年奋斗目标的伟大胜利，开启了全面建设社会主义现代化国家的新征程。

新一轮科技革命和产业变革已悄然而至，国际环境错综复杂，世界正经历着百年未有之大变局。当下，我国已转向高质量发展阶段，但是仍存在一些发展不平衡、不充分的问题亟须解决。在坚定不移贯彻创新、协调、绿色、开放、共享的新发展理念下，同济经管走在学科前沿，不断尝试以全新视角探索经济发展规律，运用创新思维解决突出问题，为深化国内重点领域发展、构建新发展格局和提升国际竞争力贡献力量。

以此为契机，同济经管推出了凝结学院教师智慧与思想的——《同济经

管　时代新知》(第二辑)。本书着眼于时代发展中的重要议题,聚焦新冠肺炎疫情防控,涉及全球经济治理、创新驱动转型、经济理论创新、管理科学新知、区域协调统筹、科研发展规律等领域,学院教师凭借多年积累的治学经验和创新的远见卓识,从宏观和微观层面为以上问题的研究提供了新视角、新思路与新方案。

本书在编辑过程中,对部分原稿做了少许修改,文稿内容仅代表作者个人观点,特此说明。

多年来,同济经管秉持立德树人之初心,以"培养卓越管理人才,推动可持续发展"为愿景,勇于应对时代挑战,不断推动经济与管理的理论创新,培养具有国际水平的业界精英和创新团队,为国家和社会发展输送了数以万计的优秀人才。站在"两个一百年"的历史交汇点,与祖国同行,以科教济世,同济经管将持之以恒,为更好地服务国家和地区的经济社会发展、推动学校双一流建设贡献一份力量。在全面建设社会主义现代化国家的新征程中,同心共筑中国梦!

最后,向在筹划本书时给予建议和帮助的各位表达诚挚的感谢。

编　者

2020 年 12 月 31 日

目录

CONTENTS

第2篇 CHAPTER 2 纵观全球经济治理

第3篇 CHAPTER 3 引领创新驱动转型

第4篇 CHAPTER 4 深耕经济理论创新

第5篇 CHAPTER 5 探究管理科学新知

第6篇 CHAPTER 6 谋划区域协调统筹

第7篇 CHAPTER 7 把脉科研发展规律

第 1 篇
聚焦新冠肺炎疫情防控

同舟共济，共克时艰：新冠肺炎疫情防控的中国之志①

施　骞②

2019年至2020年的冬春之交，新型冠状病毒肺炎疫情在我国暴发，全国人民众志成城、同舟共济，打响了疫情防控阻击战。这是一场没有硝烟的战斗，是一场与病毒赛跑的战斗，更是一场凝心聚力、共克时艰的战斗。此次新冠肺炎疫情具有传播速度快、影响范围广、控制难度大等特点，为疫情防控工作带来了前所未有的挑战。如何针对此次疫情的特点和难点，制定有效的防控策略，做到科学应对、精准施策是疫情防控的关键所在。在党中央的坚强领导下，在中央和地方各级政府的积极努力下，在全国人民的广泛支持和配合下，我们遏制了疫情传播，并取得了阶段性的成果，在"十三五"收官之年和"十四五"即将开始之年这一重要历史时期，为我国经济社会发展奠定了良好基础，同时也展现了中国的责任担当，为世界范围的疫情防控赢得了时间，为全球疫情防控提供了宝贵经验。

新冠肺炎疫情防控的中国之制

本次疫情防控充分体现了中国特色社会主义制度的显著优势，展现了疫情防控的中国之制。处于复杂环境中的新冠肺炎疫情防控工作，需要在很短的时间内汇集各类信息、调动各种资源，做到全国一盘棋，从时间和空间上实现资源的优化配置。我国社会主义集中力量办大事的制度优势在应对此次疫情防控过程中得以充分发挥，武汉市及湖北省的疫情来势汹汹、医

---

① 原文发表于"文汇网"2020年3月25日。

② 同济大学经济与管理学院党委书记、建设管理与房地产系教授。

护人员短缺、医疗设施供给严重不足，通过全国统一部署，大量的医护人员奔赴湖北武汉、成批的医疗物资驰援湖北武汉，在很短的时间内统一规划和资源调度，有效阻遏了疫情蔓延，并及时完成了雷神山、火神山等医院和医疗基础设施的建设，为疫情防控赢得了宝贵时间。没有中国特色社会主义制度优势，这些工作是很难在短期内完成的。

新冠肺炎疫情防控的中国之治

本次疫情防控充分体现了我国坚持和完善中国特色社会主义制度、推进国家治理体系和治理能力现代化的中国之治。在疫情防控期间，有党中央的坚强领导，有社会各界的群策群力，有全国人民的支持和配合，无论是从垂直治理还是水平治理的角度来看都体现了中国之治的显著优势。在疫情防控的关键时刻，党中央、国务院高度重视、快速响应、积极应对，通过成立中央应对新型冠状病毒感染肺炎疫情工作领导小组，在中共中央政治局常务委员会的领导下，实现对全国疫情防控的统一领导、统一指挥，从而提升疫情防控期间的决策效率和组织效率，并确保疫情防控工作的实施效率；通过充分调动各方的积极性、主动性和创造力，投身于防疫抗疫工作，及时掌握疫情防控的相关信息、广泛汇集疫情防控的先进经验和有效方法，在疫情防控期间形成合力，构建疫情防控的科学治理体系和综合防控体系，提升疫情防控的治理能力；通过迅速整合科研院所的多学科力量，统一领导、协同推进，构建疫情防控科研攻关体系，着力加强科技研发和攻关力度，为疫情应对提供强大的科技支撑。这些都充分展现了中国之治的显著优势。

新冠肺炎疫情防控的中国之智

本次疫情防控充分体现了我国处理非常规突发事件的中国之智。古人云，“智者千虑，必有一失”，而真正的智者，必须做到既要有千虑，还要防一失。本次疫情防控必须从广域系统和复杂系统的视角来厘清问题并部署疫情防控工作。面对疫情时既不能手足无措，更不能手忙脚乱、顾此失彼。疫情防控工作既要做好针对疫情扩散的分析和控制，又要考虑经济社会系统的稳定和发展。我国在及时应对新冠病毒传播和疫情扩散的同时，也充分洞察疫情对经济社会发展的影响，积极有序地采取各项措施最大限度地避免因疫情原因对我国经济社会发展所造成的潜在隐患，其中包括通过出台各项措施帮扶企业特别是中小企业走出困境，通过稳物价、保供应、促民生等措施来维护社会的安全与稳定。既要防疫情，又要促发展。面对危机，要做到智者善谋、勇者善断，充分发挥疫情防控的中国之智。这一中国之智不仅为中国的疫情防控保驾护航，而且通过各国国家领导人之间的有效沟通、促成共识，通过及时公布中国的疫情数据、与世界各国无私分享中国的救治经验，为全球范围内的疫情防控工作提供“中国方案”，贡献“中国力量”和“中国智慧”，有效提振了世界各国防疫抗疫的信心。

新冠肺炎疫情防控的中国之志

本次新冠肺炎疫情防控充分体现了中华民族在面对重大危机时刻的中国之志。纵观中华民族的历史，每到危机时刻所展现出的强大凝聚力和向心力，所激发出的上下一心、团结一致的精神，所迸发出的不屈不挠、自强不息的巨大勇气和能量，为我们的疫情防控提供了不竭动力，也彰显了疫情防控中的中国之志。这一中国之志体现在各条战线上为疫情防控坚守岗位、克己奉公、为国分忧、为民解困的工作者和志愿者们的爱国之志，体现在疫情防控期间所涌现出来的英雄们的报国之志，以及广大党员不忘初心、牢记使命的强国之志。这一中国之志不仅是我们战胜本次疫情的精神支撑，也是我们实现中华民族伟大复兴中国梦的内在动力，同时，也必将成为我们为全球和平和发展贡献中国智慧、推动构建人类命运共同体的力量源泉。

目前，新冠肺炎疫情防控形势依然严峻，我们决不能有任何懈怠心理。但是，新冠肺炎疫情并不可怕，因为我们有社会主义集中力量办大事的中国之制；我们有党的坚强领导，社会各方同舟共济、群策群力的中国之治；我们有科学防控、精准施策的中国之智，更重要的是我们有危机面前不畏困难、勇于奋斗、众志成城、自强不息的中国之志。我们一定要牢固树立“四个意识”、坚定“四个自信”，做到“两个维护”，在做好疫情防控工作的同时，有条不紊地推进经济社会发展的各项工作。我们有理由相信我们终将转危为安、化危为机，取得疫情防控的最终胜利，不断增强人民群众的获得感、幸福感和安全感，为实现我国“两个一百年”奋斗目标迈出坚实的一步。

聚焦疫情下政府治理与企业重生大挑战[①]

2020年春节期间的新冠肺炎疫情，考验着中国政府和无数企业面对突发应急事件的应对能力。为了控制疫情蔓延，政府宣布延迟企业复工；世界卫生组织(World Health Organization, WHO)将此次疫情列为“国际关注的突发公共卫生事件”(Public Health Emergency of International Concern, PHEIC)，疫情暴发在极短时间内对我国政府的治理能力提出了极高要求，能不能战胜疫情，也在很大程度上依赖于政府的治理能力。同时，在国内经济增速放缓、产业结构升级调整的关键期，疫情暴发对企业的潜在冲击和影响牵动了更多人的心。

同济经管7名教授聚焦新冠肺炎疫情，探讨在重大疫情暴发情况下，如何面对超大城市治理？如何提高突发疫情下的政府治理？中国企业将面临什么重创？在严峻疫情下，中小企业有何突围之路？此为“聚焦疫情”特辑之一。

在疫情危机下加快创新发展

李　垣[②]

创新往往出现在危机和萧条情况下。此次危机为许多行业和企业提供了创新的机遇，企业家要从战略上快速反应，及时分析创新机会，有效地组织创新，并与“抗疫”有机结合，迅速开拓新的市场。

---

① 7篇原文均发表于“同济大学经济与管理学院”微信公众号2020年2月6日，其中部分文字摘自：“管理50人”“中国管理研究”微信公众号。

② 同济大学特聘教授、同济大学经济与管理学院院长、同济大学管理高等研究院院长。

面对“大疫”，各级政府亟需当期的有效应对之策和后期的生产恢复措施。企业家要组织力量，认真研判和分析，“连位”思考（从自身实际出发，从政府角度思考，为政府出谋划策，解决自身问题，化解政府难题，促进企业与社会共同发展），与政府良性互动，把解决当下问题与加快创新发展有机结合。同时，用好用足各级政府出台的应急政策，抢抓政策机遇和未来市场空间。

利用“抗疫”环境，静心审视企业内外部存在的问题和需要改革、创新的地方，及时调整与改进，特别是在成本控制、流程优化、内部文化与氛围改进、部门协作、内外协同等方面积极作为。同时，鼓励全员创新，集众智找出突破发展之路，并提升企业整体的创新能力。

要强化忧患意识，制定应对主要不确定性的战略设计和相应预案。同时，在经营过程中，培养和提高柔性管理的能力，关注生存和发展机会，而不要强调规模和利润指标；同时，关注可能出现的新产业（如大健康、数字经济、现代服务业等）和市场新机会，及时调整转型并提高转换效率和控制转换成本。

支持中小企业跨越当前险境是应尽的社会责任

尤建新[①]

如何确保疫情防控和经济社会发展两不误，这是一个难题，对于中小企业来说面临的最大问题是流动性问题。虽然央行等各部门共同发声加大货币信贷的支持力度，确保流动性合理充裕，但市场反应依然极度恐慌。政府必须紧急启动对中小企业的救济政策，并确保政策实施的透明。就中小企业自身而言，应该立即启动自救，不能有丝毫犹豫。比如创新经营模式，不拘一格拓展商业机会，以降低疫情带来的损失；重构组织结构和流程，以破解疫情导致的资金和人力资源瓶颈。另外，中小企业还要紧密依靠资本市场，对于暴露出来的企业管理问题要果断处理，不得纠缠，要有壮士断腕的勇气。在中小企业面临危机的时刻，应该尽力面对疫情的挑战，政府、资本市场、社会组织等都必须行动起来，把支持中小企业跨越当前险境作为应尽的最大社会责任。

---

① 同济大学经济与管理学院管理科学与工程系教授、管理理论与工业工程研究所所长、上海市产业创新生态系统研究中心总顾问。

重大疫情与超大城市

诸大建[①]

类似于2003年北京暴发SARS,当前的新冠肺炎疫情引出了一个老问题、老争论,中国要不要发展1 000万人口以上的超大城市?两种旧有观点以新的形式被表达出来。中小城市派说,超大城市发生疫情成本巨大,因此要控制超大城市的发展;超大城市派说,疫情发生与城市规模无关,北上广深可以继续做大。我的看法是城市疫情与治理能力有关,中国超大城市的发展取决于领导力。

中小城市派或分散型城市化派认为,假如疫情发生在50万人口以下的中小城市,控制和管理肯定比超大城市容易得多,即使封城也不会带来巨大的社会成本,影响也不会扩散到全国。2003年的北京SARS和2020年的新型冠状病毒,应该引起对城市化发展道路的高度反思。结论是我们现在的超大城市和特大城市太多了,出路是减少超大城市的数目和规模,在中心城市周边发展中小城市。

超大城市派或集中型城市化派认为,城市规模大与负外部性有相关性,但是科技与管理可以最大限度地削弱它们的影响。城市规模本身是中性的,就如高铁出问题,不是高铁本身有问题,而是管理和技术有问题。同时,强调人口规模对于疾病的预防和治疗是有正面作用的,结论是不能因武汉疫情暴发而叫停超大城市的发展,中国只要技术和管理能力可行,不但要增加1 000万人口以上的超大城市的数量,而且北上广深等城市可以进一步向3 000万人口和4 000万人口的城市发展。

我是中心外围城市派和整合型城市化派,我不同意城市规模大与疫情发生有必然联系这种观点,小城市可以有大疫情,大城市也可以有小疫情,关键在于治理能力。我同意城市疫情发生与否及其规模大小与城市治理能力有关,而不是与城市规模有关,但是城市规模越大对于治理能力的挑战就越大,中国很多城市现在都想成为超大城市但是治理能力却跟不上。结论是,中国需要发展以超大城市为中心的都市圈和城市群,1 000万人口以上的超大城市

---

① 同济大学经济与管理学院公共管理系教授、同济大学可持续发展与管理研究所所长、上海市政府决策咨询特聘专家。

达到10个以上既是可能的也是必要的，但是需要避免单个中心城市发展到3 000万人口以上的规模；发展1 000万人口以上的超大城市特别需要有高超的治理能力和高层次的超级城市领导人，所谓好的治理能力就是事前能够防范风险，事中能够化大为小，事后能够举一反三，没有这样的领导人和城市治理能力，盲目发展超大城市则会带来全局性的风险。

新冠肺炎疫情对我国经济影响的分析及政策建议

石建勋[①]

新冠肺炎疫情短期内对我国的经济影响和冲击是比较大的。具体而言，交通运输、旅游、住宿餐饮、实体商贸零售、制造业、房地产、线下教育培训、电影院线等实体文娱场所消费相关行业一季度均将受到较大冲击；医疗卫生用品、新零售、线上教育、线上文化娱乐、快递外卖服务等细分领域将呈现逆势增长。从长期来看，如果疫情在2020年2月底3月初得到基本控制，随着需求的延后释放以及产能的逐渐恢复，大部分行业将稳步复苏或快速反弹；若疫情蔓延态势持续时间较长，则对全年经济增长的影响不容乐观。

当前，政策需要未雨绸缪，在保证防控疫情的前提下，对生产恢复提前做出安排和部署，稳定企业和金融机构的预期，为日后的工作重点从疫情管控转向恢复生产做好准备，将疫情的冲击降到最低。建议针对相关行业如交通运输、旅游、文化餐饮等，实施税收减免，同时对受疫情影响的相关企业实施财政贴息，以减轻企业各项税负。对一些处于停工、半停工状态，生产经营出现困难的小微企业，通过有针对性的税收、费用、租金等减免、临时性短期融资，给予一定的援助。尤其是对于那些因疫情冲击而陷入困境的民营企业，要帮助它们稳住资金链，渡过暂时的难关，为日后实现整体复苏与经济逆流而上做好准备。同时，对城乡一些困难家庭，政府和社区要重点帮扶，补贴并保障低收入人群和前期失业人员的生活水平不因疫情受影响，提前防范可能的失业潮，维护社会稳定。

待疫情得到基本控制后，一方面，应加快医疗卫生体制机制改革，实现“政府市场双到位、公立民营双发展、医生患者双满意”；另一方面，应提高政

① 同济大学经济与管理学院经济与金融系教授、国家社科基金决策咨询点首席专家、上海市习近平新时代中国特色社会主义思想研究中心副主任。

府治理能力。强化信息公开透明,实施政府信息公开清单管理和政府信息定期披露机制。加强舆论监督,充分尊重新闻媒体和社会公众对重大公共事件的知情权,避免公权力被滥用。强化社会治理体系和地方政府治理能力的建设,实现从管理到服务的转变,推动政府、社会和公众公共参与的协商,畅通信息沟通渠道。改革选人用人机制,并强化官员问责体系,进一步完善相关法律法规,大力提高地方政府的治理能力和水平。

抗疫鏖战:聚力员工[①]

罗瑾琏[②]

一场突如其来的新冠肺炎疫情不仅扰乱了国人春节的喜乐团圆,同时也阻挠了企业鼠年大吉开门,更是给所有员工带来了挥之不去的忧心与焦虑。

面对企业眼前的经济损失和员工的心理效能损失,人力资源经理(Human Resource Manager, HRM)如何担当、如何着手,是在大疫当前搞一些"表格防疫",让返企员工填写报表核实信息,或是贴张告示管控大门、量量体温完事?眼前的排查少不了,但更重要的是以什么形式进行,尤其是如何在这个时期不给员工增加困扰甚至心理耗竭,而是让员工感到组织的温暖、团队的温暖和同事的温暖,同时还能提升组织凝聚力,让员工有归属感?建议采取如下措施。

(1) 温情文化创建:给员工持续推送公司所掌握的疫情相关信息,尤其是有无本公司员工受感染,哪些员工受感染,公司将为疑似或者确诊员工提供哪些帮助,包括精神帮助和物质帮助;号召所在团队为这些员工分享工作进程,告知队友已分担其工作的内容使整个团队的工作不受影响,让其安心接受治疗;动员同事多多问候安抚这些员工,哪怕只是推送一首好歌、一张昔日的照片,也能将温情传递给同事以排解其苦楚。

(2) 描绘愿景,共塑目标:忠诚地与员工分享公司的应对措施与计划,讨论各阶段的目标、行动与困难,给员工描绘未来画卷,让员工充分理解并接

---

① 原文发表于"中国管理研究[IACMR]"微信公众号2020年2月5日。
② 同济大学经济与管理学院组织管理系(筹)教授、中国管理学会(管理现代化研究会)人力资源管理分委员会副主任委员。

受公司近期由于疫情所采取的开源节流措施，让他们对公司未来充满信心，更加努力工作、努力奉献。

(3) 学习交流，提升技能：闲时是学习的最佳时机，若公司处于歇业或者工作量不饱和状态，可以组织员工在互联网上进行交互式学习，以提升员工的知识储备，汇积公司知识库，为正常开工后的效率提升和品质升级奠定基础。

(4) 相互信任，共同诺言：坦诚沟通的目标是共同信任、共同承诺，无论是面对困境所采取的多项措施还是憧憬画卷，都应有相应的正负承诺，只有组织给出忠诚承诺才能让员工馈以付出，这些不一定需要合约，也不一定要双方签字，但一定要以温情的方式让员工真心信任企业，比如企业主以"告员工家书"的形式，每阶段向全体员工推送各项决定，包括将来正负两极可能采取的措施和缘由，而不是含含糊糊支支吾吾。

总之，就是要充分利用发达的互联网平台，挖掘各种组织资源，建立坦诚沟通机制，努力促进全员凝心聚力，将这场新冠肺炎疫情给企业带来的影响降到最小，坚决打赢防控阻击战，助力企业腾飞。

新冠肺炎疫情对中小企业的启示

梁　建[①]

新冠肺炎疫情的突然暴发打乱了中国人的传统佳节，却也意外地让我们再次意识到广大中小企业对社会生活的重要价值。它们不仅是解决劳动力就业的主力军，也是保障我们衣食住行的基本社会运作单元。中国社会的进步和繁荣与中小企业以及千千万万个个体经营者的辛苦付出密不可分。作为这次新冠肺炎疫情的直接受害者，中小企业的经营者可以从中得到什么启示呢？我认为至少应该有以下两点：

第一，疫情的暴发提示着中小企业经营者，我们生活在一个充满不确定性的时代。因此，我们必须保持开放的心态，养成不断学习的习惯。这次疫情固然有天灾人祸的成分，但也是社会运行中难以避免的。随着互联网和人工智能技术的不断发展，能够改变人们生活方式和消费需求的黑科技可

① 同济大学管理高等研究院副院长、教授，*Management and Organization Review* 资深编辑。

能随时会像这次疫情一样意外地出现。大多从事传统行业的中小企业在这个充满不确定性的时代面临着各种各样不可预测的经营风险。我们身边很多中小企业的创立初衷可能只是出于谋生的需要,其经营者只是追求一种富足安逸的生活。但是,如果不能在这个年代养成开放学习的心态和习惯,具备如壮士断腕的变革勇气,那么随时出现的"黑天鹅"可能会像这次新冠肺炎疫情一样瞬间打乱我们平静的生活。与过去不同,在这个充满变化的时代,中小企业的经营者必须时刻思考、时刻谋变。

第二,在这个特殊时期,中小企业的经营者应该更加坚定信心,抗住压力,积极为明天谋划。与大型国企和外企相比,中小企业在这个时期面临着更大的经营压力。假期延长、控制出行等使得很多中小企业面临无法复工的状况,但是房租、员工工资等各种成本仍需按时照付。因此,中小企业经营者的压力可想而知。但是,面对这种突如其来的天灾人祸,悲叹并不能解决任何问题,唯有积极健康的心态才能为企业谋得更好的未来。孙中山先生在《建国方略》的自序中曾言:"夫国者,人之积也。人者,心之器也。而国事者,一人群心理之现象也。是故政治之隆污,系乎人心之振靡。吾心信其可行,则移山倒海之难,终有成功之日。吾心信其不可行,则反掌折枝之易,亦无收效之期也。"一个国家如此,一个企业更是如此。在这个特殊时期,作为"一家之主"的中小企业经营者面对突如其来的困难,应该先要打倒"心中的大敌",积聚员工的信心和智慧,才能最终带领企业走出这段阴霾。

以审慎思维和共生理念应对新冠肺炎疫情危机

张玉臣[①]

突如其来的新冠肺炎疫情无疑是对中国社会的一次重大考验,不仅考验着宏观层面的国家治理体系及治理能力,还考验着微观层面的企业经营模式和管理水平。很多企业难免遭遇各种各样的困难,小微、餐饮、旅游等企业可能面临更大的挑战。值此之际,企业需保持理智和冷静,以审慎思维和共生理念渡过难关。

审慎思维主要适用于自身发展,具体有三重含义:一是发展目标上的生

① 同济大学经济与管理学院创新与战略系(筹)教授。

存定位，即特殊时期要以“活”下来为主要追求，特别是小微及受冲击较大的企业，要对困难做出充分估计，精打细算、稳健为上，保持必要的稳定性及流动性；二是业务选择上的专精模式，即通过危机期的大浪淘沙，果断放弃非优势及难盈利业务，适时抉择企业发展的主导业务，通过创新等措施将其做到专精程度；三是经营管理上的问题取向，即借助危机发现日常管理中容易被掩盖或忽视的问题，找出抑制企业发展的瓶颈和短板，做到扬长避短、迭代改进。

共生理念主要适用于相互合作，具体也体现在三方面：一是产业链上相互扶持，即上、下游企业之间要抱团取暖，给予合作伙伴力所能及的宽限和包容，有条件的大企业要主动承担社会责任，积极为小微企业、困难企业赋能，危难时的休戚与共才能换来雨过天晴后的携手共赢。二是与员工相互体谅，企业遭遇困难员工必受殃及，很多员工甚至会面临生计压力，也许危难时刻员工才能更真切地感受到与企业的相互依存关系，危难时的善待定会激发员工长久的忠诚。三是与社会相向而行，大难之下所有主体都是生命共同体，“皮之不存，毛将焉附”？企业家在错综复杂的环境下要洞悉大势，除了对中国人民战胜疫情要充满信心，还要对中国经济的发展前景充满信心。面对疫情冲击，政府、银行等机构已推出不少针对企业的扶持政策，因此企业既要善用这些政策，也要以诚信、良心用好这些政策。只要全社会齐心协力，必能共克时艰，“转危为机”。

冲击与反思

——聚焦疫情下经济运行和应急管理[①]

随着全国大多数地区迎来复工复产，在全民防疫的同时，一场经济保卫战随之展开。这场突发的新冠肺炎疫情使承载多个重大节点任务的2020年经济面临更为艰难的局面。五位教授分别就新冠肺炎疫情对宏观经济、产业经济影响几何，企业又该如何增强软实力度过疫情的寒冬等问题各抒己见。同时，面对疫情中暴露出来的问题，反思如何完善和健全各地公共卫生防控体系和应急管理机制，以进一步提升治理能力现代化和市民群众的幸福感、安全感。此为“聚焦疫情”特辑之二。

在宏观经济和企业个体层面应对疫情冲击的几点建议

钟宁桦[②]

新冠肺炎疫情短期内会对我国宏观经济造成一定的冲击。虽然疫情结束后，可能会有一些“补偿性”的消费，但春节期间所损失的消费的大部分可能没法弥补，因此会给2020年第一、二季度的经济增速带来压力。为了对冲这一冲击，建议加大公共医疗体系的投入，尤其是着力于弥补这次疫情期间暴露出来的短板，着力于“看病难、看病贵”问题特别突出的地区。公共医疗领域的投入需要大量资金，但去年以来各地政府财政压力显著增大。建议使用已经下拨的专项债额度，将部分专项债的使用方向从基建投资调整到该方向。

---

① 5篇原文均发表于“同济大学经济与管理学院”微信公众号2020年2月11日。

② 同济大学经济与管理学院经济与金融系主任、教授，上海市经济学会副秘书长。

此次疫情对承担着大量就业需求的餐饮、文旅等行业的冲击特别大。帮助这些企业渡过难关、尽量不裁员是实现“稳就业”的关键。为此建议在疫情期间，允许受冲击企业采取灵活的工资调整政策、延迟社保金等费用的缴付等。在确保卫生安全的情况下，也可允许困难家庭的闲置员工以临时工的方式承担物流等工作，以弥补人口流动限制所导致的物流快递等人员的短缺。此外，建议以返税等方式更多地补贴受冲击的企业，从而实现“政府-企业-员工”分摊损失，共同抱团取暖、共度时艰。

对于个体企业而言，应努力将疫情带来的危机转化成发展机遇。尤其是疫情期间网上“获客”的成本较低，部分消费类企业可借此时机加速线下销售向线上销售的转型以扩大线上客户的规模，为疫情结束后的加速发展奠定基础。

疫情是对企业软实力的最大考验

魏　峰[①]

随着新冠肺炎疫情的进一步扩散，很多企业由于无法正常营业，面临着巨大的生存考验。多项调查显示，大多中小企业的现金流只够维持三个月左右。为此，中央和各级地方政府陆续推出了“减免缓退”等各种金融信贷和财税支持方案，以最大限度地降低企业的资金压力。但是，对于多数中小企业来说，仅减税降费仍远远不够。在经营活动基本停止且无法有效开源的情况下，就算极限降低成本也很难坚持半年。说到底，在危机面前最终考验的是企业的软实力。

盒马鲜生跨界共享员工计划被誉为餐饮企业的救命稻草，这种双赢的用工方式就是企业软实力的一种体现。它不仅体现了在危机面前，同行和员工愿意与企业共同承担风险的一种良好协同关系，更体现了企业爱护员工、支持同行的价值观念和管理文化。在企业业务停滞期间，最大的成本来自员工工资的支出。在减税降费的情况下，员工开支甚至占中小企业总成本的80%以上。在这种极端情况下，如果员工真心支持企业，愿意接受基本收入水平，甚至不拿薪水与企业休戚与共、共克时艰，企业就有了辗转腾挪

① 同济大学经济与管理学院组织管理系（筹）主任、教授，中国管理现代化研究会技术与创新管理专业委员会副秘书长。

的资金和时间。同样,如果创业网络中的合作伙伴能够利用产业差异和业务的互补性同舟共济、互相扶持,企业就获得了宝贵的调整机会,最终有望走出危机。

除了以上共享员工(或员工租赁)的灵活用工方式,建立在与员工协商基础上的合法方式还有:无薪假期、底薪休假、轮岗轮休、缩短工时、延期薪酬等用工调整方案。在疫情危机下,企业可以据实选择使用。

因此,如果企业软实力过硬,平时真诚关爱员工,大可不必过于焦虑。"得道多助",良好的员工关系必能助企业渡过难关。如果以往已经形成了苛刻、冷漠的管理方式,与员工之间建立的仅仅是用工资交换其劳动的交易关系,那么这次疫情也许正是转变管理理念的最佳时机。从提供口罩、错峰上下班、尽可能地减少线下聚集避免交叉感染开始,临危思变、转"危"为"机"、善待员工、同舟共济,打造属于企业的软实力,谋求更为长远且持续的发展!

疫情冲击下的中国经济:"危"与"机"并存的影响与对策

郑　鑫[①]

观察"非典"疫情对经济的影响路径和程度,我们推测当前新冠肺炎疫情对经济可能存在如下影响。为此,政府及企业可采取一些对策来最大限度地缓解疫情的冲击。

一、宏观经济方面

(1) 2020 年第一季度 GDP 增长受限,第三产业波及最为严重。

(2) 居民消费需求暂受抑制,疫情结束后的消费需求或许会"报复性释放"。本次疫情期间全民"宅家",疫情后居民消费需求将在触底后报复性释放。企业延迟复工和消费需求下滑会对很多中小企业造成冲击,导致整体失业率上升、居民收入增速下滑。

(3) 固定资产投资放缓,进出口贸易遭受冲击。预计一季度中国整体投资和工业生产活动会放缓,但二至四季度投资增速有望反弹。2020 年预估投资与进口增速在下滑后不会有类似于"触底反弹"的回升,而是需要长时

① 同济大学经济与管理学院市场营销系(筹)副教授、同济大学 IBM 大数据分析及技术中心执行主任、同济大学享道出行大数据人工智能实验室执行主任。

间的休养生息来调整势头。

(4) 企业产能下降,居民消费价格上涨将持续。疫情的暴发可能同时影响消费品的供给与需求,但其对供给的影响则可能持续更长时间。考虑到新冠肺炎疫情对工业企业的不利冲击,2020 年工业企业的补库存行为可能会延迟,或者变得更加微弱,这就意味着生产价格指数(Producer Price Index, PPI)增速的回升可能会推迟。

二、微观经济方面

(1) 企业生产经营停摆,中小微型企业破产风险显著提升。为了防范疫情扩散,全国春节假期延长,企业停工就有可能承担先前合约、订单的违约风险,而部分体量较小、抗风险能力较弱的中小微企业可能直接面临破产倒闭。

(2) 员工失业率上升,弹性薪酬制工种受冲击最大。随着企业现金流中断,员工的薪资、奖金乃至就业都有可能受到影响。其中,需要特别关注的是弹性薪酬制的员工,由于基础保障低、收入波动大,因而他们会是受疫情冲击影响最大的人群。

三、政府层面可能的对策

(1) 扩大赤字共渡难关。如今财政政策是关键,加大减税和支出力度,扩大赤字将是重中之重。政府在 2020 年可采用更加扩张的逆周期宏观经济政策进行应对。

(2) 给予补贴稳定军心。政府可适当减免第一季度受疫情影响严重的部门的增值税;进一步降低社保缴费率,减轻企业负担;给予受疫情影响遭受损失的企业部分财政贴息;对参与新冠肺炎防治工作的卫生医务人员提供临时补助;病人疫情治疗相关费用一切减免;补贴低收入人群和前期失业人员。

(3) 加大投入未雨绸缪。在未来,政府在公共医疗卫生、劳动力再就业培训、企业减税降费等领域投入更多财政资源,以缓解中国经济的下行压力。

四、企业层面上可能的对策

(1) 做好防控复工复产。在主要疫区和特大城市的企业应主动探索灵活办公机制、错峰上下班,提倡线上和智能化办公以避免人员交叉感染。企业应做好人员安置工作，保障因疫情而停工停产的员工的合法权益。

(2) 稳定心态降低损失。企业要稳定心态，明白疫情暴发期内损失是不可逆的，在面对问题时冷静分析，或根据实际情况及时采取调整生产计划、调整供应链管理、做好现金流安排等措施。

(3) 整理思路蓄势待发。企业可以好好利用延迟复工的这段时间来提升水平与整理思路。

(4) 转型调整商业模式。也许一场危机是脱颖而出、跑赢市场的一个转机，如盒马鲜生、叮咚买菜等服务企业取得的逆势增长。这次危机给了线上线下整合营销的新零售企业良好的销售机遇，对整合行业有着重要的借鉴意义。

完善应对特重大突发公共卫生事件的应急机制

关贤军[①]

我们党和国家高度重视公共安全。2003 年，SARS 唤起了中国公共卫生的危机意识，引起国家对应急管理工作的高度重视，极大地推动了应急管理改革。“非典”疫情后国务院推动了“一案三制”应急管理体系的建立，并于 2007 年通过了《中华人民共和国突发事件应对法》。党的十九大之后，成立了应急管理部，以应对各地区各部门发生的突发事件。2019 年 11 月 29 日下午，中共中央政治局就我国应急管理体系和能力建设专门进行了第十九次集体学习。

习近平总书记多次强调“把人民群众生命安全和身体健康放在第一位”。这将有力推动我国公共卫生防控体系和部分行政管理体系的变革。从应对疫情的过程来看，有以下几方面需要完善。

(1) 强化预警机制建立。中国传染病与突发公共卫生事件监测信息系统(简称网络直报系统)没有发挥作用，一线医生对疫情的预警没有得到积极响应和支持。地方疾控中心、卫健委以及中国疾控中心都没有给出应有的预警。习近平总书记强调：要健全风险防范化解机制，坚持从源头上防范化解重大安全风险，真正把问题解决在萌芽之时、成灾之前。

---

① 同济大学经济与管理学院建设管理与房地产系副教授，任中国灾害防御协会风险分析专业委员会副秘书长。

(2) 在综合性应对突发事件的建设基础上,仍需加强各专业领域的应急管理建设,实现综合化和专业化的融合。隔行如隔山,突发事件的应对涉及各个专业领域,甚至在大专业领域里,还有小专业的细分,因此需要相关领域的专业系统和专家们的大力支持。同时,也要防止伪专家误导决策、误导民众。

(3) 建立"韧性"应急组织,以提高应对大规模爆发性应急需求的能力。政府集中力量办大事,可以调动大量国有资源,这对于应急救援具有决定性的作用,也充分体现了中国特色社会主义制度的显著优势。但是政府不是万能的,民间的支援和支持对于救援工作非常重要,面对大量紧急医用物资和人力需求,就需要大量专业物流公司、相关企业、民间组织以及个人点对点的快速支援,他们利用已有资源可以实现快速救援。通过建立民间网络化救援组织,作为政府组织的补充,以满足特殊时期快速、精准、高效的应急需要。

(4) 建立信息透明的信息发布机制,信息透明对传染病疫情防治的重要性远超过其他类型的应急管理。信息透明能引导民众及时做好自我防护,及时控制传染源、传染途径,遏制疫情的扩大,减少新增病人。信息透明和医疗救助对传染病防治同等重要。

(5) 建立专门的舆情引导,及时辟谣,避免恐慌和医疗挤兑。各种谣言和错误信息的传递会引起极大的恐慌,导致大量人群涌入医院,从而造成医疗资源紧缺,真正的患者却得不到及时治疗,病源无法被有效阻隔,而一些非真正患者却涌入医院这种危险源集中的地方又易造成新的感染。恐慌放大了疫情,也会导致其他物资被抢购,从而造成混乱。

(6) 加强各级组织对应急管理工作的重视。从新闻发布会的表现来看,一些领导明显缺乏应急管理的意识和相关知识,把突发疫情当作常规事件在处理,对预警警觉不够,越捂事情越大。加上反应迟缓,应急预案流于形式,采取措施不及时,随着时间拖延,疫情被放大。

(7) 部分专业机构和慈善机构需要引入竞争机制和民间监督机制。由于大部分时间都没有重大突发事件发生,这些机构平时根本没有意识要为应对战时做好准备,也没有能力应对突发的大规模疫情。在救援物资的调配上,调配速度远远满足不了医护人员的需求。

多难兴邦,这次新冠肺炎疫情有很多值得反省、思考和改进的地方。相信党中央、相信政府,疫情之后,将是一个更加安全的中国,也将是一个更加强大的中国。

理性与突围

——聚焦疫情下应对策略与创新探索[①]

以下是“聚焦疫情”特辑之三。教授们再次将目光投向中小企业。面对新冠肺炎疫情风暴,企业的航船如何保持战略定力、经历大风大浪锤炼后迎来阳光;政府如何面对疫情中变化的经济、社会系统状态,更加科学地制定政策;科研和医疗系统又如何透过务实探索走出高质量发展之路。

中小企业在此轮重大疫情下的经营应对策略[②]

陈守明[③]

这次突如其来的新冠肺炎疫情给中小企业的正常经营带来了重大冲击,众多中小企业老板和管理者夜不能寐。突发事件面前,需要我们保持冷静,深入思考企业战略与策略,理性应对。企业战略的核心是适者生存。这次新冠肺炎疫情是企业经营环境的短期剧烈变化。由于企业经营的中长期环境没有根本变化,企业还是要保持其战略定力的。当下我们需要考虑的是如何渡过难关,即短期的应对策略。

人们常用大船和小船来类比大企业和小企业的经营特点。我们可以借用众船航行中遭遇短时大风大浪的场景来讨论和分析当前新冠肺炎疫情下中小企业的应对策略。很显然,确保不翻船是船长最重要的目标。为此,建议关注以下几点。

---

① 4篇原文均发表于“同济大学经济与管理学院”微信公众号2020年2月12日。

② 原文刊发于“经济观察网”2020年2月11日。

③ 同济大学经济与管理学院创新与战略系(筹)教授、同济大学发展规划部副部长。

(1) 船长要有必胜的信念和全局意识。企业管理者有信心,员工也会受到感染和鼓舞;同时,管理者对疫情带来的冲击和影响时长要有充分的估计,不能轻敌;做好情景规划,从容应对将来可能出现的不同情况。

(2) 适度"随波逐流"。中小企业船小好掉头,在大风大浪前顺势而为是明智的选择。但要牢记这是非常时期,非典型的经营环境,例如现在高端餐饮企业做外卖只是权宜之计。

(3) 去除负担,"轻舟"前进。中小企业要不等不靠,积极自救,果断舍弃一些非必需的资源,留下核心人员、核心业务,现金为王,开源节流。

(4) 全体船员同舟共济。中小企业的一大优势就是命运共同体意识强,此时企业管理者要加强与员工的沟通,透明基本收支,采取员工降薪换股等措施,与员工齐心协力共担风险、共渡难关。

(5) 与有着利益关联的其他"船只"合作。企业主动与利益相关者沟通,争取上、下游企业和金融单位、房东等的支持。此外,要积极研究国家和地方陆续出台的支持中小企业的政策,并用好这些政策。

(6) 借助大船的力量。大船抗风浪的性能比小船好得多,中小企业要争取大企业的帮助,探索共赢的合作方式,例如电商企业向餐饮企业"租借"员工就是一种探索。

中小企业所处的市场如同一个千帆竞渡百舸争流的场景。"沉舟侧畔千帆过",企业如能挺过这次疫情的冲击,就会迎来消费和投资反弹的好环境,加上经历过大风大浪锤炼的组织和队伍,定能"直挂云帆济沧海",在未来的竞争中脱颖而出。

疫情论文风波对科研高质量发展的几点反思

周文泳[①]

在新冠肺炎疫情防控的关键时刻,2020 年 1 月 29 日,国际权威医学期刊《新英格兰医学杂志》(*The New England Journal of Medicine*, *NEJM*)官网上刊发了一篇题为 *Eearly Transmission Dynamics in Wuhan, China, of Novel Coronavirus — Infected Pneumonia*(《新型冠状病毒感

① 同济大学经济与管理学院管理科学与工程系教授、上海市产业创新生态系统研究中心副主任、同济大学科研管理研究室副主任。

染肺炎在中国武汉的初期传播动力学》)的回顾性分析论文。与以往国内学者在国际权威期刊发文不同,国内网友不仅没有引以为傲并给予赞许,代之而起的是社会各界的普遍质疑。1 月 30 日,《科技部办公厅关于加强新型冠状病毒肺炎科技攻关项目管理有关事项的通知》中明确指出:“各项目承担单位及科研人员要坚持国家利益和人民利益至上,把论文‘写在祖国的大地上’,把研究成果应用到战胜疫情中,在疫情防控任务完成之前不应将精力放在论文发表上。”疫情论文风波折射出国人对制约我国科研高质量发展的“残障顽疾”深恶痛绝。那么,如何促进我国科研领域的高质量发展呢?

一、要正确认识科研领域的质量内涵

科学研究是人类在特定的科学建制下,运用科学方法揭示客观事物本质特性及其发展规律的系统性活动。科研质量是科学建制、科研过程和科研成果的一组固有特性满足要求的程度。一项科研成果的质量高低最终体现在其对科技进步和社会经济发展的特定领域的理论或现实需求的满足程度方面。值此疫情防控之际,评判疫情科技攻关成果质量高低的标准是在满足疫情防控需求中的实质贡献大小,而不是发表疫情论文期刊档次的高低。由此可见,引起疫情论文风波的根源在于相关各方对科研质量的认知差异。

二、要健全顺应高质量发展的科学建制

科学建制是自然科学发展过程中为摆脱自发随意状态而成立的一系列专门的组织机构,由价值观念、行为规范、组织形式和科学设施构成。现阶段,为顺应我国科研高质量发展的需求,健全科学建制有如下两个着力点。在价值观念方面,基层科研单位需要强化扭转“唯排名”等功利倾向的不良政绩观,树立国家利益和人民利益至上的政绩观;科学共同体需要摆脱“小群体利益至上”的割据观,树立国计民生至上的大局观;科研人员需要摆脱“四唯/五唯”的功利倾向,树立具有家国情怀和崇尚科学家精神的理想信念。在行为规范方面,宏观层面要进一步健全科研伦理、科研诚信等方面的法律、法规和制度建设,强化相关法律、法规和制度的执行力度;微观层面基层科研单位和科学共同体要强化对科研人员在科研行为规范方面的负面清单管控力度。

三、要加快中国特色学术话语体系建设

所谓国际标准实质是规则制定者统治世界的一个工具。现行科研领域的国际学术话语体系主要由美英等科技发达国家制定和主导，适用于这些国家以软实力操控世界科研财富，为其自身利益服务。如诸多科研单位和科研人员国际科研排名中，西方国家构建英文国际权威期刊的发文量及其影响因子等学术评价指标。很长一段时间以来，由于受到美英等国家主导学术话语体系的误导，“出口转内销”科研论文传播方式，已经形成了我国学者“成功成才”的捷径。“出口转内销”科研论文传播方式，直接导致国家财政支持的科研论文版权和科研数据“奉献”给了英美等国的出版商。与此同时，我国读者要看国人在英美等国期刊发表的科研论文，不仅要向国外出版商交版面费，还因语言差异引起阅读不便。由此可见，要推动我国科研高质量发展，迫切需要消除西方学术话语体系的负面干扰，破除传统的科研成果“出口转内销”的传播误区，以贯彻落实近几年来我国科技领域放管服系列改革政策等为契机，进一步加强国家利益和人民利益至上的中国特色学术话语体系建设。

疫情影响下技术环境和消费者行为变化带来的政企思考

梁晓蓓①

突如其来的新冠肺炎疫情给零售、旅游等人群集聚性行业带来了不可避免的冲击，人员流动明显的共享住宿、出行等细分领域尤甚。在过去的十年里，这些不断发展的经济业态，大多是以互联网为技术保障，以中高收入家庭及“候鸟”群体需求为前提，联合政企、供需者等多元力量并不断培育出新商业模式。

然而，受这场新冠肺炎疫情的冲击，技术环境、消费者需求和行为都随之发生了明显变化。对于技术环境，主要表现为社会环境更加互联网化，大数据和人工智能技术被广泛应用于疫情数据管理、在线诊疗管理、基层管理等领域，无人机巡查、机器人配送等以往较为“高端”的服务更是频繁出现在大众视野。对于消费者需求和行为则主要表现为家庭整体消费意识凸显、风险防护意识提高和体验消费需求多维化等方面。生鲜配送、在线教育、在线诊疗这类尚未大范围普及的家庭型消费服务逐步进入大众视野。与

① 同济大学经济与管理学院市场营销系（筹）教授、中国信息经济学会信息管理专业委员会常务理事。

之相应，家庭居民在享受这类服务时，对产品安全、信息泄露等风险的防控意识可能会有所提高。受隔离环境的限制，他们在相对封闭的环境内，也可能会更加关注产品在社交性和娱乐性方面的体验。

有了这些疫情因素的影响，加之固有的经济、社会发展和环境的压力，政府和企业或许应更加重视技术和消费观对互联网环境下经济业态的支撑和前提作用，以促进疫情过后这些经济业态的快速复苏和可持续发展。

在企业市场竞争方面，竞争策略、可持续发展策略和产品服务设计必须要充分考虑消费者行为的心理机制，尤其是疫情影响下的家庭消费心理机制。例如，在产品和服务设计中，重视 App、小程序等方式维护和拓展客户，重视无接触配送模式，以及发展依托区块链技术的产品溯源追踪业务。又如在生鲜配送领域，可积极考虑原生态农产品的协同生产，餐饮后厨的半成品协同加工和餐饮业员工协同配送的协同消费模式升级。而在教育和医疗行业，也可借鉴共享经济企业和平台的成功经验与失败教训，依托学校和医院的优势资源，通过在线平台为家庭和个人提供更丰富、更细致和更专业的服务。

在政府规制设计方面，科学制定规制必须充分了解利益相关者的行为和经济、社会系统的状态及性能。一方面，疫情影响环境下，政府对不同企业及利益相关者施行减负或激励政策时，需要协调好经济、社会系统的各种复杂条件。另一方面，政府更要审视疫情等应急环境下的居民心态，在规制设计时充分考虑不同状态下的人民需求。例如，对于正在制定过程中的《个人信息保护法》和《数据安全法》，此次新冠肺炎疫情防控的先进经验和不足之处，或许能对法典制定的完善性提供事实基础。而对于行业热门的区块链技术相关规制来说，此次疫情中的诸多物资协调问题或许也能引发一些积极思考。此外，对于基层管理来说，诸如视频会议、一网通办、“莫要一刀切”、简化流程、高效决策、高效执行等基层管理者和群众的诉求，也能为政府的规制设计带来相应启发。而基于这些诉求的政府规制，也定能为企业和大众带来诸多便利和福利。

新冠肺炎疫情虽给我们带来了不安和焦虑，但我们有理由相信，在全国齐心协力下，疫情总能战胜；我们也有理由相信，在企业的冷静思考和沉着应对下，2020 年的经济春天总会到来；我们更有理由相信，不管面对多大的艰险,中国的经济主战场及互联网环境催生出的不同经济业态终将稳定和蓬勃发展!

提升医院应对重大疫情的韧性能力[①]

李永奎[②]

2020 年暴发的新冠肺炎疫情给医院带来了前所未有的巨大压力。医院短时间内无法提供足够的收治容量和专业诊疗资源,从而错过了初期防控良机,客观上加速了疫情蔓延。因此,提升医院应对重大疫情的韧性能力刻不容缓。

由于我们面临的问题日益复杂,韧性(Resilience)成为近几年比较热的一个新概念,例如韧性基础设施、韧性城市和韧性组织。针对医院韧性,有三种理解。一是医院本身对突发事件(如地震、火灾、恐怖袭击)的承受、吸收、反应和恢复到最初状态的能力,这源于韧性的最初概念。二是医院不仅要具备承受突发事件的能力,同时还要有维持和扩大医疗服务的能力以响应突然急剧增长的病人需求,这一提法与灾害管理学密切相关。三是包括对意外挑战的适应能力,恢复正常状态的灵活能力,以及汲取经验应对未来挑战的准备能力,最后一种理解更为宽泛。

要提升医院应对重大疫情的韧性能力,需要从工程系统、医院系统和医疗系统三方面着手。

在工程系统方面,需要提升医院功能系统的快速调整和弹性扩容能力。这在疫情发生的初期非常关键。这就要求医院在前期设计时考虑未来的弹性需求,具有改造、拓展的灵活性和便捷性。这种韧性能力不仅对疫情应对有帮助,还对医院常规需求变化的应对大有裨益。但是由于医疗空间、工艺、设备和医护人员的专业性及复杂性,这种能力的弹性提升路径还需要深入研究和探索。从目前来看,模块化和装配式建造模式、建筑信息模型(Building Information Modeling, BIM)及计算机仿真等都是有益的创新探索。

---

① 原文刊发于经济观察网 2020 年 2 月 11 日。

② 同济大学经济与管理学院建设管理与房地产系教授、复杂工程管理研究院副院长、智慧医院建设与运营管理研究中心主任。

在医院系统方面，需要提升医院服务系统的快速响应和应变能力。可用4R标准来衡量，即鲁棒性(Robustness)、冗余度(Redundancy)、资源丰富度(Resourcefulness)和快速性(Rapidity)。这对于应对中等规模的疫情需求比较重要。但这方面涉及的问题具有体系性和复杂性，例如韧性标准到底设定多高为合理，"平疫"需求如何平衡，4R指标如何量化确定等，同时也涉及经济性和管理能力问题。但这次新冠肺炎疫情的大规模暴发提醒我们，提高医院服务系统的韧性能力势在必行，对现有医院进行系统的韧性能力评估也是必要的。

在医疗系统方面，需要提升医疗系统的复杂性治理能力和领导力。医疗系统是一个复杂适应性系统(Complex Adaptive Systems, CAS)，这一系统的韧性能力是决定一个城市、地区甚至国家能否有效应对重大疫情暴发的全局性能力。有韧性的医疗系统应该具有自主意识、多元化、分布式、自我调节(纠错)、集成和适应性等重要特征，也应包括完善的政府和市场相结合的医疗资源储备体系，强大的生产、供应和物流系统，大范围医疗资源的调度、协同和整合能力，清晰而透明的责任体系和法规体系，大规模信息和数据处理的智慧化等。医疗系统的韧性能力是推进我国医疗卫生领域治理体系和治理能力现代化、健全国家应急管理体系以及提高处理急难险重任务能力的关键。

在VUCA(Volatility易变性，Uncertainty不确定性，Complexity复杂性，Ambiguity模糊性)时代，大规模突发应急事件的发生可能会越来越频繁，而且规模和影响范围也会越来越大，一旦发生就遵循墨菲定律造成最大程度的破坏。其中，新型病毒性传染的疫情集中暴发是复杂性最高的一类大规模突发事件，提高医院和医疗系统的韧性是防止疫情快速演变和提高系统性风险防控能力的基础性保障。

疫情防控与生产恢复过程中的企业家保护与激励[①]

谢　恩[②]

当前,新冠肺炎疫情防控已经到了关键阶段,除了继续加强人员隔离、增加收治能力以及加快诊治方案研发等方面的措施以外,我们还要认真考虑如何有序恢复企业的生产活动,减轻疫情对于我国经济的影响。目前,多地政府已经密集出台了多项措施,从融资贷款、税费减免、人员减负以及防疫物资供应等方面为企业提供支持,相信这些措施将在下一阶段有力推动企业恢复正常的生产和经营活动。

除此之外,建议政府为企业家提供更多的制度性保护,激励他们以更强的创业热情和使命担当带领员工抗击疫情。自 2020 年 1 月中旬以来,新冠肺炎疫情发展的速度大大加快,各地政府采取了许多强有力的措施试图阻断病毒传染。尽管这些措施非常必要,但在落实过程中也使得许多企业家承担了一些本不该由他们承担的风险和责任。例如,近期各地政府纷纷发布了企业复工通知,其中明确规定了"法人负责"以及"谁用工,谁管理,谁负责"的原则。从控制疫情的角度来看,这些规定很有必要;但是在实际操作过程中,确实存在不恰当的责任转嫁的情况。有企业家朋友反映,个别地方政府规定一旦企业复工,如果有一个员工感染,就要对企业法人采取强制措施。这些政策和规定大大增加了企业家对于恢复企业生产的顾虑,甚至影响到了防疫物资企业的产能恢复,这对抗击疫情工作尽快取得胜利是不利的。

---

① 原文发表于"管理学季刊"微信公众号 2020 年 2 月 11 日。

② 同济大学经济与管理学院副院长、教授,管理高等研究院副院长。

当前,全国人民正在以极大的勇气和信心抗击疫情。但客观来说,疫情也对民众的心理产生了较大影响。许多人在感叹生命无常之余,更多地产生了回归家庭和平静生活的愿望。相比于普通民众,企业家群体往往已经完成了财富积累,一些人更是实现了财务自由,拥有了优越的生活条件。如果此时我们将一些本不该由企业家承担的责任强行转嫁到他们身上,同时以高额经济惩罚甚至强制措施要求企业家承担这些责任,那么我们很难在防疫形势依然严峻的当下,激发企业家们积极恢复生产经营活动的热情。

为此,我们提出如下建议,希望从制度上保护和激励企业家,让他们在抗击疫情以及后续生产恢复的过程中能够轻装上阵,在政府有效支持和指导下,以高度的使命感和责任感抓好疫情防控、实现企业正常经营。

第一,明确政府和企业在防疫工作中的责任和义务,避免部分地方政府将防疫责任过度转嫁给企业;在抗击疫情的过程中,各地普遍面临人力、物资、诊疗技术等方面的短缺和不足。缺乏资源和能力培训的地方面对压力时,自然而然地会产生传导压力的冲动。由于企业既拥有财务资源,又能对雇佣的员工实施一定的纪律约束,便成为官员落实防控责任的理想对象。然而,企业是一个经济组织,抗击防疫并不是它们在社会分工体系中的主要任务。相反,政府应当承担更多的社会治理责任,使得企业家能够聚焦于抗击疫情的需要来提供产品和服务。我们建议,对于企业的防疫工作,政府应当建立明确的标准和要求,派出防疫专家监督指导企业防治病毒传播的环境和措施,确保企业能够安全、专注地开展生产经营活动。

第二,优化防护物资配置,优先保障那些能够提供较多就业岗位的企业复产;允许企业与员工协商,灵活处理劳动关系中的各类问题,慎对企业家采用强制措施;随着假期时间延长,对于无法正常经营的企业而言,支付员工工资的压力将会越来越大。未来,中低收入人群要求恢复工作获得收入的愿望将愈发强烈。从目前各地公布的复工通知来看,基本上是优先保障地方重点建设工程复工。实际上,应更多地考虑那些消纳劳动力容量大的民营企业尽快复工。政府应在群众生计和大众防疫之间寻求平衡。对于批准复工的企业,要保障它们对于防护物资的供应。还应该客观看待新冠肺炎疫情的发展规律,可以采用企业负责人驻场等方式强化他们对于防疫工作的重视。对于已达到防护标准,但仍因不可控因素产生传染个例的,对企业负责人慎用强制措施。

第三,遵循市场在资源配置中的决定性作用,尊重企业作为经济主体按照市场规律开展经营的权利,政府通过恰当措施引导企业围绕抗击疫情开展业务。突发的疫情打破了市场平衡,使得许多产品出现了供不应求的局面。在此情况下,多地政府提出了要严厉打击哄抬物价和发国难财的行为。这些要求在当前物资供应紧张的情况下无疑是必要的。但是也要思考这样一个问题,在用工困难、原材料紧缺、防护要求大大提升企业成本的条件下,如果企业家在承担极高风险的同时不能获得合理的回报,他们迅速恢复并扩大企业产能的动力从何而来？实际上,价格上涨反映了市场短缺,是吸引更多企业进入相关领域的基本机制。面对防护物资短缺,除了采取必要的行政手段确保医疗一线供应以外,其他的则可以通过政府以符合市场规律的价格进行大规模采购,简化紧缺领域的企业设立手续,推动供给增长,同时可以明确疫情结束后政府将收储过剩产能,使得相关的投资主体形成稳定预期。

第四,形成传递正能量的舆论环境,强调当下依法合规的恢复生产,就是当代企业家抗击疫情的实际行动和为国创业的使命担当。新冠肺炎疫情已经对国人的生命健康和安全造成了巨大威胁,其对于经济发展的负面影响也是深重的。在这样的条件下,我们特别需要培育、保护和激励企业家精神,使得我国经济能够克服当前的困难。实际上,我国的企业家作为一个群体,已经在包括医院建设和物资筹供等方面显现出了高度的责任感和使命担当。应当形成这样的舆论环境,即激励企业家为国再创业,积极投身于抗击疫情的战斗当中。对于在抗击疫情恢复生产中做出突出成绩的企业家,特别是民营企业家,要加以鼓励和褒奖,在全社会形成爱护、尊重企业家精神的氛围。

既要战疫情，又要促发展，产业园区如何统筹好“两手抓”①

任　浩②

当前正是战“疫”的关键时刻。2020 年 2 月 10 日，习近平总书记在北京调研指导新冠肺炎疫情防控工作时指出，要统筹推进经济社会发展各项任务，在全力以赴抓好疫情防控的同时，统筹做好“六稳”工作。

考虑到各类产业园区是区域经济发展的主要阵地，承担着促进国家产业经济发展的重要使命，尤其 2020 年是我国全面建成小康社会的关键年，也是“十四五”经济社会发展规划编制完成的重要一年，在全面战“疫”的同时，应允许甚至督促各类园区做好“两手抓”，即一手战疫情、一手促发展，有效利用时机、系统安排工作、调配各种力量，处理好当前工作与长远工作之间的关系。其中，关键是做到以下四个统筹。

第一，战“疫”与复工的统筹。战“疫”是当前重中之重，这是由特定时间、特定地点决定的特定任务，不容松懈。但产业园区作为园区经济发展的组织者，也应承担起领导园区生产经营的职责。在条件允许的情况下，一方面应鼓励与防控疫情相关的园区企业尽快优先复工生产，如医用设施和民用防护产品的生产企业。目前，根据同济大学发展研究院刚完成的全国 40 家重点产业园区的调研和 10 名园区负责人的访谈情况，不少园区已做了大量工作来保障全国防控疫情的产品供给。另一方面，应做好园区企业复工的准备，仔细了解园区企业复工中的困难和建议，不仅要了解园区单个企业

① 原文发表于“上观新闻”平台 2020 年 2 月 13 日，并刊载于《解放日报》2020 年 2 月 18 日第 09 版。

② 同济大学经济与管理学院教授、同济大学发展研究院院长、中国产业园区持续发展联盟执行主席。

的复工情况，还要积极掌握和协调产业链上、下游企业的复工情况，对复工准备良好的企业，优先创造条件并提供可能的帮助。

第二，应急处置与长远谋略的统筹。管理工作根据任务的紧急性和重要性可分为不紧急不重要、紧急不重要、重要不紧急和又紧急又重要这四类。当前产业园区的领导者在处理紧急任务的同时，不能放松全年重要任务的推进，尤其在当前一线人员工作受限的情况下，应组织力量开展"十四五"重要规划的启动工作。最近的调研中，我们高兴地看到国家级临沂经开区和库尔勒经开区等园区领导，在战"疫"的同时，都已实质性地启动了"十四五"规划工作。从某种意义上来说，现在也是组织部分人力来谋划园区长远发展的有利时机。

第三，刚性工作方式与柔性工作方式的统筹。在防疫吃紧时期，为了尽量减少人与人之间的接触，应对园区日常的工作方式做些调整，除了必需的刚性工作方式外，可以更多地采用柔性工作方式，例如允许先后有序复工、错峰上班、居家办公等。尤其是积极利用外部力量，从主观上利用好互联网信息化设施，加快推进和推广远程办公等柔性工作方式。当然，园区在发展远程办公等柔性工作方式的同时，要避免出现工作松懈的情况，为此应考虑制订规范化园区远程办公的管理方法。一要善于利用手机视频会议系统，进行信息沟通和决策，比如"云之家"V9 系统，可同时与 600 个手机端点进行视频会议，完全能满足线上会议的需要；二要优化 OA 系统的远程处理能力，借助 OA 系统建立和优化工作流程管理；三要制订可复查的日常工作量表，以便及时了解每个员工的工作进程，掌握决策的执行情况。

第四，园区管理者主体和其他相关主体的统筹。园区的发展有赖于园区管理体系和治理能力的建设，在当前全面战"疫"的情况下，尤其要处理好园区多元治理主体的共治关系。除了园区管理机构(管委会或总公司)，园区的治理主体还有地方政府和园区企业。面对突发事件要如何治理？如何处理好园区稳定发展与改革的关系？单一主体的资源和能力都是有限的，不能仅仅依靠园区管理机构单打独斗、大包大揽。建议园区在"两手抓"的同时，一方面要明确园区面临的困难，树立园区、企业以及地方政府共同应对的理念，建立调动多元主体共同治理的体制机制；另一方面应甄别园区企业的实际困难和需求，根据园区自身能力给予企业积极的帮助，使企业能够真正发挥市场主体的作用，直面市场环境。只有园区治理主体共担共治，才能真正走出战“疫”困境，走上园区可持续发展的道路。

疫情下的服务业自救[①]

吴泗宗[②]

突如其来的新冠肺炎疫情扰乱了人们生活的秩序，对于服务业来说，历来黄金周中的黄金——春节刹那间被恐惧和担忧所淹没，在没有特效药的情况下，切断病毒蔓延的路径，宅在家便成为当下的最佳选择。一时间，繁华的大街上空荡无人，整个经济仿佛突然停止运作，特别是依赖与顾客密切接触的服务业，如商店、电影院、餐饮、旅游、交通等都处于停摆状态。

这场新冠肺炎疫情对中国经济的影响是巨大的，但其中最甚者，莫过于服务业。服务业的基本特征便是依靠服务人员的劳动，作用于顾客。春节是服务业黄金周中的黄金，然而"宅经济"的出现，使服务业遭到灭顶之灾。制造业由于无需与顾客接触，现都陆续复工，但相较而言，服务业由于其工作特征，全面恢复生产尚有待时日。对此次新冠肺炎疫情的分析，其对服务业的影响可以分为两个阶段：一为疫情期，估计要到 3 月底 4 月初方能结束；二为疫情消化期，指的是疫情结束后，还需一段时间人们的生活才会恢复常态，才会去逛商店、看电影、旅游等，这段时间估计要一个半月至两个月。也就是说，服务业要从这场打击中走出，还需 3 个多月。显然，服务业不能坐以待毙，自救是人间正道。

服务业自救的基本思路便是从接触式经营转向非接触式经营。服务的种类包罗万象，自救的方式也有多种，但基本思路便是转向非接触经营。特别是当下疫情还在肆虐期。

---

① 原文发布于"同济大学经济与管理学院"微信公众号 2020 年 2 月 23 日，原文转自"冠宗投资"平台。

② 同济大学经济与管理学院教授、中国市场营销学会常务理事、中国技术经济管理学会理事。

在服务业一片“哀鸿遍野”之时，同为服务业的盒马鲜生、叮咚买菜、顺丰等却逆势而上，正是这种非接触式的经营模式，使其业务爆发式增长。

疫情肆虐期，人们宅在家里，闭门不出，但正常的衣食等生活必需品的供给并未受到影响，原因何在？这要归功于互联网支撑的电商和快递小哥。如果说在疫情前，利用电商仅仅是购物的一种补充的话，那么当前它便成为一种最主要的购物方式。人们宅在家里，切断了购物前与待购商品的物理接触，但通过互联网在虚拟世界又把商品拉回到我们身边，琳琅满目的商品任人选购。聪明的快递小哥一个“微创”——把商品由“门对门”变成了“门对院”，送至住宅小区的院里，从而巧妙地避开了与顾客的直接接触。

新冠肺炎疫情的暴发是一场灾难，但它又形成了一种倒逼机制，倒逼企业特别是服务业去主动思考，如何利用互联网对其业务进行改造，使之成为非接触式的经营模式。利用互联网自救的服务业还有在线培训、在线办公、抖音直播、动漫游戏等。

企业自救还应求变现有的商业模式。例如，制造业有的已经复工，有的复工在即，而原有的企业食堂不能适应疫情期间安全的要求，这对于陷入困境的餐饮业来说应该是个求生的契机。主动与制造业合作，成为制造企业的食堂，与它们一起渡过难关。

作为价值链中的一环，服务业与上、下游企业是命运共同体，所谓一荣俱荣，一损俱损。在此非常时期，服务业应主动联系上、下游企业，共度时艰，用价值链来抵御疫情，而不是靠服务企业的单枪匹马。

“守得云开见月明”，熬过了疫情恐慌期和疫后消化期，服务业将会迎来报复性消费的繁荣期。而眼下必须挺住，正如毛主席所说：“有利的情况和主动的恢复，往往产生于再坚持一下的努力之中。”武汉挺住！湖北挺住！服务业挺住！

从“小巷总理”到“国家治理”

——从新冠肺炎社区防疫实践看治理创新[①]

周向红[②]　姚铁力[③]

基层社区是人们居家生活的重要场所，随着新冠肺炎疫情联防联控工作的不断深入，做好基层社区的疫情防控十分重要，同时也充满了挑战。2020年1月24日上午，国务院应对新型冠状病毒感染的肺炎疫情联防联控工作机制专门发出《关于加强新型冠状病毒感染的肺炎疫情社区防控工作的通知》，目的就是要充分发挥社区动员能力，实施网格化、地毯式管理，群防群控，稳防稳控，有效落实综合性防控措施，做到“早发现、早报告、早隔离、早诊断、早治疗”，防止疫情输入、蔓延、输出，控制疾病传播。

面对新冠肺炎社区防疫工作中遇到的各类新问题、新挑战，在全国各地的实践中，基层不断激发创造性，在无比艰难的防疫工作中实现了“逢山开路、遇水搭桥”。“小巷总理”们不仅推动了基层治理的不断创新，也通过创新最大化地解决了诸多实际问题。

基层防疫的几点启示

国家治理和基层社会治理必须有机联动。例如，本次新冠肺炎疫情联防联控工作由国家统一调配，并调动部队参与其中，其重要性可见一斑。为了使防疫措施能更有效地执行，在国家治理和基层社会治理之间必须形成有序、连

① 原文发表于《国家治理》2020年2月14日Z1期。

② 同济大学经济与管理学院公共管理系教授。

③ 同济大学经济与管理学院2014级博士研究生、上海嘉定区江桥镇副镇长、嘉定绿洲投资控股集团有限公司总经理。

贯、高效的机制和流程，否则必将造成国家指向和社会行动之间连接断层、运行不畅。针对疫情应对，国家有倡导、有方向，社会就要广泛动员起来。如2020年春节期间，河南、山东等地绝大多数村社区主动实行自我管理，依靠当地公职人员或志愿者，对进出当地的行人、车辆进行有效管制，以控制疫情的进一步扩散；又如很多社区制定了如何封路，什么样的车如何进来，什么样的人能进社区，如何登记，如何购买物资，如何组织志愿者等"土办法"，这些都是本次疫情应对中鲜活的基层社会治理案例。这既是政府广泛宣传、积极引导的结果，也是社会充分动员、良性发展的结果。

国家治理改革和基层治理创新必须紧密结合。基层治理创新是治理创新的重要环节与基础，鼓励、保障基层治理创新是实现科学治理机制的关键。自疫情发生以来，医用口罩的需求量激增，上海市推出居(村)委会预约登记去指定药店购买的方式供应口罩。如上海市江桥镇嘉怡社区、静安临汾街道等则通过与居民协商，主动改变了向广大居民供应口罩的方式，即改为线上预约。这种方式减少了中间领取预约凭证的环节，尽量让居民只跑一趟、一步到位，受到群众一致好评。在社区创新的带动下，上海市也开始推广这类做法。在突如其来的挑战面前，"基层出经验"体现得淋漓尽致。

突发性应对和常态化治理必须良性循环。面对这次前所未有的重大疫情，国家明确了应对策略，但是社区基层的应急反应能力与实际需求之间还是有很大差距，也体现出社区常态化治理的水平。国家治理的重心向基层下移，就要变基层的运动式治理为常态化治理，这样也能使社区在面对重大突发公共事件时有更充分的响应。如常熟市虞山街道西泾岸社区是一个连物业公司和任何封闭式装置都没有的老社区，社区工作人员充分发挥自身环境熟、人头熟、情况熟的特点，带上喇叭和宣传单走街串巷，用地毯式宣传走访的方式引导群众做好个人防护，并帮助他们解决实际困难。这就是常态化治理成效在突发性事件中的显现。

基层治理如何更好地应对突发事件

随着全国人民万众一心共同抗击新冠肺炎疫情，我们必将迎来此次战役的胜利。而在此之后，社区治理如何创新，如何在今后可能面对的各项风险挑战中发挥应有的作用是未来治理创新的重中之重。笔者也根据自身经

验以及在这次抗疫过程中得到的启示,对未来社会治理需进一步努力的方向进行了思考:

制度设计需考虑差异性,更应强调自下而上的创新。制度设计应更加重视基层创新成果的运用,更加注意激发基层的创造性,并不刻意强调"自上而下"的制度约束,而是更加重视"自下而上"符合人民利益、基于公众意愿的各种正式或非正式的制度安排。

实施主体在强调政府为主导的同时,需考虑企业、社会组织的参与性。从几乎完全由政府主导,逐步转变到政府、居民、企业、社会组织等共同参与。在这次新冠肺炎疫情应对中,党和政府全面领导,全中国人民全力支持,企业在物资、物流、员工等各方面的巨大投入,以及各类社会组织的积极响应都起到了极其重要的作用,缺一不可。

管理方式逐步摆脱"运动式治理"窠臼,应对重大事件策略融入日常生活方面。这次管理排查过程中动用大量人力、物力收集到的数据和建立的一些新型生活方式、工作方式应择其优进行保持和提倡,比如分餐式聚会、在线培训等。

组织模式既强调科层式管理,又需要强调阿米巴式自我管理。在中央—省—市—县—街镇—社区的传统科层制模式基础上,依托互联网等新兴工具,社会治理的组织结构将更加扁平化,并在此基础上,形成多元协调的新型机制。在这次抗疫过程中,自我隔离、邻里互助、在线办公等都展现出社区自治的重要性,因此有必要进一步梳理和挖掘。

资源配置方面。规范统一的资源配置机制难以满足现代化治理的需求,多元化、市场化、个性化的资源配置机制将使治理内容更富有针对性,治理资源使用更富有效率。

评估手段方面。模式单一的政府统一评估难以反映实际问题的解决程度,而以公众满意度为主的评估方式将成为主流。社会治理将公众视为"顾客",提出公共部门中的"顾客至上"原则,对公共服务质量的提高将起到积极作用。

加强科技的支撑作用。正如党的十九届四中全会指出"必须加强和创新社会治理,完善党委领导、政府负责、民主协商、社会协同、公众参与、法治保障、科技支撑的社会治理体系",在此次新冠肺炎疫情的应对处理中,我们对互联网、人工智能、大数据等技术在治理中的进一步应用有了更加充分的认识。今后如何更有效地利用好区块链、人工智能等先进技术，不仅是实现治理创新的重要途径，也是我们更好地应对当前复杂多变的社会问题的重要手段。

打赢经济战“疫”后，还要重视解决“后遗症”[①]

周　华[②]　张晓东[③]

新冠肺炎由于其潜伏期长、感染性强的特点，给我国人民的生命财产安全带来了极大威胁。严峻的疫情加之发生时正逢春节，进一步加剧了它对社会、卫生、经济等领域的影响。

重视“并发症”更要警惕“后遗症”

在密切关注本次疫情对人民的生命健康造成的威胁之外，其在经济领域的影响也需要我们加以重视。在疫情发生期间，由于受疫情本身和必要的防控措施的影响，社会经济必然会承受“并发症”式的阵痛。延迟复工给许多中小企业带来了生产经营压力，尤其是对餐饮、娱乐、电影行业相关企业的影响较大。企业复工延期，生产和经营暂停，收入和现金流中断，但仍要支付房租、工资、利息等刚性支出。同时，经营中断可能导致企业订单合同违约、资金周转困难。在影响供给端的同时，疫情也打击了需求端的消费热情。同时，疫情也影响了我国的对外商贸往来。

在党中央的统筹领导、社会各界的密切合作、全国人民的勠力同心之下，疫情终将被战胜。但正像纪录片《非典十年祭》所展示的，疫情过后的经济“后遗症”同样值得我们重视。

首先，在抗击疫情的过程中，政府公共事业支出和转移支付等支出增

---

① 原文发表于《第一财经日报》2020 年 2 月 19 日第 A11 版。

② 同济大学经济与管理学院经济与金融系副教授、同济大学德国研究中心研究员。

③ 同济大学经济与管理学院 2020 级硕士研究生。

加,而减税降费等一系列减负政策减少了国家财政收入,由此可以预见财政赤字的压力。财政赤字压力与经济下行压力该如何权衡?在未来一段经济下行周期内,这一问题还将长期困扰着我们。

其次,疫情将导致一批企业经营困难,这一方面打击了市场活力,另一方面也增加了疫情过后的就业压力。

最后,疫情或将导致一批中国供应商失去订单,甚至可能出现外商投资的缩减。虽然,近年来我国的外贸依存度不断下降,但仍在30%以上,国际贸易对我国经济仍有着举足轻重的影响。此次疫情导致的订单流失将直接影响很多外贸企业的生存,而这又将和上述两点影响一起产生“链式反应”,对我国经济抗压能力提出严峻挑战。

要打赢这场经济“战役”,首先要做的还是打赢医疗战“疫”。只有尽快将疫情控制住,才能使它对社会民生的种种影响最小化。

对于上述“并发症”,我国已采取了针对性措施。在宏观层面上,为对冲疫情对宏观经济的潜在影响,稳定市场信心,“一行两会”、财政部等部委相继出台了系列举措,重点加大货币信贷的支持力度,保持流动性合理充裕,强化对重点医用物品和生活物资生产企业的金融支持,维护金融市场尤其是资本市场的平稳运行。在企业层面上,各地政府纷纷出台措施,加大金融支持、稳定职工队伍、减轻企业负担。受疫情影响的企业在授信额度、贷款利率、缴纳税费等方面都将享受到种种优惠条件。

完善国家价值链,应对经济“后遗症”

“并发症”已有良策,“后遗症”尚缺药方。在解决疫情过后的经济“后遗症”问题时,国家价值链或将起到重要作用。

在过去的数十年里,我国积极参与全球价值链分工,加工贸易的蓬勃发展助力了我国的经济发展。但我国长期处于全球价值链的中游,所创造的增加值十分有限。然而,随着我国经济的发展和国际局势的变化,原有的全球价值链融入方式已成为我国发展的掣肘。比照全球价值链,国家价值链理论顺势而生。

国家价值链的基本逻辑与全球价值链类似,只是将生产网络分布从全球缩小到一国之内。与之相应,国家之间的分工也缩小为一国内部各地区的分工，各国基于比较优势参与全球价值链的行为也缩小为各地区基于比较优势参与国家价值链的行为。我国幅员辽阔，各地区之间的比较优势也各有不同。我国可以利用这一优势，将产业链向上、下游拓展，以完善我国的国家价值链。

完善国家价值链是经济后遗症的“处方药”。“后遗症”中的大部分都可以通过完善国家价值链来解决。完善国家价值链意味着各地区高效赋能分工，一批新企业将由此得到发展，一批新的就业也将由此创造；完善国家价值链意味着我国将由价值链中游向价值链的上、下游拓展，并由此占据增多的产业增加值，在缓解经济下行压力和财政压力上将起到重要作用；完善国家价值链还意味着一个更有活力的内需市场的形成，我国的外贸依存度也将由此进一步下降，对外贸易订单转移的影响也将由此弱化。

完善国家价值链是经济后遗症的“预防针”。此次疫情作为突发性事件终有结束的一天，但它对我国经济韧性提出的挑战也值得反思。在当今世界贸易保护主义抬头的趋势下，我国的加工外贸型经济面临着巨大挑战。无论是内部的应急事件还是外部局势变动都可能使我国经济遭受严峻考验。完善国家价值链将会有效增强我国经济的韧性，提高其抗风险能力，使我国再遇到此类问题时能更有底气。除此之外，我国在全球价值链中长期扮演着“加工者”的角色，从事低附加值活动，而全球价值链中的壁垒又使得在全球价值链内向上升级困难重重。在此背景下，完善国家价值链成为我国实现产业升级、开拓内需市场、盘活全国经济的必由之路。

抗击疫情，企业除了生产经营，还有这件重要的事要做[①]

郝凤霞[②]

自2020年1月下旬起，国内疫情迅速升级，多地医疗物资告急。许多企业挺身而出，快速反应，运用自身技术和资源优势，与政府相关部门、社会公众携手共渡难关。多家互联网企业陆续设立医疗物资供给专项基金、捐赠医疗物资，以保障医护人员和一般民众对各项物资的需求。中国上市公司协会近日公布的《上市公司驰援一览表》显示，截至2020年2月4日，共有635家A股上市公司在第一时间参与了抗疫驰援，短时间内已经有两成上市公司有反应，且这个数字还在快速攀升。

作为市场主体的企业，了解市场，能对市场需求做出快速反应，能对抗疫所需的各种资源进行有效配置。疫情发生以来，阿里巴巴、腾讯、百度、京东、美团、滴滴等企业与政府、社会组织等展开深入合作，开放、有序地按照市场化原则调动全球资源，为抗疫工作提供了高效支持，成为抗击新冠肺炎疫情的重要补充和生力军。

企业已经成为灾害治理的重要主体

长期以来，政府部门一直是灾害治理的唯一主体。但从国际实践来看，企业已经成为灾害治理的重要主体之一。问题在于，企业应该发挥什么样的作用？如何通过建立有效的公私合作促进这些目标的实现？

2005年，美国"卡特里娜"飓风之后，美国联邦应急管理署成立了私营部

---

① 原文发表于"上观新闻"平台2020年3月6日"天下"版"思想汇"卷。

② 同济大学经济与管理学院经济与金融系副教授。

门分部，专门负责应急管理中的公私合作。日本则在国家防灾组织中设有中小企业厅，专司企业的灾害应对和参与工作。我国国务院办公厅2016年印发了《国家综合防灾减灾规划(2016—2020年)》，该规划指出，积极引入市场力量参与灾害治理，培育和提高市场主体参与灾害治理的能力。

对企业来讲，参与灾害治理是履行企业社会责任的一种方式。普华永道最近与世界经济论坛联合进行的一项全球调查发现，在接受调查的1 100名CEO中，超过2/3的被调查者认为，恰当地履行企业社会责任，对企业盈利能力至关重要，可以防止客户、股东甚至员工流失。如惠普公司将核心使命定为"为了人类进步、人类福祉做出技术贡献"，索尼公司将核心使命定为"感受为公众利益推进、应用技术的快乐"，沃尔玛的核心使命为"让普通人有机会买到富人才买得起的东西"等。这些真正意义上实现了"基业长青"的企业，其核心价值观、核心使命都超越了单纯赚钱这一目标。这些企业的核心价值观与现在所倡导的企业社会责任等理念高度吻合，这些公司给股东带来的长期财务回报远超绝大多数同行业竞争对手。

因此，企业社会责任逐渐成为政策界、工商界以及公众广泛关注和讨论的议题。为了推动中国上市公司的社会责任体系建设，监管机构和第三方评级机构不断推出指导企业社会责任实践的相关标准和报告规范。可以说，企业社会责任不是一个清单，也不是一套准则，更不是要求企业做自我牺牲的事，而是用企业的核心能力去解决社会问题，创造社会价值。

履行企业社会责任的动力机制

第一，履行企业社会责任，体现社会价值。英国学者约翰·埃尔金顿提出企业社会责任"三重底线"理论，认为除了经济责任和环境责任之外，企业的社会责任是不可或缺的。企业的社会责任正与社会价值相对应，主要体现为对国家发展的价值、对社会和谐的价值和对员工成长的价值。这些以社会价值为导向的行为，可以是道德驱动、经济驱动或社会驱动的。在这个过程中，社会期望是企业社会责任管理动力合成的"导航器"，它决定着企业社会责任行为的方向。

随着企业与社区之间的关系从回馈型转变为与社会合作型，企业更积极主动地回应社会议题，履责的动机从声誉驱动变为绩效驱动。在企业实践的微观层面上,企业社会责任不再表现为奢侈的产品和服务,而是给那些最需要改善生活质量的人们提供解决方案,从而使企业社会责任更具创造性和回应性。

第二,履行社会责任是企业高质量可持续发展的保障。近年来迅速出现的颠覆式科技创新及应用、商业模式的演进,正促使我们的行业、企业发生根本性变革。在这场变革中,可持续商业—社会的新型生态正在形成,企业的立足点正在从单纯的经济效益、股东利益至上,转变到创造多重利益相关方价值的轨道上来。与此同时,企业固有的边界正在打开,开放、融合、协同、合作式的创新给企业的可持续商业带来新的活力。

全球最大资产管理公司贝莱德的首席执行官 Larry Fink 在 2019 年《致首席执行官们的信》中,呼吁全球企业领导人重视企业的社会责任,并强调企业宗旨与企业长期发展密不可分。2019 年 8 月,代表苹果、百事可乐、摩根大通、沃尔玛等上市大企业的美国工商团体“企业圆桌会议”(Business Roundtable)发表了名为《公司的目的》(*Statement on the purpose of a corporation*)的宣言,强调企业将更重视履行对社会的责任,不再仅仅关注股东利益。这项宣言已获得美国 180 多名顶尖企业 CEO 的联合签署,旨在引导更多的企业不要单纯拘泥于短期的企业股东利益,而更应着眼于企业利益相关方利益甚至更高的社会责任,以实现企业和社会的可持续发展。

第三,兼顾企业社会责任与利润最大化。企业社会责任与其生产经营紧密联系,如果能够灵活驾驭,则可以成为增强企业竞争力的有效手段。诸多成功履行社会责任的公司经验证明,适度的企业社会责任能够给公司带来广告效应、提高公司声誉、增加产品知名度、削减广告成本等,这些收益能够抵消甚至超过企业履行社会责任所花费的成本。现代企业制度保证了企业在正常生产经营以实现股东利益的同时,合理地参与社会活动,企业社会责任与利润极大化目标并不相悖。

如何更好地履行企业社会责任

对我国企业来讲,新冠肺炎疫情当前,积极投身抗疫工作是履行社会责任的重要形式,也是展示企业形象的重要机会。对于企业决策者来讲,选择恰当的抗疫方式是企业决策的重要内容。那么面对当前疫情,企业如何科学地选择恰当的抗疫方式？

第一，在复工复产的同时，做好疫情防控工作。当下，按照党中央的部署，各类企业正在有序复工复产。但是鉴于疫情还没有结束，做好相关防控工作仍是首要之事。这不仅关系到企业正常生产经营活动的持续，同时也是社会防控的重要组成部分，是企业社会责任的集中体现。

第二，找寻与企业业务高度相关的社会议题。企业担当社会责任，重心在找到商业和社会及环境的交集。在这场战“疫”中，有的企业出钱出力，驰援武汉；有的企业加班加点，保障人民群众基本生活需要；还有小微企业克服重重困难，顽强坚守。企业应该从这些相关议题中找出优先级，优先选取与公司商业逻辑相关、对业务增长有帮助的议题。在确定议题后，还需要做到精准化提炼，即清楚意识到企业究竟在这个项目中承担了什么角色，企业的社会价值是什么、体现在哪里，这对业务会有哪些影响等。最后，要分析评估如何实施。另外，也可以从业务相关的外部消费者入手，找到消费者关注的与企业自身联系紧密的议题，从这些社会问题中发现商业机遇，再通过商业机遇连接到品牌，最后实现品牌形象提升与业务增长。

第三，识别并满足社会需要，将社会影响引入公司的价值主张。管理学家波特 2011 年提出“共享价值”的思想，认为人们总是狭隘地看待企业社会责任，将企业所创造的价值局限于短期财务绩效，把社会议题视为边缘而非核心的，解决这一问题的方案是要遵循共享价值的原则。这不仅意味着企业要成为良好“公民”、减少消极影响，而且意味着创新和实现共享价值，使企业成功与社会进步相辅相成。因此，他们提出以“企业社会整合”的概念来取代“企业社会责任”。疫情当前，各种社会需要越来越多，而企业是解决紧迫疫情议题的最重要力量。对企业而言，最重要的是识别这些社会需要，通过提供新技术、新方法和创新管理方式来解决社会议题，同时提升自身生产力并扩大市场，为企业和社会创造共享价值。

当然，面对重大公共事件，社会治理的多元主体应发挥协同效应。政府是经济社会中最具权威的组织者，可以通过制定政策并采取各种措施来影响、推动企业社会责任战略的推行和社会责任管理行动的实践，从而有效改善企业的社会责任管理水平，包括通过购买服务的方式加大对公共服务的投入；促进行业信用建设和行业守信自律，进一步完善企业信用数据库，形成有效的市场约束和行业约束;鼓励企业对员工参与志愿者活动进行制度性支持等。此次疫情防控中,不少企业员工参与了志愿服务,一些企业还规划了自身的志愿项目。政府应该以此为契机,呼吁企业进一步制定志愿者休假制度,根据所从事业务派遣志愿者参与活动,只要涉及社会福利、灾害支援、国际协作、环境保护等方面,都可以提交休假申请,去进行相关的志愿活动。

抗疫期间的修炼

——建构“工作-家庭增益”[①]

罗瑾琏[②]

自抗击疫情以来，经常会看到朋友圈的段子或调侃，疫情防控期间宅家的成果：练就了厨艺，学会了玩抖音，迷上了诗词大会；用起了钉钉，下载了ZOOM。各种原来没时间接触的都学起来了，干起来了，嗨起来了…… 突然发现，亲子关系更亲了，夫妻感情更浓了，对老人更牵挂了，对家更依恋了，对工作更期盼了。

有网友言，“这次疫情让我懂得这辈子什么最好？祖国强大稳定最好！人民安居乐业最好！亲人平安身体健康最好！有人关心惦记最好！”祖国强大稳定、人民安居乐业需要奋斗者，亲人平安健康、有人关心惦记需要追梦者。诚然，这就涉及兼顾工作投入和家庭投入并协同推进的命题。

以往，大多从消极的视角来看待工作-家庭角色，认为资源（如时间、精力等）有限，个体面临工作与家庭两种角色的竞争性需求，他们在某一角色上投入资源必将降低另一角色的可用资源，所以两种角色之间常常存在冲突，即“工作-家庭冲突”（Eby, Maher, & Butts, 2010）。而如果从积极的视角来看待两种角色的相互协同，即某一角色活动能为自身带来有意义的资源，从而促进在另一角色领域的表现，亦即“工作-家庭增益”。工作-家庭冲突将引发个体在工作和家庭两个领域的不满意，从而导致他们感知压力上升甚至情绪耗竭；相反地，工作-家庭增益有助于个体将某一领域的经验、心

---

① 原文发表于“人力资源教授荟”微信公众号2020年2月22日。

② 同济大学经济与管理学院组织管理系（筹）教授、中国管理学会（管理现代化研究会）人力资源管理分委员会副主任委员。

理和物质资源、社会资源等溢出至另一领域，从而促使个体在两个领域都表现良好。这次疫情防控，宅家掌勺、带娃、陪孩子做游戏、辅导孩子学习等体验，让很多人体会到了家政的学问、家政的胜任素质，重拾自我、理解他人、冷静理性；而照顾父母、陪伴独处老人，磨炼了更温和、更包容的性情。这些变化或许能给工作行为和工作方式带来一定的变化，比如，作为领导者，威权型领导变得更仁慈，集权型领导关注授权；作为员工，习得了耐心宽厚，协作意愿更高，工作使命感更强。就整体效能而言，修得了性情，开阔了思维，涌现了想法，有利于发展创造力，有利于创建组织归属感和团队文化，有利于激发家国情怀。

湖南湘潭县一中齐学军校长等发文《从新冠肺炎疫情中挖掘课程资源》[①]，将这些素材资源总结归纳为五类课程：发人深省的思政课、触手可及的哲学课、生动可感的科学课、自我成长的心理课和一以贯之的卫生课，认为“触动心灵的教育才是最成功的教育”。而我想这课程素材并非局限于中小学课程，也是社会课程。这些抗击疫情的素材不仅仅可用于学习，已是经历了；不仅仅是感悟，或许已经渗透到行为。也可以说，触动心灵的经历终将带来最深切的改变。

疫情终将战胜，事业必将走入正轨。当一切恢复正常后，人们努力工作的同时必将更加珍惜家庭，更加理解关爱，更愿意付出，这些又将给赋到家庭。谁说“自古忠孝不能两全”，相信经历了这次重大疫情的人们，将迎来积极的工作-家庭观，从本质上实现工作-家庭增益。在全国各地逐渐复工的当下，企业管理者们尤其是人力资源管理者，应着重关注员工工作价值的认知变化，关注员工组织归属感的变化，关注员工工作投入和家庭投入需求的变化，推动员工将工作（家庭）领域的经验、心理资本、物质和社会资源等溢出至家庭（工作）领域，从而帮助员工在工作-家庭两个领域都表现卓越，建构工作-家庭增益。

---

① 齐学军，陈芳，胡雨泉，等.从新冠肺炎疫情中挖掘课程资源[J].湖南教育（C版），2020(2)：23-25.

疫情暴发:从中小企业的视角看对中国经济影响[①]

郑 鑫[②] 陈旭润[③] 邵震寰[④]

中小企业是国民经济的重要组成部分,是经济发展的重要一环,在新冠肺炎疫情肆虐全国的时候,再加上经济下行的现状,中小企业的生存将面临前所未有的困境,甚至我国经济也可能会面临滞涨问题。而现如今新一轮的返程高峰即将来临,中小企业将会受到哪些影响?中小企业又该怎么做?

疫情对中小企业的影响集中在以下几点:

(1)对中小企业主的影响:疫情抗战打响,中小企业的企业家们将面临成本增加、交货延迟、客户丢失、贷款违约等风险。

(2)对中小企业产能的影响:由于疫情肆虐,绝大部分企业选择停工停产,企业复工时间暂时推迟到正月十六之后。在长时间的产能"真空"期中,中小企业承受着巨大的压力,若这一环节支撑不住,对中国的经济循环将造成严重冲击。

(3)对中小企业发展的影响:如果疫情始终得不到控制,企业所面临的房租、贷款、税费、员工薪资等一系列刚需费用将如同一柄长剑刺入企业的躯体,而这些费用极有可能打乱企业发展的节奏。

(4)对中小企业员工的影响:抗压能力较弱的企业很有可能在这一时期倒下,随之而来的将是失业率的上升。除此之外,对于弹性薪酬制员工、农民工的收入也会带来更大的冲击。

---

① 原文发表于"众调汽车大数据"微信公众号2020年2月5日。

② 同济大学经济与管理学院市场营销系(筹)副教授。

③ 同济大学经济与管理学院企业管理博士。

④ 同济大学经济与管理学院企业管理硕士。

脆弱时期遇上“黑天鹅”

每到春节期间,是中国经济最为脆弱的时期,企业停工、工人返乡使企业的产能储备显得十分重要,按正常情况,企业初七开始上班,工厂正月十五过后大规模恢复产能,有了产能,自然会正常运转。而突如其来的新冠肺炎疫情,企业复工的推迟,对企业的产能储备,特别对中小企业的生存发出了一个巨大的挑战。

目前,主流媒体关于本次新冠肺炎疫情对经济影响的分析,有两种观点:一种观点认为,肺炎疫情的暴发使得本就处于寒冬的中国经济雪上加霜。另一种观点则认为,不必担心肺炎疫情对中国经济的影响,例如 2003 年的非典暴发最终并未拖累该年度的经济增长。无论是哪种观点,但现实是这场新冠肺炎疫情的确把很多企业的发展节奏打乱了,餐饮、酒店、旅游、娱乐、零售等行业首当其冲,而这些行业的主要经营主体都是中小型企业。

中小企业在我国国民经济中占据着十分重要的地位,占全国企业总数的 99%,解决了 80%的城镇就业,创造了 50%的税收,贡献了中国 60%的 GDP。中小企业的稳定对国民经济健康稳定发展有着至关重要的作用。而此时一种担忧正在蔓延:中小企业将面临前所未有的困境。我们现在可以做出两种假设:一是在正月十六的时候,迎来疫情拐点,疫情得到了控制,大规模地返程复工,快速恢复生产供能,经济影响在可控范围内,一切都向着美好的方向发展。二是在正月十六的时候,我们没有迎来疫情拐点,这场新冠肺炎疫情的影响时间可能会超过三个月。这意味着一季度很多行业没有收入。对于很多中小企业来说,这些影响将是不可逆转的创伤。

困难时期再遇“灰犀牛”

一、中小型企业主压力上升,节后生存面临挑战

2019 年年初,美团总裁王兴说过一句话:“2019 年将会是过去十年最难的一年,也是未来十年最容易的一年。”而突如其来的新冠肺炎疫情更是使中小企业的生存雪上加霜。成本增加、交货延迟、客户丢失、贷款违约等一系列风险,更直接地表现为中小企业主们考虑如何让企业活下去的问题。

西贝董事长贾国龙在接受投中网采访时曾表示:“新冠肺炎疫情致 2 万

多名员工待业,贷款发工资也只能撑 3 个月。”贾国龙的发声并非个例,有酒店管理者就说:“房租 200 万元,库存里的钱实在是不敢动,那么多员工等着发工资,实在是不知道怎么做了。”

就现状来看,如果正月二十四之前疫情还是无法得到控制,这些中小企业主们的压力将继续增大:返程高峰来临,员工安置以及员工自身福利的问题他们要解决,他们是否还是要再次延长假期,这对于中小企业主们的抗压能力来说是一个不小的考验。

二、中小型企业停工停产,产能储备接受考验

此次疫情的爆发情况是没有预料到的,很少有企业在节前做了充足的产能储备与准备措施,由于疫情肆虐,绝大部分企业选择停工停产,企业复工时间暂时推迟到正月二十四之后。在长时间的产能“真空”期中,中小型企业承受着巨大的压力,若这一环节支撑不住,对中国的经济循环将会造成严重冲击。

如果新冠肺炎疫情持续发展将改变上述预期。春节期间,受春节及疫情防控叠加影响,物价延续上涨态势,其中食品价格上涨明显,2020 年 1 月的 CPI 数据会比较难看。假如未来十天疫情得不到有效控制,企业延期复工,产能恢复难度将大增,春节期间的物资储备也将耗尽,大概率出现供应紧张的局面。届时,物价上涨将不可避免,从而直接导致居民可支配收入下降,国人财富遭遇损失。

三、中小型企业发展节奏受扰,滞涨问题需要重视

在这样的情况下就会联想到一个经济问题——滞涨。滞涨是一个十分麻烦的经济问题,任何扩张或紧缩性政策都无助于问题的解决,反而会加重危机。中国长期以来都是采取扩张性经济政策,通过投资来拉动经济增长,我们最需要避免的就是经济滞涨。在经济滞涨的基本面下还存在着两大螺旋——通胀螺旋、债务螺旋,二者可以冲击正常的经济循环,带来经济衰退甚至是萧条。

过去十多年,中国企业及家庭负债率不断上升。融资难、融资贵的问题一直困扰着中国的中小企业。中小企业的脆弱性及负债问题已引发了一定的风险。2018 年,中国强力去杠杆,部分企业便遭遇债务螺旋,商业银行抽贷,供应商追讨货款,杠杆越去越多。海航集团等个别企业至今还在甩卖资产试图渡过债务危机。2019 年,中国叫停了各项社保由税务部门统一征收的决定,这也是考虑到中小企业的脆弱性。

关键时期共建“新希望”

2020 年是关键的一年,是全面建成小康社会关键的一年。然而此时中国经济正逐渐陷入新冠肺炎疫情的泥潭中,因此需要全面而慎重地推出相关政策来将中国经济从泥潭里拉出来。

一、官方做表率

2020 年 2 月 2 日,苏州市政府率先出台的“苏‘惠’十条”,无论是通过政策性金融加强支持以缓解中小企业融资难的困境,还是从财政方面直接给予扶持,减税降费,甚至直接减免/减半房租,都是精准纾困。继苏州之后,北京、上海、山东等地也开始行动起来为疫情中承压的中小企业雪中送炭。因此,官方表率有着至关重要的作用,但是帮扶也不可盲目照搬,各地政府应因地制宜,找准大方向。

(1) 善用财政政策。政府方面需动用财政直接补贴社保,降低企业社保成本。对企业实施大规模实质性的减税降费,对影视、旅游等特定行业可定向退税。政府也应适当降低存款准备金和基准利率,增加流动性释放,降低融资成本,帮助中小企业渡过难关。此外,国有商业银行方面应降低已有家庭及企业的贷款利息率,降低家庭房贷及企业贷款的还贷压力。2020 年 2 月 1 日,中国人民银行、财政部、银保监会、证监会和外汇局等五部门联合印发了《关于进一步强化金融支持防控新型冠状病毒感染肺炎疫情的通知》,再次强调金融机构要为受疫情影响较大的地区、行业和企业提供差异化优惠的金融服务。

(2) 减税免税补贴。政府应适当减免一季度受疫情影响严重的行业尤其是交通运输、旅游、餐饮等行业的增值税,通过亏损金额抵减盈利月份的金额以降低所得税。进一步降低社保缴费率,而养老、医疗缴费率可分别降低 1 个和 2 个百分点,从而降低中小型企业的负担。给予中小型企业部分受疫情影响期间受损行业的财政贴息,可暂定一个季度。补贴并保障低收入人群和前期失业人员的生活水平不因疫情受影响,提前防范可能的失业潮引发的社会稳定问题。

(3) 加大未来投入。在未来,政府在公共医疗卫生、劳动力再就业培训、企业减税降费等领域投入更多财政资源,降低刺激性经济政策,推动改革经济体系,以缓解中国经济的下行压力。

二、企业有担当

丘吉尔说过一句话:“不要浪费一场好危机。”也许这个危机是你脱颖而出、跑赢市场的一个转机。面对此次新冠肺炎疫情,企业要与员工齐心协力、共渡难关、化危为机,涅槃重生。

(1) 做好防控复工复产。企业要让全员尽快进入工作状态。一年之计在于春。人员的长期闲散,非常容易军心涣散。企业需要立即开展全员就地工作,为疫情之后积蓄势能。在主要疫区和特大城市的企业应主动探索灵活办公机制、错峰上下班,提倡线上和智能化办公,避免人流交叉感染。

(2) 稳定心态降低损失。中小型企业在面对交货延迟、客户丢失、贷款违约、订单撤销等问题时应先冷静分析,根据合同权利和其他相关法律权利与合同相对方有理有据地进行讨论协商,必要时可以寻求法律救济。同时,受影响的中小企业也需要根据实际情况及时调整生产计划,调整供应链管理,做好现金流安排等措施,并且及早主动地与合同相对方沟通,争取将经济损失降到最低。

(3) 模式创新实现弯道超车。此次新冠肺炎疫情也为中小企业家提供了一个千载难逢的弯道超车的机会和试验田。受此次疫情影响和新技术的快速迭代,中国经济加速进入新常态。中小企业只有不断提升商业知识,及时了解新工具、新市场、新政策才能实现财富的保值与增值,才能在各类社会突发事件中抓住时代赋予的发展机遇,正如“非典”倒逼京东全面走向线上模式,从此走向了全面成功的创业大道。此次疫情危机让更多企业开始进行长远规划,如何通过模式创新来抗击潜在的各种风险,从而抓住属于自己的最后一波创业红利和转型红利。

全国上下,众志成城,定能战胜疫情!

利用大数据技术做好节后疫情防控工作[①]

王　莉[②]　李洪波[③]

当下,新冠肺炎疫情防控工作进入攻坚阶段。新型冠状病毒的传播有两个高峰,一是节前返乡阶段,二是节后返程阶段。随着春节假期的结束,多数企业选择在2月10日以后陆续复工。如何预防复工后的疫情扩散是摆在各级政府面前的一道难题。

我们看到,疫情数据具备典型的"4V"特征:一是大量(Volume),自疫情暴发以来,来自政府、传统媒体、自媒体的疫情信息雪片般飞来,增长迅速;二是多样(Variety),既有结构化的疫情数据,也有非结构化的数据,且数据种类繁多,确诊信息、疑似信息、密切接触信息、就诊信息、人口流动信息等不胜枚举;三是高速(Velocity),实时更新的疫情数据,全球范围内瞬间即达的疫情资讯,让我们深切感知着"地球村"的一举一动;四是低价值密度(Value),大量与疫情相关的信息鱼龙混杂,真伪难辨甚至相互冲突。实证研究表明,应用大数据有助于提升政府绩效。面对疫情"大数据",政府部门利用大数据技术开展节后疫情防控就显得尤为必要。防控工作千头万绪,其中的几项重点工作如下。

一、做好节后返程人员的疫情排摸与研判

十几年前,谷歌通过大数据技术预测流感暴发,显示出大数据在疫情排摸研判方面的巨大价值。本次疫情防控中,大数据已经并且必将发挥巨大的作用。比如,河南郑州基于大数据技术,在疫情排摸中启用了智能语音外

① 原文发表于"同济大学经济与管理学院"微信公众号2020年2月10日。

② 同济大学经济与管理学院市场营销系(筹)教授。

③ 同济大学经济与管理学院2018级博士研究生。

呼系统,据介绍,该系统通过收集重点区域入郑州人员信息、发热门诊信息以及其他数据信息,通过数据综合比对,形成需关注的人员信息库。基于此,智能疫情机器人以每分钟2 000人的速度进行集中外呼,根据预设的问询语句,排查出健康异常人群,并进行跟踪调查。类似的基于大数据技术的应用系统在疫情防控实践中还有很多,它们对于政府第一时间掌握疫情动态、开展疫情趋势排摸研判、制定具体复工政策、进行流动人口管理、实施人员隔离和开展心理疏导等具有重要的现实意义。

二、做好节后各类企业与人员的管理

在节后人口流动的动因中,企业复工是一条重要的牵引力,政府尤其要关注企业复工后的疫情管理,做好企业与人员的疫情防控工作,否则,前期疫情防控的努力和成果可能会前功尽弃。复工会导致不同地区人员构成的改变,疫情暴发的区域可能会随之改变,防控对象和举措也要做新的调整。不同于一般的返程人员,企业人员一旦复工,即面临着经常性的通勤与人员聚集,这是企业运营的客观规律。政府要通过大数据分析,包括交通部门数据、园区复工数据、工商数据、公安数据等,加强对企业及其人员的数据研判,强化日常监管。

三、做好确诊或疑似病例的流行病学调查

在节后疫情防控工作中,来自疫情严重地区或与确诊(疑似)患者有密切接触的人群以及有发热、乏力、干咳等症状的人群是需要重点关注的人群。其中极有可能出现新增的确诊患者或疑似患者,一旦发生,便需进行流行病学调查。政府需依靠大数据技术,开展传染源的调查工作。在进行流行病学调查时,需搜集确诊病例或疑似病例所使用的交通工具、居住地点、消费地点、出行时间等多方面信息。这些信息有的来自交通系统,有的来自政府机关,有的来自各类消费场所或支付平台,其中包含大量结构化和非结构化的数据。只有借助大数据技术,才能提高流行病学调查的效率和效果。

利用大数据技术防控节后疫情是时代发展的必然趋势,是科学防控、精准施策的必然要求,是实现政府治理能力现代化的必然举措。然而,在当下基于大数据开展疫情防控工作中,也存在着一些问题,影响了大数据的应用效能。我们需要加强大数据的应用管理,提高大数据驱动的公共治理水平。

四、整合各类数据应用平台，构建系统化的大数据查询、分析与决策系统

目前，基于大数据技术开发的疫情管理系统数量众多，单从国资委下属企业来看，中国电科下属企业开发了密切接触者测量仪，中国航信下属企业开发了新型冠状病毒确诊患者同航班自动通知系统，中国普天下属公司开发了智慧东台系统，中国联通开发了疫情风险预报平台，中国移动针对湖北地区推出了流动人口数据分析系统，中国电信针对重点疫情地区开发了疫情分析与监测系统，国投智能旗下公司开发了新型冠状病毒传播监测专项工作平台，中国电子控股旗下公司开发了疫情扩散查询系统，国网旗下公司开发了基于“电力大数据＋社区网格化”算法的人员流动监测系统，中国华能旗下公司开发了供应链大数据系统等。此外，还有一些民营企业和外资企业基于大数据技术开发了众多数据分析与应用平台。这些平台在疫情防控工作中发挥了重要作用，但由于平台功能各异、数量众多，各级政府容易陷入“选择困难”，且由于建模与算法的不同，可能出现“数据打架”的窘境。因此，需要权威机构整合各类大数据信息平台，为各地各部门疫情防控工作提供严谨、可靠的大数据应用工具。

五、制定规则，构建大数据共创共享机制

大数据为疫情防控提供了科学高效的分析工具，但如果各自为战，以邻为壑，容易形成大数据的“信息孤岛”，不利于当前疫情的联防联控。因此，各地各部门、各行各业要形成大数据共创共享思维，形成共创共享机制，除了大数据本身的数量之大外，还要通过大数据的共创共享来实现大数据服务对象之大，发挥作用之大。

六、处理好大数据应用与公民隐私保护的关系

大数据的应用是一把“双刃剑”。它在提升疫情防控效率的同时，也带来了公民隐私泄露的风险。近日，一些确诊患者的个人信息频频见诸微信等社交平台便是一例。个人信息的泄露不仅侵犯了个人隐私，也容易导致恐慌情绪的蔓延，给疫情防控带来障碍。针对这一问题，中央网信办于2020年2月9日发布了《关于做好个人信息保护利用大数据支撑联防联控工作的通知》（以下简称《通知》），明确指出各地方各部门要高度重视个人信息保护，除国务院卫生健康部门授权的机构外，其他任何单位和个人不得以疫情

防控、疾病防治为由，未经被收集者同意收集使用个人信息。同时规定，任何单位和个人未经被收集者同意，不得公开姓名、年龄、身份证号码、电话号码、家庭住址等个人信息。这一《通知》精神应当成为大数据应用中的一条基本原则。

防疫物资需求及疫情影响调查报告[①]

张小宁[②]

为了了解新冠肺炎疫情下个人防护及生活物资的需求,以及疫情对居民生活、学习的影响,我带领研究团队近日开展了网络问卷调查与分析。调查显示,62%的民众在常住地过年,38%的民众离开常住地前往异地过年;截至2020年2月9日,已经有超过一半的城市居民返回了原来的居住地;但外来务工人员仍有超过50%尚未进城务工。

疫情暴发初期,几乎所有的家庭都感到个人防护用品不足,尤其是口罩严重缺乏。78%的城乡居民认为口罩紧缺,47%的家庭缺乏消毒用的医用酒精,34%的家庭急需84消毒液,25%的居民需要护目镜,20%的居民认为手套很重要但不易购买。至于家中现存口罩数量,52%的受访者人均备有1~5个,25%的受访者人均备有5个以上,20%的受访者人均不到1个,3%的受访者家中无口罩。

关于现使用口罩的种类,52%的受访者使用普通医用口罩,13%的受访者使用N95防尘口罩,15%的受访者使用普通棉纱口罩,17%的受访者使用N90或活性炭防尘口罩,只有3%的受访者使用N95医用防护口罩。

问卷也调查了一般家庭急需且不易购买的生活物资。49%的家庭认为不存在日常生活物资缺乏的问题。25%的家庭认为蔬菜紧缺,24%的家庭急需肉类补充,22%的家庭认为水果比较缺乏,8%的受访者需要面包,7%的家庭缺乏禽蛋,7%的受访者需要补充学习用品,6%的受访者需要大米、

① 原文发表于"同济大学经济与管理学院"微信公众号2020年2月14日。

② 同济大学特聘教授,经济与管理学院管理科学与工程系。交通运输管理研究会副主任、管理科学与工程学会常务理事。

面条、面粉等基本食物,3%的受访者缺乏家电、家具,4%的受访者需要补充其他生活物资。

关于疫情是否带来经济负担。武汉地区:70%的受访者认为影响轻微,15%的受访者认为没有影响,15%的受访者认为影响严重或比较严重。其他地区:47%的受访者认为影响轻微,41%的受访者认为没有影响,9%的受访者认为影响较严重,3%的受访者认为影响严重。

关于是否感觉到物价上涨。60%的受访者选择了物价有轻微上涨,20%的受访者选择了物价上涨较严重,14%的受访者没有感觉物价上涨,6%的受访者认为物价上涨严重。

关于疫情给学习/工作带来的影响。20%的受访者还在假期未上班;36%的受访者选择了网络远程上班/学习、未受较大影响;26%的受访者认为疫情对上班有影响,但仍坚持上班;8%的受访者认为疫情对上班没有影响;5%的受访者由于道路不通,无法前去上班;还有 5%的受访者被要求上班,但由于各种原因无法上班。至于近期是否有旅行计划,97%的受访者回答没有,3%的受访者有旅行计划。

问卷还调查了疫情给上班带来困扰的主要原因。31%的受访者选择了因疫情影响,单位不开工;26%的受访者由于无防护用品难以上班;16%的受访者担心单位同事可能有接触史,不敢共事;14%的受访者认为交通不便,对上班构成困扰;13%的受访者因为孩子不上学,需要在家监护子女。

受访者所在地区交通状况的调查结果如下:34%的受访者所在地区部分公交减少,29%的受访者所在地区交通正常,23%的受访者所在地公共交通全部中断,14%的受访者感到出行极端困难。

问卷还调查了医务工作人员的防护物资需求情况。所有医护人员都感到 N95 医用口罩紧缺,93%的医护人员缺乏护目镜和防护服,79%的医护人员感到医用手套紧缺。

从以上调查我们可以得到一些有益的结论。首先,由于物流业的高度发达和交通设施的运能充沛,疫情未对基本生活物资的供应构成严重威胁。其次,疫情对居民的工作产生了不利影响。各单位应做好单位内部的通风、隔离等防护措施,解决不集中就餐等难题,为职工上班创造有利环境;要解决好未成年子女居家学习的监护问题,以及少年儿童长时间隔离同伴带来的心理问题。建议把公园、公共绿地首先开放给10岁以下儿童，每个儿童可以有一名成年人陪同。

最重要的结论在于：对于一个传染性很强且暂时没有特效药和疫苗的新疫情，空间隔离和物理防护是最主要的防护措施。无论是普通居民还是一线医护人员都缺乏最基本的防护用品。2020年2月7日，世界卫生组织总干事谭德塞说："供应短缺，需求高涨，然后可能出现囤积居奇；需求达到平时的100倍，价格升至此前的20倍。"这场抢购导致供应商积压了4～6个月的订单。他表示，这些物资大部分都应供给中国的一线医务工作者。

针对这种情况，中国应该发挥制造业大国的优势，开足马力大量生产医用防护物品。既要保证目前的防护需要，又要补充国外市场和远期库存的需要。从长远来看，需要建立医用防护用品的储备及动态监测机制，确保未来不会出现措手不及的情况。

以血浆换血浆，改善患者的临床治疗。近日，国药中国生物公司已完成对部分康复者血浆的采集工作，开展新冠病毒特免血浆制品和特免球蛋白的制备。经过严格的血液生物安全性检测，病毒灭活，抗病毒活性检测等，已成功制备出用于临床治疗的特免血浆。临床显示，患者接受治疗12～24小时后，实验室检测主要炎症指标明显下降！淋巴细胞比例上升，血氧饱和度、病毒载量等重点指标全面向好，临床体征和症状明显好转。目前看来，特免血浆可作为治疗新冠肺炎的选项之一。可试用以血浆换血浆的办法治疗更多的患者，即接受血浆治疗的患者痊愈后有义务为他人捐献血浆，保证血浆的充足来源。

由“全面质量观”看“全面打赢”[①]

邵鲁宁[②]

2020 年 2 月 21 日,中共中央政治局会议首次明确提出全面打赢疫情防控人民战争、总体战、阻击战。同济大学经济与管理学院陈强教授撰文《首次提出“全面打赢”,最新召开的这次中央政治局会议释放了怎样的重要信号?》,文章指出,在疫情防控的紧要关头,我们既要有“风雨不动安如山”的定力,也要以“艰难困苦,玉汝于成”的斗争精神,不断淬炼治理能力,坚决打赢这场防控战,迎来疫情过后的“东方风来满眼春”。

战“疫”中的全面质量意识

经历了 2003 年抗击“非典”的战“疫”,我们已经充分意识到,疫情防控工作是一项复杂的系统工程,它包括疫情防控、经济恢复、社会稳定以及国际关系等多条战线,涉及一系列的战略部署、政策制定、体系建构、机制设计、制度安排、要素流动、资源配置及执行协调。全面质量管理正是一种预先控制、全面控制的思想和方法,强调以质量为中心,以全员参与为基础,面向长远持续的卓越目标,通过不断改进和不断完善来优化每一个过程。它的主要特点就在于“全”字,即全过程、全范围、全员参加。

全过程。首先,从预防开始,加强各种卫生消毒手段,增强体质锻炼和强化免疫力,采取各种手段发现传染源或者疑似病例。其次,针对已经发现的病例或者疑似病例,采取必要的干预措施,隔离传染源,切断病毒传播的

---

① 原文发表于《上海质量》2020 年 03 期。

② 同济大学经济与管理学院创新与战略系(筹)讲师。

途径，加强个体保护。最后，也是最为艰难的，即消灭传染源，这需要专业的救治力量投入一线，对感染病例采取医疗手段帮助其恢复健康。当然，病毒在传播过程中会发生变异，对此就需要密切跟踪以便有效识别，同时，需要敏锐的临床诊疗以确定既有治疗方案的有效性，需要科学的研究手段及时提供针对性的对策依据。

全范围。疫情发展到社区传播的阶段，将不再是少数人、局部社区、少数部门的事情，而是涉及方方面面，考验的是全社会整体的应对能力。从传染病专科医院，到口罩、防护服等医疗装备；从专业的负压救护车，到全面覆盖的消毒物资，再到由于疫情特殊需要可能带来的生活物资局部匮乏，这些都需要从中央部门到社区、街道、村庄治理的有效统一和衔接。

全员参加。只有全员的充分参与才能挖掘出他们的全部才干为全社会防疫工作的卓有成效带来正向收益。由于个人认知和素质的差异，许多局部区域存在着“差一口气”的现象，结果是“99 + (− 1) = 0”，前功尽弃。任何环节、任何局部的具体某一个人的差错，都可能带来全局的倒退，甚至逆转。这需要考虑不同情景需要不同的人，他们的人格、精神、道德、知识和文化水平、职业素养、身体健康等。在不同的过程、不同地域的不同岗位，需要加以充分而审慎地考虑，切勿一刀切。只有更高的要求和更灵活的方式，才能促使每一个公民都起到应有的作用。

2020 年 1 月 23 日凌晨，武汉宣布“封城”，公众对疫情的重视程度迅速提升。全国各地共同防控疫情的工作格局和强大合力正是在党中央统一指挥、统一协调、统一调度中形成的。党中央根据各地疫情形势的不同分类施策，形成区域之间的分工协调、良好配合。身处中华大地的每一个人都不是局外人。医务工作者冲锋在前，相关的物资保障紧随其后，而普通百姓的居家隔离和良好卫生习惯的养成正是对疫情防控的最大贡献。也正是因为全国一盘棋、全面强化政治担当、全面进入战时状态、全面树立信心决心、从上到下齐心努力、坚持不懈共同奋斗，我们才能逐渐接近疫情拐点，具体数据变化如图 1 和图 2 所示。

根据国家卫健委的信息，全国疫情形势出现积极向好的趋势，部分省份根据各地实际情况适当调整应急响应级别，做到分区分级精准防控，有序恢复生产生活秩序。这体现了“全面质量观”中质量成本的概念。通过整体化

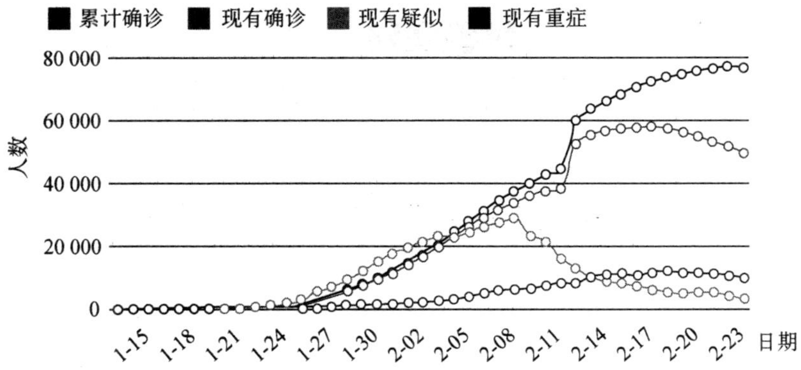

图 1　2020 年 1，2 月份全国确诊、疑似、重症趋势图

（数据来源：腾讯网疫情实时追踪数据。）

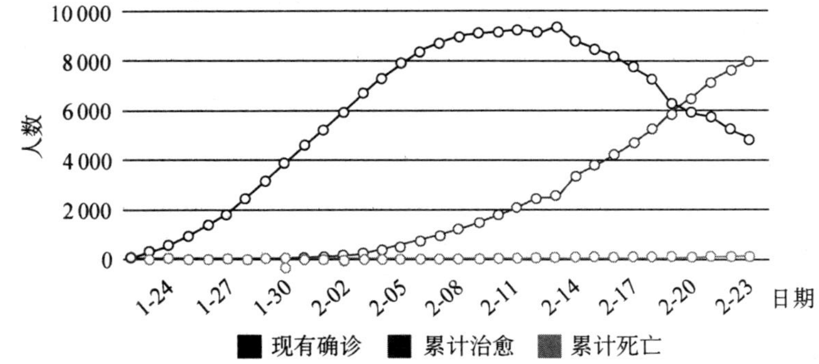

图 2　2020 年 1，2 月份非湖北确诊、治愈、死亡趋势图

（数据来源：腾讯网疫情实时追踪数据。）

的全系统控制，实现了全国疫情控制效果的全局较优，同时，对于疫情不紧迫的地区确实存在冗余现象，通过动态的调整来逐步释放控制强度和减少控制成本，也可以为全局优化实现正向贡献。这也是 2020 年 2 月 23 日习近平总书记讲话提出的统筹推进新冠肺炎疫情防控和经济社会发展的最新要求。

虽然全国疫情趋于好转，但湖北形势依然严峻复杂，全国疫情拐点尚未到来，仍然不可掉以轻心。根据全面质量观，需要持续改进，也就是需要继续完善防控策略和措施，不断巩固成果、扩大战果。依图 3 所示，在形成持续改善的趋势之下，仍然要坚持预防的思维，进行有效的事前控制，把事故消灭在发生之前，使每个过程、工序、方面都处于控制状态，防患于未然。

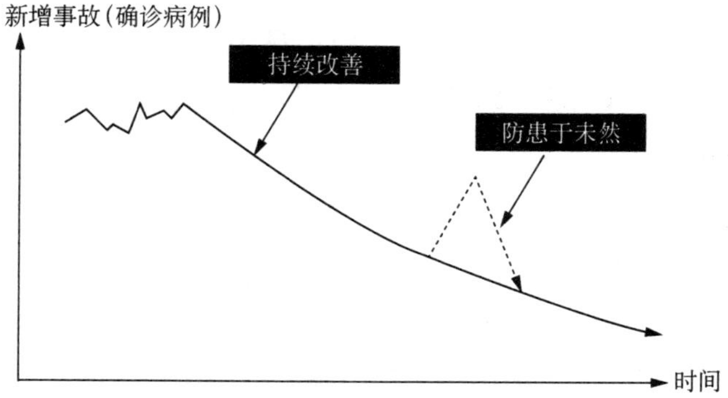

图 3　疫情控制的持续改进思路

确实,这样的防范还没有做到"全"的要求,数据马上就给我们敲响了警钟！如图 4 所示,2020 年 2 月 20 日的这个突变就是山东和浙江两地的监狱暴发聚集性疫情,给全国的战"疫"局面带来反复。我们全面战"疫"的大网还有些瑕疵,需要改进。

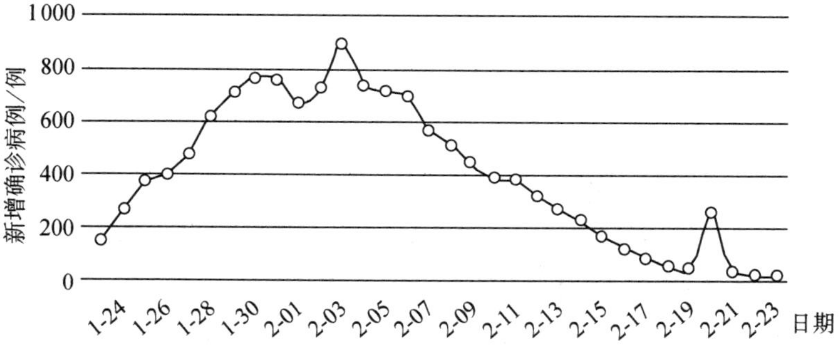

图 4　2020 年 1,2 月份全国(非湖北)新增确诊病例

(数据来源:腾讯网疫情实时追踪数据。)

PDCA 循环中的再检查、再坚持

如何实现持续改进呢？在前期已经形成的计划(P)和执行(D)的基础上,系统性地进行再检查(C)、再行动(A),实现 PDCA 的闭环,不断推进防疫工作的全面化和深入化。除了及时发现并修补不断暴露出来的问题以外,再检查什么呢？我认为重点应该检查系统设计。

从 2020 年 1 月 23 日武汉"封城"起,已经整整一个月。我们匆忙上阵的这套战"疫"体系整体性能是否可以保持？还可以保持多久？战"疫"物资逐渐供应得上了，但是持续高强度工作的医务工作者是否还能保持昂扬的斗志和充沛的体力？还能坚持多久？坚守在战“疫”一线的工作者是否还能保持高强度、高水平的工作状态？还能保持多久？我们居家隔离和受到各种约束的复工者，是否还会高标准地配合各项防疫要求？这些“全员”中的任何一方面出现问题，都可能带来全国战“疫”工作的反复，如图 4 的这个突变。

全面质量观告诉我们，这是系统质量恶化的趋势，如图 5 所示。当疫情严重的时候，我们可以用严格的约束来规定人们的行为，提出一个高标准的防疫体系（如实线所示），以压倒性的优势超过实际需求的功能界限来获得主动权。随着时间的推移，系统的功能会出现劣化，达到一个时间点，可能会出现局部功能的丧失而引起故障。此外，这个系统里有重要参与者，也就是想与病毒隔离的每一名“顾客”，有各种突破限制的欲望，需要在满足他们合理要求的基础上，设计防疫体系的性能（如虚线所示）。为了持续改进的目标，为了战“疫”行动质量的可靠性，我们需要整体性的考虑以防止系统性能劣化。更进一步，我们需要再检查，是否可以根据“顾客”期望水平进行合理的再优化，使得全员可以持续支持。

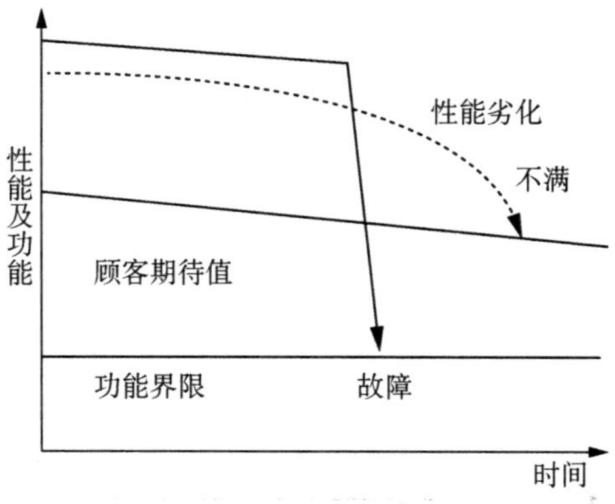

图 5　劣化质量概念示意图

与此同时，我们全国战“疫”体系从来就不是一个封闭体系，即便我们对于湖北尤其是武汉采取了极端限制手段来减少人口流动，全国的顶尖医务力量持续地支援湖北，我们仍然与全球进行着紧密联系。我们下一步的防疫布局是否需要考虑由国外向国内的输入性疫情的可能性呢？

中国实现了“全面打赢”,但是世界其他地区陷入疫情的蔓延,我们能独善其身地保持经济社会的恢复和发展吗？我们需要高度关注,保持跟相关国家的紧密联系,互通战“疫”情报和经验。只有全人类共同战胜病毒,才是真正的全面打赢!

第2篇
纵观全球经济治理

我国有能力应对全球粮食危机风险[①]

程国强[②]

粮食连年丰收自给率高　储备调控体系不断完善

近期新冠肺炎疫情蔓延全球，引发各国恐慌性囤积食品。许多国家为了应对疫情冲击，采取多种措施以保障国内粮食供应充足，如有的国家启动国家库存计划，拟增加粮食储备；有的粮食出口国限制粮食出口，有的粮食进口国将扩大进口规模。我国粮食安全会不会受到冲击？

我认为如果后期世界范围内疫情仍然得不到有效控制，疫情引发全球粮食危机的风险有可能是大概率事件。我国在聚力抗击疫情的同时，也具备应对全球粮食危机风险的坚实基础。当前我国粮食安全形势处于历史上最好的时期，粮食连年丰收，库存充足，粮食供应不会出现脱销断档的情况。

我国口粮生产具有绝对的安全保障能力，依赖进口程度低。我国历来高度重视粮食和农业生产，改革开放以来，特别是党的十八大以来，我国通过政策支持、科技驱动、深化改革等多种举措，稳步提升农业综合生产能力，粮食产量连续7年稳定在6亿吨以上，谷物自给率超过95%，稻谷和小麦两大口粮完全实现自给。但是，我国粮食存在结构性短缺问题，优质稻谷和小麦供给不足，玉米存在产需缺口，大豆自给率不足20%。我国每年进口粮食1亿多吨，主要以大豆、粗粮等为主，一般情况下大米、小麦进口量分别为200万吨、400万吨，分别占国内消费总量的1%和2%，主要起品种调剂作用。

---

① 原文发表于《经济日报》2020年3月28日头版。

② 同济大学经济与管理学院经济与金融系特聘教授，中央农办、农业农村部“乡村振兴专家咨询委员会”委员。

大豆是我国进口的主要农产品，对外依存度高。为了保障大豆供应安全，近年来我国不断拓展大豆进口来源地，而且大豆并非一些粮食出口国家此次限制出口的主要粮食品种，故对我国大豆进口影响不大。

完善的粮食储备调控体系和应急管理机制是我国能够成功应对各种自然灾害和突发公共卫生事件的“定海神针”。

近20年来，我国建立并不断完善中央和地方粮食储备体系与协调机制。从目前来看，我国粮油库存处于历史高位，无论中央储备粮还是地方储备粮都非常充裕。我国还针对各种突发公共事件、自然灾害等引起的粮食市场异常波动，建立起了相应的粮食应急保障机制。大中城市普遍建立了米面油等成品储备，可以满足当地10～15天的供应。同时，我国粮油市场体系和配送、供应网络健全，供给能力和时效都有可靠保障，能够迅速将米面油投放到终端消费市场。

通过不断加强和完善粮食储备制度和应急体系建设，我国不仅经受住了汶川地震、冰雪灾害等多发重发自然灾害的严峻考验，成功应对2008年全球粮食危机，而且在这次应对新冠肺炎疫情严峻挑战的关键时期，也有力地保障了各地特别是重点疫区的粮食有效供给，为稳定市场、安定人心发挥了“压舱石”的作用。

目前，我国疫情防控形势持续向好，生产生活秩序加快恢复。各地正在全力组织春耕生产，保障夏粮丰收。2020年年初，我国就已制定了稳住粮食种植面积、稳定粮食产量的政策目标，并制定了一系列支持政策措施，包括强化粮食安全省长责任制考核，进一步增强地方政府保障粮食安全的责任意识和大局意识；加大对产粮大县的奖励和支持力度，夯实地方重农抓粮的积极性和责任心；进一步完善农业支持政策体系，保障农民种粮的基本收益，保护好农民种粮务农的积极性等。显然，今年粮食稳产“先手棋”为应对风险奠定了基础。我国完全能够有效应对可能出现的全球粮食市场价格波动和粮食安全危机。

另外，要特别注重推动加强国际粮食安全与贸易政策协调。新冠肺炎疫情对全球粮食生产和需求造成全面冲击，如果后期世界疫情仍然得不到有效控制，同时缺乏有效的国际粮食安全宏观协调机制，加之部分国家蝗灾影响粮食生产，有可能会恶化全球粮食市场预期，威胁到我国以及发展中国家的粮食安全。我建议要在联合国、二十国集团等多边机构框架和机制下，强化消除饥饿、保障粮食安全的全球共同责任与使命，推动各国启动全球粮食安全和农业贸易协调、合作与行动，确保全球农业与粮食供应链有效运转和持续推进，不断完善和强化全球粮食安全治理，共同维护全球农业贸易和市场秩序。

美再降对华关税可达至疫境双赢[1]

阮青松[2]

2020 年 1 月下旬以来，新冠肺炎疫情的暴发不仅使得中国人民生命安全遭受严重威胁，也使得经济面临严峻考验。据估算，仅春节假日期间旅游、电影、餐饮等行业的损失就高达 1 万亿元。再加上部分地区封城封路、企业延迟开工等因素影响，将使中国经济造成严重损失。

与 2003 年“非典”时期相比，宏观经济所受的影响表现出两大不同：一是当前经济下行压力为内外因素叠加，内部因素主要是新冠肺炎疫情冲击，外部因素则是中美贸易摩擦带来的压力；二是当前中国经济对消费刺激和第三产业的依赖度更强，近年来随着经济结构转型，第三产业占中国 GDP 的比重不断上升，2003 年第三产业占比仅为 39%，2019 年已上升至 54%，对 GDP 增速的贡献率则超过 60%。因此，此次疫情对第三产业的拖累更为严重或对经济带来更大冲击。

日前，美国商务部部长罗斯称新冠肺炎疫情对中国经济的冲击“有助于加速工作机会回流美国”。这种观点完全是对形势的误判，从道义上有乘人之危之嫌，从经济上也并未反映中美尚未脱钩的现实。从当前的情况来看恰恰相反，美国如能在疫情暴发期间调整对华加征之关税，包括下调甚至暂停对华加征之关税，实际上不仅有助于稳定中国经济，也将促进美方利益，实乃双赢之举。

---

① 原文发表于香港《文汇报》2020 年 2 月 19 日 B4 版。

② 同济大学经济与管理学院副院长、经济与金融系教授。

中美经济相依互补　一损俱损

首先，中美经济目前并未脱钩，中美两国并非完全是此消彼长的零和博弈。中国是美国第三大商品出口国和第一大商品进口国，中美两国经济贸易关系遵循全球产业链分工和资源配置原则，是互利共赢、紧密互补的关系。中国经济承压也将影响美国的经济与就业。中国低价优质、门类齐全的基础制造业产品，如家电、纺织等商品，提高了美国消费者的实际购买力，解决了美国高消费低储蓄带来的经济结构缺陷；美国农产品和高端制造业产品(例如大豆、飞机、芯片、集成电路等)出口，依赖于中国不断提高的市场需求。如果中国经济疲软、需求大幅度下降，必然会影响美国低成本消费品的进口以及高端制造业、服务业、农业等行业的出口，这将造成美国经济下行压力。

作为美国旅游市场重要客源的中国游客的减少，将会影响美国旅游业及其相关服务业的发展。初步估算，中国游客减少及美国对华出口受打击，有可能令美国第一季度 GDP 减少 0.4%。

同时，中美贸易摩擦并未完全逆转全球价值链的加强与深化。中美在全球价值链上紧密互补。美国主要以资本投入和创新研发为主，中国则主要以制造业为主，中国企业作为美国企业供应链的重要环节，若受到疫情重大冲击，将严重影响美国跨国公司产能的扩张以及全球供应链的稳定。

此外，中国也一直是美国最大的债权融资国，中国经济的低迷将导致其大幅度地减少对美国联邦政府债券的投资，有可能引发美国市场利率上浮，不利于政府和企业的融资，进而影响美国经济。

中国经济贡献冠全球　美国难独善其身

其次，中国作为世界第二大经济体，其经济增速的下降将对世界经济产生消极影响，进而影响到世界第一大经济体的发展和繁荣。中国作为新兴经济体代表，在全球产业链上的作用日益凸显，对世界经济增长贡献率超过30%，而美国和欧盟仅为 20%。中国经济下行必将影响世界经济，目前研判，韩国、德国、美国、澳大利亚都将是受到较大影响的经济体。世界经济产业链盘根错节，互相影响，作为世界第一大经济体的美国很难独善其身。

中国社会经济稳定利推动次轮谈判

最后，疫情期间美国暂停或大幅下调对华加征之关税，将有利于中美第一阶段经贸协议的履行和第二阶段谈判的推进。自中美经贸摩擦发生以来，双方已进行过多次洽谈，几经波折，终于在2020年1月达成互利共赢的第一阶段协议。应该指出的是，上述协议的履行有赖于中国具有健康稳定发展的社会经济条件。如疫情暴发致中方巨大损失，中方或可援引不可抗力条款。因此，在新冠肺炎疫情暴发之特殊时期，如果美国能暂停或者大幅下调对华加征之关税，将有利于中国社会和经济的稳定，为中美第一阶段协议履行及第二阶段谈判推进创造良好的条件。

迄今为止，中美双方签订的第一阶段经贸协议，在知识产权、技术转让、金融服务、贸易关税等方面达成共识。美方承诺取消部分对华产品加征关税，包括暂停原定2019年12月15日要加征的关税，并将2019年9月1日生效的1 200亿美元中国出口产品加征的税率从15%降至7.5%。但值得注意的是，美方仍然保留着此前另外2 500亿美元商品的25%税率不变。在中国遭遇特大疫情冲击的时刻，若美国能主动调整对华加征之关税，在中国经济遭遇内部突发因素冲击的情况下，降低外部冲击的影响，不仅有助于中国经济软着陆，也将有利于美方利益，此乃双赢之举。

此举也会有利于中美第一阶段协议的履行，并助力第二阶段谈判。当然，从道义上说，这也是美方在特殊时期对中国人民的一个切实支持，不失为促进中美双方合作共赢的明智之举，同时，这将有利于21世纪最重要的双边关系的稳定与发展，也有利于世界经济的持续繁荣。

“中国制造”如何实现突围[①]

郝凤霞[②]

近年来，美国、德国、日本、英国等纷纷发布新的工业规划、实施“再工业化”战略，以加大力度推动制造业发展。对中国来讲，面对国内外形势的变化，原有资源推动型或投资推动型发展模式遇到了很大的挑战。对此如何实现突围，迈向更高质量的发展呢？

带来就业乘数效应

制造业发展是经济结构转型的基础。制造企业竞争力越强，组织资源能力越强，企业的服务产出效率就越高。

同时，制造业发展有着显著的就业乘数效应。20 世纪 90 年代初，中国在全球制造业增加值所占份额仅为 2.7%；2000 年后急剧增加，到 2016 年占到 1/4 以上，同期制造业的就业人数从 4 000 多万人增加到 8 000 多万人。

研究表明，制造业每创造 10 个工作岗位，就会产生 4 个新的工作岗位。当然，乘数效应的大小因不同行业、不同区域、不同发展阶段而异。

制造业是新创企业、服务业产生与成长的根基。生产力的提高来自两种机制，一是现有企业的内部重组和业绩改善，二是优秀企业取代低效率的现有企业。经济增长的动力源泉来自市场竞争，如果没有足够强大的制造业，新创制造业企业将无从产生。服务业也是如此，服务业在发达国家的经

① 原文发表于《解放日报》2019 年 9 月 3 日第 10 版。
② 同济大学经济与管理学院经济与金融系副教授。

济结构中占很大比重，但这是以发达的制造业为支撑才得以实现的。发达国家提出的知识经济，也以各国拥有强大的制造业基础为后盾。

微笑曲线越来越陡峭

中国制造业转型升级不是在封闭环境下进行的，因此需要关注全球产业价值链的变化。过去10年，全球产业价值链出现了一些关键性变化。

全球价值链贸易密度在降低。贸易密度指的是出口占产出的比率。过去10年，产品的跨境流动在减少，从原来的28.1%降至22.5%，贸易增长的速度在减缓。越来越多的新兴国家随着人均收入的增长，本土消费量和消费水平在增加，消费了更多自己生产的产品。终端市场的转移为中国企业带来机遇，可以致力于开发更多面向国内市场的设计和品牌。

服务贸易的增加值在增长。过去10年，服务业贸易增长速度加快，知识产权、电信、IT等行业的增长更是产品行业的2～3倍。尽管传统贸易统计中服务业遭到严重忽视，但服务业贸易创造了产品贸易中的1/3增加值，且研发、工程、销售、市场、金融和人力资源等都有可能形成产品走向市场，产品贸易和服务贸易中间的界线越来越模糊。

知识密集程度越来越高，传统的微笑曲线变得越来越陡峭，不同环节之间的附加值鸿沟在加大。研发、品牌、软件、知识产权等无形资产在全球产业价值链中所占价值在增加，价值创造正在向两端转移：一个是转向上游活动，如研发和研发设计；一个是转向下游活动，如营销和售后服务。

根据世界投入产出表，劳动密集型产品制造业从2005年的55%降至2017年的43%。一方面是因为发展中国家工资上涨，另一方面是因为自动化和人工智能使用的趋势。由此，劳动密集型制造业转变为资本密集型制造业。而全球价值链上无形资产所占附加值从原来的5%左右增加到13%，这种转变对发展中国家制造业参与全球价值链模式提出了新的要求。

不能单纯依靠低工资战略

随着贸易全球化和生产分工专业化，越来越多的国家参与垂直分工体系，但发达国家仍然占据价值链高端。对“中国制造”而言，发展策略应针对性地做出相应调整,从更长远的角度为高质量发展提供新动能。

(1) 拓展本土和发展中国家的市场资源,寻求国内外市场的再平衡

经济合作与发展组织的研究表明,新兴市场国家到2025年消费将占全球制造业产品的2/3,比较集中地体现在汽车、建筑、机械、奢侈品等领域。中国可通过"一带一路"倡议,利用比较优势形成区域分工体系,实现在某些行业产业价值链的主导能力。同时,减少国内交易成本,发挥本土市场资源。

中国经济的快速发展也为世界各国提供了巨大的市场。1995年,发达经济体仅向中国出口3%的产品;2017年,增长为12%。德国、美国、日本等国家生产的汽车,有近一半的销量发生在包括中国在内的发展中国家。

(2) 通过服务化捕获更多增加值

不管软件设计、知识产权还是销售、制造业中的价值越来越多地来自服务。由此,销售周期缩短,边际收益增加,与消费者更多的互动可以带来更好的设计理念。同时,商业模式从销售产品转向提供服务,或者从卖软件转为数据分析,通过深入洞见客户需求,提供基于服务的产品。

(3) 提高"中国制造"在全球价值链中的垂直整合度

改革开放以来,中国发展出了较完善的本地价值链和垂直整合的行业格局,本土企业不断进军新的细分市场。在新建先进工业产能的同时,中国也在稳步推进工业现代化的进程,淘汰老旧工厂。

原先,受益于低工资水平,追求高效率和低成本的公司将工厂向新兴经济体迁移。但在要素禀赋结构发生变化之时,德国、美国等发达国家开启了制造业复兴之路。在双重压力下,"中国制造"将不能单纯依靠低工资战略。产业基础高级化、产业链现代化已成为制造业转型升级的必由之路。

在这方面,国外早有先例。二战结束后到20世纪70年代,德国作为欧洲主要的制造业强国,大量生产各类工业制成品。20世纪80年代开始,德国的制造业面临新的挑战。这一时期,亚洲劳动力成本低的优势明显,日本、韩国的产品质量优良,德国制造业与之相比并不具有性能和价格方面的优势。

于是,德国根据自己在技术方面领先的优势调整了产业结构,通过制定产业政策巩固研发能力,从而在耐用资本品的生产上达到世界领先水平,如

机械产品、大型医疗设备、电机和电气产品等。与此同时,放弃一些逐渐缺乏竞争优势的制造产业,如家用消费电子产品、纺织品等。可以看出,德国制造业的结构一直在发生变化,但始终不变的是打造竞争优势。

(4) 鼓励技术密集型新创企业成长

每个新创企业代表一个额外的竞争者进入市场,高水平的初创企业会直接威胁现有企业的主导地位。从产出市场来讲,市场竞争强度与经济绩效之间存在正相关;从投入要素来讲,新创企业需要资源,并为劳动力和土地资源等投入创造产生额外需求。这种额外需求会对已有企业的盈利能力构成威胁。为保持盈利能力,企业需通过提高生产力来弥补更高的投入成本。由此,新创企业可以更有力地促进所在区域的经济增长。

中国经济增速转正！如何进一步激发消费潜能[①]

林善浪[②]　黄珺珮[③]

随着复工复产的扎实推进，中国宏观经济正呈现出向常态化复苏的良好势头。国家统计局2020年7月16日公布，上半年我国经济先降后升，二季度经济增长由负转正。上半年国内生产总值456 614亿元，按可比价格计算，同比下降1.6%。分季度看，第二季度同比增长3.2%，比第一季度增加10个百分点。

但是，当前和今后一个时期，中国经济运行面临前所未有的风险挑战。疫情尚未完全结束，消费受到压制，成为国民经济持续向好的关键制约因素。因此，要采取更多的消费刺激政策，着力于推动消费的复苏和增长，为国民经济复苏和增长注入强大的动力。

具体来说，一方面，要加大复工复产的"前期支持"，尤其对服务业复工复产的支持和纾困，营造良好营商环境，实施包容审慎治理，保护好企业生产力；另一方面，要采取更多的消费刺激政策，扩大对低收入群体的现金补助，援助受疫情冲击比较大的人群，支持受疫情影响大的薄弱环节消费，为国民经济复苏和增长注入强大的动力。更为关键的是推进消费体制机制改革，扫除消费障碍，把消费潜能激发出来，把人口规模优势转化为市场规模优势，优化需求侧结构，释放经济内在活力。

2020年5月14日，习近平总书记在中共中央政治局常务委员会会议上

① 原文标题为《激发消费潜能是促进经济持续向好的关键》，发表于《学术前沿》2020年6月(下)。

② 同济大学经济与管理学院经济与金融系教授、博士生导师，同济大学城市与区域科学研究所所长、上海新兴城市与区域发展研究院院长。

③ 同济大学经济与管理学院博士研究生。

指出,“要深化供给侧结构性改革,充分发挥我国超大规模市场优势和内需潜力,构建国内国际双循环相互促进的新发展格局”。5月22日李克强总理在《政府工作报告》中也指出,“要实施扩大内需战略”“提高居民消费意愿和能力”。如何采取更加积极有效的措施来鼓励消费、支持消费,把抑制延期的消费潜力迸发出来,为整个经济提供广阔的市场空间,是实现国民经济持续向好、实现“六稳”“六保”目标任务的重要抓手和关键举措。

面对全球经济不确定性,全力保护企业生产力

新冠肺炎疫情在全球蔓延的范围和程度出乎意料,对全球经济的影响也日益显现。世界卫生组织总干事谭德塞警告说:“新冠肺炎疫情大流行还远未结束。”新冠病毒可能成为长期问题,很难预测何时可以战胜病毒。

关于传染病疫情对经济的影响,大体上有两种观点:一种观点认为,这是短期冲击,不会影响长期趋势。另一种观点则认为,不能只看到具体行业的短期影响,还要考虑传染病引起的资本流动、商品和服务出口的变化,进而对全球经济的长期影响,即传染病对经济的影响远远大于直接受影响的行业损失。

新冠肺炎疫情全球蔓延的短期影响已经显现,处于疫情的国家或地区均采取了疫情防控措施,受限的人员流动和经济活动冲击了国民经济运行。而长期影响可能是通过全球产业链体现出来。这是因为经济全球化使得各个国家或地区的经济紧密联系在一起,并处在世界生产的不同产业链上,你中有我,我中有你。尤其是20世纪90年代以来,国际分工日益深化,一种产品的生产不是在一个国家或地区内部完成的,而是在多个国家或地区分工完成,不是由一个企业完成的,而是由多个跨国企业共同完成,全球产业链不断延伸和拓宽。到2018年,全球贸易占全球GDP的比重达45.9%,而体现全球产业链分工的原材料、零配件等中间产品贸易占全球商品贸易的50%以上。

中国是亚太地区乃至全球中间产品供应链的枢纽,2018年中国制造业增加值占全世界的份额达28%以上,在500多种主要工业产品中有220多种产品产量居全球第一。根据麦肯锡咨询公司2019年发表的报告,中国是33个国家的最大出口国,65个国家的最大进口国。

一方面,中国一些行业对海外中间产品具有高度依赖性,而且短期难有替代品,如计算机、机械设备、医疗设备、交通设备、光学影像等行业的关键零部件。海外疫情持续蔓延将影响海外供应商的生产,进而制约中国相关行业的复苏。

另一方面,海外疫情引发疫情国家或地区需求量的减少,从而影响中国产品出口。受失业率上升和疫情阴影的心理作用影响,疫情国家和地区居民的消费需求的萎缩也将持续较长时间。因此,即使未来海外疫情结束以后,对中国的中间产品和设备需求的复苏也需要一个过程,同时,对中国消费品需求的复苏也可能存在滞后。

除了疫情影响外,中国经济发展所面临的国际环境更加复杂、形势更加严峻。经济全球化周期性调整向纵深发展,逆全球化趋势加剧,一些国家试图构建相对独立、完整和安全的国内产业链,以掌控重要、关键的产业环节,如此便面临着全球产业链内化的趋势。以美国为首的少数国家对中国经济、中国企业的打压、遏制将进一步加剧。

面对复杂的国内外环境,中共中央和国务院提出要做好"六稳"工作,落实"六保"任务。其中,保市场主体是"六稳"和"六保"的"压舱石"。到2019年,全国各类生产经营主体 12 339.5 万户,其中企业 3 858.3 户,个体户 8 261.0万户。这些生产经营主体是我国城乡居民就业的最主要载体、收入的主要渠道以及国家财政收入的主要来源。

在目前这样的特殊困难时期,保市场主体的关键是保护企业生产力。尤其是中小微企业,量多面广,但体量小、实力弱,抗风险能力低,它们受到的冲击最为严重,因此是当前纾困的重中之重。只要生产能力不遭受大的破坏,国民经济恢复和持续发展的根基就存在。为了帮助企业复工复产和渡过难关,各地各部门推出八个方面 90 项政策措施,包括对小规模纳税人和个体工商户下调增值税率、重点行业减税、延缓缴交企业社保费、免征国有房租,以及到期贷款借新还旧、展期、无还本续贷、减免逾期罚息、下浮利率等。除了落实好已经出台的相关政策外,为保护企业生产力,还需要从以下四个方面着手。

第一,加大复工复产的"前期支持",设立中小企业紧急救助资金。中小微企业面临着客户拖延付款、取消订单和现金流断裂等问题,一些服务型中小微企业因防疫管控还无法复工。目前,国家和地方政府出台的复工复产和纾困的政策主要倾向于减免税费、贷款贴息、财政奖补等“后期支持”，但复工复产的“前期支持”和“重启性支持”的相关政策比较少。同时，缺乏财税政策和金融政策的整合性、合力支持的落地机制，使得政策效果大打折扣。在已有纾困政策的基础上，要进一步研究和制定复工复产的“前期支持”政策，对以往业绩优和信用好的中小微企业提供紧急贷款，解决“现金流”断裂问题。同时，整合现有部分财政资金和抗疫特别国债，设立中小企业紧急救助资金，专门为“现金流”断裂的中小微企业解难纾困。

第二，加大对服务业复工复产的支持和纾困。服务业多数行业属于经济学所说的“不可贸易品”，生产和消费同步进行，产业链比较短。在这次新冠肺炎疫情中，服务业也是受冲击面最广、影响最深的行业，至今还有不少企业尚未复工复产。在毫不放松常态化疫情防控的同时，应当加大对服务业复工复产的支持和纾困，这不仅对整个国民经济稳定发展具有重大意义，而且相对于制造业，难度也是比较小的。在采取常态化疫情防控措施下尽快恢复服务企业经营；出台服务企业专项纾困政策，对疫情受影响比较严重的交通运输、旅游、餐饮等行业实行定向减税降费、纾困贷款。

第三，营造良好营商环境，实施包容审慎治理。通过“放管服”改革，使得优化营商环境已经取得重要进展，但与世界先进水平相比，也存在需要进一步改进的地方。围绕扶持政策落地、纾困措施到位、政府简政放权、服务创新、审批精简、流程缩短等方面，需要持续优化营商环境。

同时，疫情期间企业生产经营出现了不少新现象、新问题。一方面，企业在疫情期间或许未能及时审验换证，导致各类纠纷增加，也可能临时变更经营范围和经营方式；另一方面，疫情期间以新型信息技术为基础的各种新业态、新模式成为亮点，有些业态可能突破了原有的法规监管框架，有些新业态因快速触达临界规模而出现新问题。因此，对市场主体的监管，要实施包容审慎治理，既要划出安全底线，对发展中出现的问题加以纠正，也要保持治理的包容性，慎重使用罚款、取缔、查封、扣押、冻结等强制性措施，尽可能地不影响企业的正常运转。

第四，全力支持外向型企业积极应对上、下游冲击。两头在外的外向型企业是复工复产最为困难、最为复杂的企业。尤其是海外疫情蔓延，生产企业要谨防海外上游供应商随时断供的风险，及时扩大原材料库存，及时做好替代原材料的准备，金融机构要及时为生产企业扩大库存提供资金支持。对于成品市场在海外的生产企业，做好国际市场需求减少的准备，及时采取多元化的市场战略，拓展没有疫情或疫情比较轻的海外市场，大力开拓国内市场，以多元化市场战略对冲海外市场需求不足的风险。推动外贸企业优化风险管理机制，密切跟踪海外疫情发展态势，多渠道、全方位地收集疫情信息，开展风险研判，及时传递上、下游企业信息，健全信息共享机制。外经贸主管部门要为外向型企业注入更多的、可落地的扶持政策。

采取消费刺激政策，增强经济复苏和增长动力

随着复工复产工作的推进，国民经济呈现持续复苏和改善的态势。疫情尚未完全结束、消费受到抑制成为国民经济持续向好的关键制约因素。

面对新冠肺炎疫情冲击，各个国家和地区采取了一系列的纾困政策。一是对受疫情影响较大的企业提供信贷支持，包括贴息与担保、税收延停缴、现金支持等。二是对家庭提供现金补贴，包括一次性现金补贴、新增失业救济金、工资一定比例的补助等。相对而言，多数国家的财政援助更加侧重于对家庭的现金补贴。例如，澳大利亚、美国、加拿大、德国、日本、英国等国现金补贴占 GDP 的比重达 1.4%～6.9%。

与国外相比，我国的援助政策更加侧重于对企业的综合援助。对家庭的援助政策主要集中在三个方面：

(1) 失业保险。至 2020 年 3 月底，我国向 230 万名失业人员发放失业保险金 93 亿元。

(2) 困难群众补贴。财政部已安排 1 560 亿元的困难群众救助补助资金额度。

(3) 消费券。各地发放的消费券大体上分为两类：一类是必需品消费券(食物券、超市券)，发放对象是低收入者，类似于现金。另一类是可选商品服务消费券(文旅、餐饮、家装、商场打折券)，目的是拉动受负面冲击行业的消费。各地发放的消费券更多的是可选商品消费券，主要是帮扶本地线下受损的服务业。据不完全统计，截至 2020 年 4 月下旬，各地方政府推出的消费券规模在 390 亿元。三者加总仅占 GDP 的 0.2%。

面对新冠肺炎疫情冲击，要采取更多的消费刺激政策，着力于推动消费的复苏和增长，为国民经济复苏和增长注入强大的动力。

第一，扩大对低收入群体的现金补助。一是提高城市低保、农村低保、农村五保、国家优抚等四类国家保障对象的保障标准，向城镇失业人员发放现金补助。二是结合脱贫攻坚，对因疫返贫、因病致贫等农村特困家庭发放现金补助。三是对低收入家庭的未成年子女提供现金补助。

第二，援助受疫情冲击比较大的人群。一是对疫情期间因复工复产而集中隔离的人员，减免相关隔离费用，所在单位给予适当补助。二是电信部门对各类学校学生因上网课而产生的上网费用进行减免，教育部门对学生上网费给予适当补助。三是对应届大中专毕业生、研究生，因疫情影响其就业，给予现金补助。四是对受疫情冲击比较大的农村养殖户、种植户实施财政补贴、紧急小额贷款援助，帮助他们渡过难关，尽快恢复生产。五是对因疫情防控而延迟复工复产的文化娱乐、餐饮、客运、批发、家政、旅游等特定行业，根据延迟时间的长短，对经营者实施财政补贴。

第三，支持受疫情影响大的薄弱环节消费。继续支持地方政府出台各类刺激消费的政策，对地方政府发放的消费券，建议中央财政按比例给予补助，重点支持针对餐饮、商场、文化、旅游、家政等生活服务行业的消费券。

深化消费体制机制改革，释放消费潜能

消费需求不足是我国长期存在的问题。就供给侧和需求侧的关系而言，我国长期存在供给侧生产能力过剩，而内需不足的问题。从长远来看，激发消费潜能，培育消费新热点，引导消费新业态、新模式有序发展，有效扩大内需，是未来推动经济高质量发展、激发经济增长活力的关键环节。

在疫情得到有效控制、经济社会秩序逐步恢复的背景下，要把更大的精力用在深层次改革和中长期发展的谋划上，依托巨大的国内市场与完备的产业链，实施消费提升战略，优化需求侧结构，释放经济内在活力。

第一，建立和完善消费促进体制机制和政策体系。我国经济发展已进入一个新阶段，人均 GDP 突破 1 万美元，劳动力从无限供给转变为有限供给，劳动收入呈现大幅上升的趋势。同时，经济全球化进入周期性调整时期，国际市场环境发生了重大变化。这意味着国民经济增长正由过去的投资需求和净出口需求拉动为主转变为消费需求拉动为主。但是，长期存在

的重生产、轻消费的体制机制和法规政策日益成为制约消费扩大和升级的障碍。为了更好地适应经济发展新阶段,必须建立和完善消费促进体制机制和政策体系。

第一,要在立法和政策上强化消费领域企业和个人信用体系建设,提高消费者协会等组织维护消费者权益的作用,强化消费者权益损害的法律责任,健全消费纠纷的诉讼、仲裁和调解机制。同时,完善推进消费结构升级的政策体系,强化产品和服务标准体系建设,促进城乡居民扩大绿色消费、信息消费、教育消费、文化消费和健康消费等发展型、享受型消费。并且,大力发展以新型信息技术为基础的消费新业态、新模式,提高消费便捷性。

第二,持续推动收入分配体制改革。提高收入分配的宏观调控能力,增加低收入群体的收入,扩大中等收入群体,提高整个社会的边际消费倾向。完善最低工资标准的动态调整机制,依法推进工资集体协商;完善机关事业单位工资和津补贴制度,建立反映人力资源市场供求关系的工资决定机制和正常增长机制;完善个人所得税制度,动态提高起征点,合理提高基本减除费用标准,适当增加专项附加扣除,强化对高收入者的管理,更好地发挥调节收入分配差距的作用。

第三,完善社会保障体制。通过完善社会保障体制,为城乡居民扩大消费解除后顾之忧。深化基本养老保险、基本医疗保险和失业保险制度改革,持续提高社会保险覆盖面,逐步提高社会保障水平。探索建立低收入群体基本生活现金救助、实物救助和救助服务相结合的社会救助方式,完善动态调整机制。

第四,普遍性地降低税费。中国财政收入既有税收收入,也有国有土地出让收入和国有资产利润收入,以及各种专项基金,不同于资本主义国家的财政制度,具有普遍性降低税费的空间和潜力。合理区分基本公共服务与非基本公共服务,深化政府机构改革,加快事业单位体制改革,降低财政负担,为企业和居民普遍性降低税费创造条件。加快推进消费税改革,完善健康、养老、家政等生活性服务业的税收优惠政策。

第五,加大消费领域基础设施建设的投入。加快中西部地区和农村地区现代流通、信息网络、服务消费等短板领域的基础设施建设,加大对文化、旅游、体育、健康、养老、家政、教育等领域基础设施建设的投入,为扩大消费和结构升级创造良好条件。

单月五百多亿元,外资回流凸显中国经济大海般的气质[①]

石建勋[②]

中国经济是一片大海。面向世界,面向未来,中国对外资的吸引力将永远在这儿。

资本市场的反应最直接,也最敏感。自 2020 年 4 月份以来,北上资金持续大举流入 A 股市场,4 月净买入资金已经超过 532 亿元,并且呈现出加速流入的态势。当前,众多外资投行对中国资产持“超配”观点,海外投资者近期在加码中国市场时也更加果断、力度更大。有理由相信,随着中国疫情防控和复工复产复市取得进一步成效,新《证券法》的实施和中国资本市场制度的不断改革与完善,以及中国精准有效、有节制的刺激政策及新老基建有机结合的基建投入等组合拳发挥作用,中国经济有望在二季度实现全面复苏,将为资本市场注入新的活力和强劲动力,外资净流入将持续。

与此同时,外资对实体经济的投入未有明显减少,新的投资不断增加。中国目前是世界上最大的外商直接投资接收国之一,日前,中国的北京、惠州,以及美国达拉斯三地举行的“云开工”仪式,宣布总投资 100 亿美元的埃克森美孚惠州乙烯项目正式动工。零售巨头开市客(Costco)将在上海开设其位于中国内地的第二家门店,星巴克、山姆会员商店、罗森等纷纷将加大在华投资。近日,霍尼韦尔新兴市场中国总部项目正式落户武汉光谷,全资子公司霍盛工业科技有限公司已注册成立。这是 2020 年以来,首家在光谷设立独立法人公司的世界 500 强企业。

---

① 原文发表于《文汇报》2020 年 4 月 30 日第 5 版。

② 同济大学经济与管理学院经济与金融系教授、财经研究所所长,上海金融学会副会长、上海市习近平新时代中国特色社会主义思想研究中心副主任。

上海是外商投资的热土和高地，也是全国吸引外资的风向标，2020 年一季度上海利用外资逆势上扬，吸引实到外资 46.69 亿美元，同比增长 4.5%。其中，3 月实到外资 18.72 亿美元，同比增长 20.8%。近期，落户上海的项目和企业普遍具有项目开放力度大、投资额大的项目多、产业先进性强、项目能级水平高这四个特征。比如香港怡和集团新设徐汇滨江综合体项目总投资 45 亿美元、日产与东风合资的汽车金融项目总投资 8 亿美元、西班牙海斯坦普投资性总部在华的增资项目总投资 7.2 亿美元等。

这些外资大项目的快速推进，显示了外资对中国发展前景的强劲信心。近期，中国美国商会的一项调查报告显示，受访企业未来三年在华再投资意愿依然强烈，近七成企业计划 2020 年在华再投资。

企业是经济动物，都是逐利的，需要市场、需要降低成本、需要盈利才能活着和发展，但无论从理论还是现实来看，外资企业的跨境投资是市场经济规律决定的一种长期资本活动。中国有世界上最大规模的市场，最完整的产业链配套体系，相对较低的综合生产成本，不断优化的营商环境。我们有理由相信，随着中国改革开放的不断深化，对外资的吸引力会越来越大。

从世界经济发展和全球供应链来看，中国在全球产业链的地位和作用难以替代也难以复制。中国制造业已经成为全球价值链的重要组成部分，研发投入全球第二，全球制造业领域的创新大都离不开中国。2019 年，麦肯锡全球研究院报告得出一个重要结论：中国对世界经济的依存度在相对下降，而世界对中国经济的依存度在相对上升。事实和数据也证明，作为全球唯一一个拥有全部工业门类的国家，中国供应链优势明显，特别是像家居用品、高科技零部件、纺织服装等行业的全球产业链高度依赖中国。中国是 33 个国家的第一大出口目的地，65 个国家的第一大进口来源地。作为全球工业品最大的市场之一，中国的工业产业链不断汲取着来自世界巨头们的先进技术和产品，然后又源源不断地生产各类产品输送至全球各个角落。

有人担心，疫情会导致中国的产业链转移到东南亚一些国家。这种担心其实没必要，因为这些国家不具备中国的重化工业基础产业链。重化工业相当于工业经济中的基础设施产业，没有重化工业，就没有现代工业经济所必需的原材料生产能力和机器生产能力。中国作为后发国家，历经几十年建立起自身的重化工业，有其特殊的历史背景和条件，某些新兴市场经济国家并不能在短期内建立起完整的重化工基础产业链,目前没有取代中国的基础条件。

不过,受疫情冲击,全球产业链也面临着分散化、就近化和多元化布局的挑战。跨国公司过去极为讲究供应链的高效和成本低廉,未来可能会更看重供应链的安全性。有的企业可能会在全球多处开设工厂以更接近终端客户,同时企业也会提升对冗余库存的容忍度,以避免例如此次疫情导致供应链终端的短期冲击。这些都需要中国企业有所准备,未雨绸缪。

关键是做好自己。中国将以更大的改革开放力度,建设高水平、高层次、开放的现代化经济体系,不断优化营商环境,为投资者提供更有力的保护、更高效的服务、更公平的市场,为外资企业也为本土企业创造更为开放、公平、透明、安全、有效的国际化、市场化、法治化的投资、经营和发展环境,努力推进中国新一轮对外开放取得积极进展,实现经济高质量发展,为世界经济发展和全球产业链、供应链的稳定做出积极贡献。

中国发行40亿欧元主权债券背后，中法更大合作空间打开①

周　华②　张璐璐③

巴黎时间2019年11月5日，中国财政部在法国巴黎成功发行了40亿欧元主权债券，系15年来首次发行，也是中国政府单次发行最大规模的外币主权债券。与此同时，法国总统马克龙作为"唯一西方大国元首"，出席第二届中国国际进口博览会，并对中国进行了为期三天的国事访问，签署了一揽子150亿美元的协议。时值中法建交55周年，本次中国发行欧元主权债券和马克龙参加进博会推动中法合作迈上新台阶；特别在中美、美欧贸易摩擦日渐严峻的新形势下，中法合作凸显其重大意义。

历史上的中法关系

法国是第一个同中国建交的西方大国（建交于1964年），也是第一个同我国建立全面伙伴关系（1997年）和全面战略伙伴关系（2004年）的西方大国。自建交以来，中法合作往来不断，硕果累累。在政治方面，两国领导人频繁进行国事访问和会见。在经贸合作方面，中法双边贸易额持续增长，2017年为530.5亿美元，同比增长13％；2018年达到629亿美元，同比增长15.5％。在科教文化方面，中法之间签订多项科技交流合作协议、教育交流合作协议，同时双方也互设政府文化混合委员会，定期开展磋商交流会议；

---

① 原文发表于《第一财经日报》2019年11月18日第A11版。

② 同济大学经济与管理学院经济与金融系副教授、同济大学德国研究中心研究员。
③ 同济大学经济与管理学院2017级硕士研究生。

而且今年巴黎圣母院受到毁损,中国也承诺参与其修复工作中,两国文化互助再开新花。军事方面,法国也是最早同我国发展军事关系的西方国家。1997 年,中法两军建立防务战略对话机制,迄今已经进行了 14 轮磋商,最近一次于 2018 年 7 月在巴黎举行。

本次欧元主权债券发行和马克龙参加进博会的重大意义

本次我国欧元主权债券的发行和进博会期间马克龙访华推动中法关系迈上新台阶。特别在中美贸易摩擦持续、美欧贸易摩擦升级的背景下,中法合作更凸显其重大意义。

首先,弥补中法金融合作短板。中法建交 55 周年以来,两国在贸易、科教、文化等领域来往频繁,但金融合作一直不足。时隔 15 年,中国重启了欧元融资,在巴黎定价和上市,弥补了两国金融领域合作的短板。这不仅体现了中国对巴黎国际金融地位的重视与认同,同时也反映了法国投资者把中国作为最值得投资的市场之一,体现了对中国日益提升的国际地位和乐观积极的经济发展水平的认可。

其次,中法合作升级是对美国贸易保护主义的联合抗衡。中法合作向世界发出"反对单边主义,支持自由贸易"的强音。自特朗普政府上台后,美国相继推行了一系列的单边主义政策,一方面向中国施压,不断提高来自中国的进口商品关税,导致中美贸易摩擦不断升温;同时打压欧盟,将关税大棒转向欧洲,意图对欧盟总价值 40 亿美元的进口商品加征关税,激发了美欧的贸易争端。在这个形势下,中法合作升级是对美国贸易保护主义的联手抗衡。

最后,以中法合作促进中欧合作。马克龙在中国的发言不仅代表法国,也代表欧盟,比如法国呼吁尽快签署中欧投资协定。从法国的角度来看,马克龙逐渐克服了实施改革初期所遭受的瓶颈和难关,执政步入稳定阶段,国内经济也发展良好;从欧盟角度来看,默克尔执政期进入倒计时,英国脱欧将英国经济推向悬崖,在周边大国处在多事之秋之际,作为欧盟轴心国之一的法国不论在话语权,还是影响力方面都会得到提升。因此,推动中法关系迈上新台阶对于欧盟的其他国家来说,也是一种良好、积极的示范。作为欧洲"代言人"的法国与中国的合作,将有利于进一步推动中国进入欧洲市场,同时也帮助欧洲深入中国市场。

中法未来合作趋势

在这样一个新形势的背景下，中法两国未来又将如何开展合作，进一步巩固和发展两国关系，实现合作共赢呢？

首先，继续深入开展两国间的金融合作。长期以来，美国一直位居国际金融领域的龙头，尽管其“冒险”与“创新”为金融市场注入了巨大活力，但多次爆发的金融危机也显示出这一金融体系的弊端。与美国相比，法国则更加审慎，对金融风险的把控力度更大。因此，法国是我国金融合作更合适的对象。

进一步与法国开展金融合作的好处体现在以下三方面：

第一，能为中国的金融市场注入新鲜血液，降低对美国金融领域的依赖；同时也能借助法国建立一个稳定的“金融据点”，助力人民币国际化。

第二，从法国的角度来看，有了中国的支持，将有利于巴黎国际金融中心的建设，对于法国金融业也是一个重大利好。

第三，对于世界而言，中法开展金融合作有利于建立更稳健成熟的国际金融体系，对于全球金融业的发展和完善大有裨益。

其次，进一步开放市场。大量法国企业代表随同马克龙访问中国，说明马克龙此次访问的真正主题是推动法国贸易。马克龙呼吁双方进一步开放市场，并且指出，中国和欧洲一致认为贸易摩擦只会导致双方受损。高新技术领域和高精尖产业的合作将是中法两国今后发展的一个重要领域，在大型客机方面也可以合作。在第二届进博会上，马克龙热情邀请习近平主席品尝法国红酒，而红酒文化当前在中国也发展迅速，因此，农业也是中法合作的重要领域。

最后，以文化为纽带增强两国互信互助基础。中法两国是东西方文明的代表，一个为东方文明中的“翘楚”，一个为西方文明中的“明珠”。中国传统文化博大精深，而法国目前不仅在欧盟，甚至在捍卫西方价值观方面都是领头羊。中国协助法国修复巴黎圣母院就是中法在文化领域的合作体现，是东西方文明携手的创新之举。两国的文化合作代表着东西方文明的交融，符合“文化多样化”的发展趋势。文化作为一国情感深处的烙印，扩大文明交流，“以情动人”，才能更好地推动国与国之间的相互信任、相互尊重和相互理解。以文化巩固中法间互信互助，将为两国的经贸领域交流打下坚实基础，对人类文明的创新以及全球治理创新都具有深远的意义。

警惕投机资本炒作粮食市场[①]

程国强[②]

前不久，彭博社一篇500多字的新闻稿《多国纷纷禁止粮食出口》拉开了全球粮食市场恐慌的序幕。在10多天的时间里，有10多个国家惶恐跟进，禁止粮食出口，全球粮食危机风险骤然上升。

首先要明确的是，无论这次可能的全球粮食危机通过什么方式、以多大的程度爆发，中国都有能力应对。多年来，中国始终把解决好十几亿人口的吃饭问题作为治国安邦的头等大事，制定了确保谷物基本自给、口粮绝对安全的粮食安全方针，建立并不断完善符合中国国情的粮食安全保障体系，已成功应对国际金融危机、重大自然灾害等各类突发事件对粮食安全的严峻挑战。尤其是中国粮食生产实现16年连丰，水稻、小麦等口粮连续7年产大于需，目前库存充裕、对外依存度低，加之今年新粮生产形势向好，粮食安全形势处于史上最好时期。因此，此次新冠肺炎疫情不会对国内粮食安全造成冲击。

其次，疫情导致许多国家对粮食市场预期趋紧甚至恐慌，主要在于他们对粮食安全强烈的忧患意识和危机思维，更是对2008年全球粮食危机的恐惧记忆。2008年，美国次贷危机引爆全球金融危机。当时，澳大利亚、阿根廷遭遇严重干旱，引发全球粮价恐慌性上涨，并高位持续一年多，使37个国家爆发粮食危机，全球8.5亿贫困人口遭受饥饿威胁。这次新冠肺炎疫情引发的全球公共卫生危机，除部分国家已采取粮食出口限制措施外，还有可

---

① 原文发表于《经济日报》2020年4月8日第3版。

② 同济大学经济与管理学院经济与金融系特聘教授、中国市场监督管理学会副会长、中国农业经济学会副会长、中国粮食经济学会副会长。

能随着有关国家采取愈加严格的疫情防控措施，导致物流中断、交易停顿，加之部分国家蝗灾影响粮食生产，进一步引发全球粮食市场不稳定预期，使人们对全球粮食危机的担忧随之加大。

最后，要特别警惕国际投机资本借机炒作。这是2008年全球粮食危机的深刻教训。2008年粮价上涨的起因，表面上是澳大利亚、阿根廷干旱天气导致粮食预期减产，但根本原因是在当时全球金融危机的影响下，全球流动性过剩、美元贬值、石油价格大幅上涨，国际投机资本利用粮食减产预期，借机大肆炒作，引发全球市场恐慌，许多国家因此采取出口限制政策，推动国际粮食市场价格全面上涨，最终引发全球粮食危机。这次疫情冲击可能带来的粮食危机风险，虽然与2008年的成因不同，但确实有必要警惕和防范来自国际投机资本对粮食市场的炒作。主要是国际投机资本有可能利用疫情防控导致的粮食物流中断、出口限制等情况，通过诱导舆论、恶化预期来制造行情，伺机炒作大豆等大宗农产品市场，推动全球农产品价格从结构性上涨转向全面上涨，最终酿成全球粮食危机，危及多个发展中国家的粮食安全、全球数亿人口的吃饭和生存。

因此，必须高度重视后期可能出现的相关风险，及早谋划应对策略。一要管理好输入性粮食不稳定预期和风险，谨防市场恐慌性抢粮囤粮。二要抓紧补齐重要农产品供给保障短板，加强和完善重要农产品储备体系，建立高效安全可控的农产品应急供应保障网络。三要强化农产品全球供应链管理，进一步提高大豆等大宗进口农产品风险管理能力，把风险防控在前端。四要加强国际粮食安全与贸易政策协调，确保全球农业与粮食供应链安全有效运转，积极支持和参与联合国机构开展的援助低收入、贫困国家粮食安全的国际合作。

我国场内衍生品市场的国际比较[①]

马卫锋[②]

衍生品市场以分散风险、对冲风险和实现不同风险期限的长短配置等优势，紧密地衔接投资者、金融市场和实体企业，促进闲散资金进入实体经济，助推实体经济的发展。研究显示，截至2018年年底，全球家庭和机构合计419万亿美元的财富市场，对经济增长形成资本支持；全球场内外640万亿美元的衍生品市场，有效地帮助投资者管理资产风险，以实现财富的保值与增值。我国自改革开放以来，经济持续发展，多层次资本市场逐步形成，衍生品市场从无到有，但与国际成熟经济体相比，我国境内的场内衍生品市场在规模和结构上还存在一定的差距，迫切需要加大改革创新，以期为实体经济的高质量发展发挥更大作用。

我国境内衍生品市场总规模15万亿美元，其中，场内衍生品仅千亿美元，场内市场发展潜力巨大。据BIS统计，截至2018年年底，全球衍生品名义持仓规模640万亿美元，其中场外544万亿美元，占比85%，场内95万亿美元，占比15%，整体呈现场外大、场内小的特征。各个经济体整体相差较大，美欧衍生品市场占全球规模的80%以上，占据绝对的市场份额。我国境内衍生品总规模仅占全球0.1%，远不及发达经济体。目前，我国境内拥有近20万亿美元的权益和债券市场，能用于管理现货市场风险的场内衍生品种类不足、市场规模不大。

全球场内金融衍生品超百万亿美元，而我国境内的场内金融衍生品仅

---

① 原文发表于《期货日报》2019年11月28日。

② 同济大学经济与管理学院经济与金融系副教授。

430亿美元，规模甚至不足商品的一半。对于全球近百万亿美元的场内衍生品市场，金融衍生品占场内规模97%，整体上是以金融衍生品为主的市场结构，其中，利率和权益是两大类主要的场内衍生品，利率衍生品92万亿美元，权益衍生品13万亿美元。从各经济体情况来看，美国、欧洲是金融衍生品最发达的市场，规模占全球的90%以上。我国境内的场内衍生品规模整体排名是靠后的，虽然市场已形成利率、权益和商品三大类衍生品齐步发展的势头，但商品衍生品规模960亿美元，利率和权益两类金融衍生品规模合计430亿美元，二者仅占场内市场的30%，金融衍生品不足商品规模的一半。对比国际，目前我国境内的场内衍生品市场整体上是以商品为主的发展格局，而国际上均是以金融衍生品为主导的市场结构。

全球场内股指类衍生品9万亿美元，但我国境内的规模仅250亿美元，股指类衍生品规模小、品种少。截至2018年，全球场内权益衍生品市场规模13万亿美元，主要包括股指、个股和ETF三大类产品。其中，股指期权和期货名义持仓规模近9万亿美元，占比近66%，是最大的权益类衍生品。从属性来看，期权规模达到12万亿美元，占场内市场的88%，显示出期权是权益市场上的主要衍生品。我国境内现有权益衍生品总规模310亿美元，其中股指类衍生品仅250亿美元，规模较小。在股指类场内衍生品中，我国境内仅上市了三只股指期货及50ETF期权，还未上市股指期权产品。对于我国境内超6万亿美元的权益类现货市场，现有的股指类衍生品远不能满足如此规模的庞大风险管理需求。

目前，我国境内的多层次资本市场体系已形成，衍生品市场经历了曲折发展、逐渐完善的阶段。场外和场内市场共同构成了多层次资本市场的风险管理基础设施。但是场内衍生品市场的发展速度不及实体经济发展速度，不能满足我国境内资本市场发展的需要。通过我国境内场内衍生品市场与成熟经济体的发展情况的比较，我们有如下几点启示：一是大力发展场内金融衍生品市场。证券市场是国民经济的枢纽，连接投资者和实体企业，让闲散资金得到优化配置，金融衍生品市场作为证券市场的基础设施，是帮助投资者管理资产风险，确保财富的保值和增值的首要市场。二是尽快推出多样化的权益类衍生品。证券市场以低成本、高效率的融资优势承担着实体企业的直接融资，要提升证券市场的融资能力，务必要让各类证券投资者拥有多样化的股指类风险管理工具,以管理风险降低波动,提升证券市场的财富效应。三是构建以期权为主的场内市场结构。期权具有低成本、多策略、精细化的特征,我们应借鉴成熟市场经验,大力发展以期权为主的场内衍生品市场,降低投资者风险管理成本,从而满足投资者的精细化风险管理需求。

美国关税大棒转向欧盟意欲何为[①]

周　华[②]　范家琛[③]

2019 年 7 月 1 日，美国贸易代表办公室发布声明，建议对来自欧盟的总价值 40 亿美元的进口产品加征关税，以期就持续 15 年的美欧民航飞机补贴争端向欧方施压。欧盟表示，愿意基于“没有设定任何前提条件、旨在获取公平结果”的基础上谈判；但同时也做好反制准备。美国关税大棒的矛头转向欧盟，此次美国向欧盟加码施压意欲何为？关税大棒的杀伤力究竟有多大？

美国关税大棒转向欧盟，意图何在

一、美国民用飞机出口下降，美欧贸易差额进一步扩大

美国对欧盟的贸易一直处于不平衡状态。2018 年，欧盟对美出口增长 8%，而从美国的进口只增长了 3.9%，欧盟对美贸易顺差额达到 1 397 亿欧元，创历史新高。其中，美国民用飞机出口下降是美国贸易逆差扩大的主要原因之一。以波音公司为代表的高端航空制造业是美国经济的重要支柱行业，提供了数以万计的就业岗位。

不过，近年来波音公司的发展势头受到了阻碍。一方面，波音公司研发资金的投入量远低于欧洲空客公司，空客公司自 20 世纪 80 年代伊始，先后对 11 种机型投入约 195 亿美元的研发基金，而波音公司却在 15 年的时间里

---

① 原文发表于《第一财经日报》2019 年 7 月 8 日第 A11 版。

② 同济大学经济与管理学院副教授、同济大学德国研究中心研究员。

③ 同济大学经济与管理学院 2018 级硕士研究生。

只研制了一种新型飞机——波音 777,且研发投资仅为空客公司的三分之一。研发投入的不足致使波音在与空客的争霸过程中逐渐处于劣势。另一方面,由于 737 MAX 机型事故,波音公司的业务发展遭受了巨大的外部冲击。737 MAX 系列客机在包括美国在内的多个国家和地区已经停飞或禁飞。美国此次以欧盟对空中客车公司进行违规补贴为由头挑起贸易争端,表明美国的高端航空制造业已经无法靠正常的商业竞争手段来打败欧盟的对手,而需要借助政府和政策杠杆来保障自身竞争优势。

二、先打后谈,以战求和

先打后谈、以战求和是特朗普政府一贯的风格。在美欧经贸问题上,特朗普也有过类似行为。2018 年 6 月 15 日,特朗普曾与法国总统马克龙通话,呼吁欧盟应就减少贸易壁垒同美国展开商谈,并表示在航空补贴争端中,美国将按照世贸组织的规则来办事。据此,可以认为特朗普政府并不是真的希望打贸易战,而是在实行其推崇备至的“极限施压”战术,通过挑起贸易争端并大肆宣扬和叫嚣,迫使对方放弃部分利益与美国达成贸易和解。

三、讨好国内选民

由于美国两党制和总统选举制度的弊端,美国政府有时会蓄意挑起外部争端而博取选民的支持。当前美国 2020 年的总统大选工作正如火如荼,民主党的参选人前副总统拜登和国会参议员桑德斯等人给特朗普实现连任带来了巨大的挑战,特朗普政府需要且也想要通过挑起国际争端来转移国内矛盾,营造出美国在国际社会腹背受敌的假象和塑造一个强硬的政府形象,以谋求选民的支持,实现连任。在此之前,特朗普政府先后通过引发钢铝关税问题、叙利亚问题、朝鲜问题等,一定程度上提高了国内的支持率。值得注意的是,美国此次发布的报复清单并非针对飞机行业,而是农业。之前在中美贸易争端与反常气候的双重夹击下,美国农民的利益受损严重,农民中出现了不少反对特朗普政府的声音。因此,此时在欧盟农产品市场问题上展现强硬态度可以帮助特朗普政府重新获得美国农民的支持。

美国关税大棒的杀伤力究竟有多大

一、对于美国:伤敌八百,自损一千

目前美国的征税清单主要针对肉类、奶酪、意大利面、威士忌、橄榄等初级商品。对初级产品征税，会使美国下游产业的生产成本提高，因此征税所产生的负面影响会通过价值链传递到美国其他行业。例如，美国对产自欧盟的威士忌酒增收关税，将会导致美国市场上威士忌酒价格的上涨，而威士忌酒价格的上涨则会对其相关产业如酒桶制造、酒类运输、酒类销售等造成影响。

此外，贸易摩擦的激化还会影响各方对美国市场的未来预期，降低市场信心，进一步放缓其经济发展速度，形成恶性循环。贸易摩擦升级导致的通货膨胀也会提高美国民众的生活成本，降低消费者的福利水平。因此，此次征收关税，对于美国来说，很可能是伤敌八百，自损一千。

二、对于欧盟：杀伤力并不大

目前，美国仅考虑对价值 40 亿美元的欧盟产品增税，金额不大；其被征税的欧盟商品范围也较小，仅包括：奶酪、咖啡、牛奶、猪肉制品、爱尔兰和苏格兰威士忌，以及金属铜等。而先前中美贸易争端中，美国对 2 000 亿美元的中国进口商品增收了 25％的关税，增税产品几乎覆盖中国向美国出口的所有产品，并对中国的高科技战略产业如通信设备制造业进行了重点打压。相比之下，此次美欧贸易摩擦的规模并不大，且增税产品所在行业也并非欧盟方面的战略性支柱产业，因此对欧盟造成的经济损失有限。

三、对于全球经济：以史为鉴

贸易战在历史上屡见不鲜，最近一次大规模的贸易战发生在 80 年前的大萧条后。那次贸易战也是因为美国单方面提高关税而爆发的，美国的贸易保护行为引发了西方各国的强烈报复。各国使用了包括关税、汇率、进口配额等工具，导致各国竞争性贬值。贸易战重创了当时的全球贸易，美国在 1929—1932 年间的进口规模下降了 70％，即从 44.6 亿美元下降至 13.4 亿美元，出口规模也下降了 69.4％，即从 53.2 亿美元下降至16.3亿美元，同期全球贸易规模也收缩了约 66％。

同时，大规模的贸易战加剧了经济衰退深度和长度，减弱了各国经贸联系，延缓了经济全球化和一体化的进程。20 世纪 30 年代的贸易战只波及了西方国家，而不包括当时的发展中国家，如果现在美国继续在贸易问题上激化与各方的矛盾，所带来的危害与 30 年代那次贸易战相比，只会有过之而无不及。

对中国的启示

作为世界主要经济体之一，中国将不可避免地受到美欧贸易摩擦的影响。虽然，中美贸易争端短期内有所缓和，但中国方面还是要积极做好相关应对准备。我们认为可以采取以下措施。

(1) 要做到“任凭风浪起，稳坐钓鱼台”，不向短期内的贸易保护主义低头，从容应对各类贸易摩擦造成的冲击，坚定不移地支持贸易自由化进程，坚持合作共赢，坚持进一步开放。

(2) 抓住机会，促成合作。中国可以借此机会，在“一带一路”倡议下，秉承构建人类命运共同体的价值观，强化与欧盟各成员国之间的技术合作，促进双方共同发展，例如可以在大飞机制造行业加强与空客公司的合作，在帮助其渡过难关的同时，学习和消化其先进技术，为 C919 和 C929 项目提供更好的技术支持。

(3) 在坚持开放的同时进一步建设和开发国内市场，推进供给侧结构性改革，培育新的经济增长点，培育和增强人们对于国内市场的信心，降低对外贸易的依赖程度，以减轻贸易摩擦和国际经济波动对于本国经济发展的冲击。

新冠肺炎疫情冲击粮食安全：趋势、影响与应对[①]

程国强[②]　朱满德[③]

随着新冠肺炎疫情在全球扩散蔓延，全世界对粮食安全的担忧日益增加。那么，全球粮食市场异动的成因与趋势是什么？对中国粮食安全有怎样的影响？中国应该怎样应对全球粮食安全风险？

全球粮食市场异动的成因与趋势

2020 年 3 月以来全球粮食市场出现异常波动的主要成因有三个方面：首先，疫情冲击导致部分国家粮食安全预期趋紧。随着疫情在全球迅速蔓延，部分国家对国内粮食供给的预期趋紧。这不仅是它们对粮食安全强烈的忧患意识和危机思维，更是对 2008 年全球粮食危机的恐惧记忆。许多国家对粮食安全的担忧日益增加，试图通过限制粮食出口等措施来应对，由此引发全球粮食市场的异常波动。其次，部分外媒报道加剧了全球粮食市场恐慌情绪。彭博社 2020 年 3 月 25 日报道的《多国纷纷禁止粮食出口》，虽然只有 500 余字，但直接引发并加剧了全球粮食市场的恐慌情绪。此前只有 2 个国家限制粮食出口，但继此报道后，至少有 10 个国家惶恐跟进，加入限制粮食出口的行列。最后，蝗灾对全球粮食市场不稳定预期具有一定的推动作用。据报道，70 年来最严重的蝗灾目前正冲击埃塞俄比亚、肯尼亚、索马里、南苏丹、乌干达和坦桑尼亚等非洲国家的粮食生产，将给这些国家的粮

① 原文发表于《中国农村经济》2020 年第 5 期。
② 同济大学经济与管理学院经济与金融系教授。
③ 贵州大学经济学院教授。

食安全带来威胁。

疫情对后期全球粮食市场的影响，主要取决于粮食主产国疫情的持续时间、防控举措、影响范围及其对粮食生产、贸易等的冲击。特别需要警惕的是，一旦全球金融市场流动性充分释放，国际投机资本若借机炒作农产品，全球爆发类似2008年粮食危机的风险就会日益增加。

一方面，疫情对全球粮食生产与贸易的影响将逐步加大。疫情已经导致许多国家的经济处于停摆状态。尽管，目前尚未对相关国家的农作物备耕和生产形成明显冲击，但对相关农畜产品生产的影响已初步显现。据华尔街日报报道，美国主要肉类加工商泰森食品公司、嘉吉公司等，近期因部分员工感染新冠病毒而临时停止部分工厂的运营，对肉类产品供给将形成不利影响。随着疫情影响持续加深加大，部分农产品出口国或将采取更加严格的防控措施，有可能进一步导致粮食物流中断、交易停顿，阻断正常的国际贸易活动，推动国际粮食价格上涨。

另一方面，全球粮食市场异动进一步升级的风险较大。后期全球粮食市场异动是否进一步升级，演化为全球粮食安全危机，取决于全球粮食价格是否会急剧上涨。在目前全球粮食供需总体平衡的背景下，引发粮价急剧上涨的，只有投机资本炒作才能做到——投机资本炒作引发粮价高涨，是2008年全球粮食危机的深刻教训。

2008年的全球粮食危机，实质上是粮食价格高涨的危机。其根本原因在于，美国次贷危机引发全球金融市场混乱，加之美元贬值，美国金融市场的巨额投机资本为规避美元汇率不断下滑引发美元资产缩水风险，从投资石油、金属等大宗商品入手，炒至高位后，大举进入农产品市场，利用当时澳大利亚、阿根廷干旱的减产预期，借机大肆炒作，导致粮价大幅上涨。国际粮价急剧上涨，如同“无声的海啸”，导致20多个国家出现社会动乱，37个国家陷入粮食危机，8.5亿贫困人口遭受饥饿威胁。

目前，国际粮食市场虽然与2008年不尽相同，如粮食供需矛盾不突出，石油价格低迷，金融市场流动性尚未充分释放等。这次新冠肺炎疫情冲击引发的粮食市场异动，也有着不同的成因和路径，但后期演化为粮食危机的真正威胁，是投机资本对粮食市场的炒作。随着全球金融市场流动性逐步释放，巨量游资在美国股市进入高位后，极有可能转向包括农产品在内的商品市场，通过诱导舆论、恶化预期来制造行情，伺机炒作大豆等大宗农产品市场，推动全球农产品价格从结构性上涨转向全面上涨，酿成严重的全球粮食危机。

对中国粮食安全影响的基本研判

根据过去中国多次成功应对国际金融危机、重大自然灾害等突发事件挑战的实践经验，目前和今后一个时期中国能否有效管控全球粮食市场波动进一步升级对粮食安全的冲击和挑战，关键取决于中国粮食安全保障体系的支撑能力和保障水平是否能够在应对危机时真正发挥“压舱石”“稳定器”的作用。

首先，中国粮食安全保障体系具备应对重大危机挑战的坚实基础和有效能力。解决好十几亿人口的吃饭问题始终是中国治国安邦的头等大事。按照“以我为主、立足国内、确保产能、适度进口、科技支撑”的粮食安全方针，以及“谷物基本自给、口粮绝对安全”的要求，中国不断强化粮食安全保障能力建设，已建立形成符合中国国情粮情的粮食安全保障体系。综合而言，中国粮食安全保障体系具有如下特征。

(1) 三位一体的保障结构。粮食安全保障体系主要包括三个部分，即以主粮为重点的国内粮食生产体系，应对各类突发事件的粮食储备体系，有效利用国际粮食市场和农业资源的全球供应链。其中，国内生产体系与储备体系体现了“以我为主、立足国内”确保谷物基本自给、口粮绝对安全的刚性要求，而全球供应链则是“适度进口”的政策设计，亦即通过适度进口大豆、肉类等非主粮农产品，以集中国内资源确保口粮生产。三者互为一体、相互支撑，构成三位一体的粮食安全保障结构。这是多年来中国成功应对各类突发事件挑战的根本支撑。

(2) 不断强化的保障能力。中国粮食安全的保障能力主要体现在多年来持续强化国内生产能力建设和储备调控能力建设。一方面，从国内粮食生产能力建设来看，中国不断加强农田基础设施建设和农业科技投入，逐步实现“藏粮于地、藏粮于技”，使国内粮食生产能力稳定在较高水平。自2004年以来，中国粮食生产实现连续16年丰收，从2003年的4.307亿吨，增长至2019年的6.638亿吨，连上2个亿吨级台阶。特别是自2015年以来，连续5

年粮食生产能力稳定在6.5亿吨以上的水平。另一方面，从粮食储备调控能力建设来看，中国注重加强并完善中央和地方两级粮食储备体系建设。其中，中央储备体系自2000年建立，主要担负应对重大突发事件的战略性保障功能，是保障国家粮食安全的“压舱石”；对于地方储备，要求主产区储备规模保持3个月的销量，主销区保持6个月的销量，产销平衡区保持四个半月的销量，是中国区域性粮食安全保障的重要支撑。

(3) 统筹国内外的资源配置机制。三位一体的粮食安全保障结构特征，推动形成了统筹国内外的农业资源配置机制。亦即按照“立足国内，适度进口”的粮食安全方针，中国粮食安全保障体系，采取“国内供给＋进口补充”资源配置模式，在立足国内确保口粮绝对安全的前提下，建立农产品全球供应链，统筹利用国内国际两个市场和两种资源。以2017年为例，若保持中国农产品供需总体平衡，按照现行国内农业生产水平测算，约需38.5亿亩种植面积。从资源供给来看，主要由两方面构成，一方面，国内供给25亿亩，即土地资源自给率为65%；另一方面，通过进口农产品来弥补国内不足的13.5亿亩，即土地资源对外依存度35%。其中，大豆进口9 554万吨，相当于7.7亿亩种植面积。这种农业资源配置机制，实质是通过“适度进口”非主粮农产品解决了35%的耕地缺口，以腾出国内宝贵的耕地资源来确保水稻、小麦的生产，实现口粮绝对安全的目标。

其次，无论后期全球粮食市场波动以怎样的方式、在多大的程度冲击国内市场，中国现行粮食安全保障体系的结构优势、支撑能力以及资源配置机制，均可从容应对、有效管控。主要表现在：

(1) 保障口粮绝对安全的基础牢固。中国稻谷自2007年以来连续13年产大于需，小麦自2013年以来连续7年产大于需，保持长周期阶段性供大于求的特征，积累大量库存，二者库存大体相当于全国一年的消费量。与此同时，水稻和小麦进口依存度较低，进口主要用于品种调剂，占国内消费仅1%和2%，具有保障绝对安全极为坚实的物质基础。

(2) 有效的粮食宏观调控体系。中国建立并不断完善以粮食储备体系和应急机制为基础的粮食宏观调控体系，能够有效减缓和管理国际市场不稳定预期及价格传导对国内市场的影响。除了中央储备与地方储备的强有力支撑外，大中城市普遍建立的米面油等成品应急储备，加上多层次、多方式的粮油市场配送、供应网络能够迅速将米面油投放终端消费市场,起到稳定市场预期、安定人心的作用。

(3) 新冠肺炎疫情对 2020 年国内粮食生产的影响在可控范围内,为应对全球风险奠定了较好的基础。据国家统计局发布的信息,一季度春耕春播进展总体顺利,夏粮(冬小麦)整体长势好于常年,粮食种植意向面积稳中有增,对全年保持粮食生产稳定有利。

最后,要高度重视和防控后期农产品全球供应链面临的风险。中国主要进口大豆、植物油、肉类、杂粮等非主粮农产品,以腾出国内有限的农业资源守住口粮安全底线。非主粮农产品全球供应链的持续性和稳定性也是中国粮食安全保障的重要方面。根据目前新冠肺炎疫情防控趋势及全球经济形势,后期要重视和防控以下几个风险因素:

(1) 全球新冠肺炎疫情加速蔓延对全球农产品贸易的冲击将日益严重。因全球疫情恶化,部分农产品出口国采取"封城""封国"措施,导致边境口岸关闭、物流中断、交易停顿,农产品全球供应链面临断链风险。

(2) 从重大疫情暴发对粮食生产和价格影响的国际经验来看,由于生产资料和农产品流通受阻、劳动力限制流动或遭遇隔离、恐慌性抢购或限制性出口,疫情暴发期间及结束之后都将不同程度地出现农产品产量下降、供给短缺和价格上涨等问题。由此形成的农产品价格上涨,有可能通过全球供应链向中国粮食市场传导,其风险不容忽视。

(3) 后期若国际投机资本炒作大豆等农产品,将使中国进口企业和加工企业面临巨大的价格波动风险。不仅进口成本会急剧增加,而且若防控不当,极易重蹈 2004 年、2008 年国内大量加工企业破产倒闭的覆辙。

确保中国粮食安全的应对措施与政策建议

针对当前及今后一个时期全球粮食市场波动有可能进一步升级的风险和挑战,必须毫不动摇地坚持中央确定的粮食安全方针,要加强监测、及早谋划,系统应对、综合施策,牢牢把握国家粮食安全保障的主动权,确保中国粮食供给充足、价格基本稳定,为中国统筹推进疫情防控和经济社会发展提供基础支撑。

第一,有效管理输入性不稳定预期对国内粮食市场的干扰和冲击。这是在当前严格抓好疫情防控的同时,必须高度重视并严加防范的重大风险点。建议加强监测、综合施策,有效引导和管理预期,谨防市场恐慌、抢粮囤粮。尤其要注重确保国内粮食市场和流通信息畅通、运输畅通和物流畅通,进一步完善和强化应急保障机制,确保粮食供应充足、价格基本稳定。

第二,进一步强化粮食生产能力建设。进一步筑牢粮食有效供给基础,确保 6.5 亿吨粮食产能基本稳定。一要加强和完善农业支持政策体系,继续推进农产品收储制度改革,实施更加有效、合规的支持补贴措施,切实保障农民种粮基本收益,保护和提高农民种粮务农积极性。二要进一步加大对粮食主产区的支持力度,夯实地方重农抓粮的积极性和责任心,增强地方政府保障粮食安全的责任意识和大局意识。三要加大农业基础建设支持力度,大力推进农业科技创新,有效提高粮食综合生产能力。四要深化农业供给侧结构性改革,促进农业转型升级、高质量发展。

第三,构建国家粮食安全保障风险治理体系。要按照国家治理体系和治理能力现代化的要求,全面落实总体国家安全观,建立从粮食生产到消费的全程风险研判、监测预警、宏观调控和管理体系,全面提升粮食安全保障的宏观调控水平和风险治理能力。一是加强粮食全产业链风险调查研判,建立动态监测、实时预警机制,完善和优化宏观调控,把粮食安全风险化解在源头、防控在前端。二是建立粮食安全风险治理责任机制,压实各级主体的责任。三是建立和完善统一高效、协调有力的粮食安全保障风险治理体系。

第四,加强和完善重要农产品储备体系。进一步优化国家粮食储备的区域布局,完善品种结构,健全物流体系,创新配送机制。

第五,强化农产品全球供应链管理。一要建立和加强全球农产品市场风险监测评估体系,进一步提高大豆等大宗进口农产品风险管理的能力,有效应对和防控国际市场波动风险。二要加强和完善全球农业食品供应链管理,研究制定综合支持政策,鼓励中国企业深度融入全球农业食品生产、加工、物流、营销及贸易的产业链、价值链与供应链。

第六,加强国际粮食安全、贸易和投资政策协调。要加强国际协调,确保全球农业与粮食供应链安全运行与有效运转,不断完善和强化全球粮食的安全治理,共同维护全球农业贸易和市场秩序。建议联合欧洲有关国家以及发展中国家,在全球发起限制对农产品投机炒作、避免全球粮食剧烈波动的国际倡议,有效遏制投机资本扰乱全球粮食市场、引发全球粮食危机的行为。积极支持和参与联合国机构开展的援助低收入、贫困国家粮食安全的国际合作。

“无协议脱欧”风险造成英国经济的断崖①

周　华②

英国智库“决议基金会”日前发布报告称，英国正面临自2007年以来最高的破坏性经济衰退风险。“无协议脱欧”风险让英国经济行走在悬崖边上，不过脱欧也带给英国新的机遇。

行走在悬崖边的英国经济

英国国家统计局数据显示，较2017年1.8%的增速，2018年英国国内生产总值(GDP)增长仅为1.4%；2019年3月英国GDP环比下滑0.1%，4月更是下滑0.4%，如图1所示。各大预测机构都调低了2019年英国GDP增长预期，高估增长不超过0.2%，低估将萎缩0.2%。英国经济已经行走在悬崖边，其经济衰退的迹象主要表现在以下三方面。

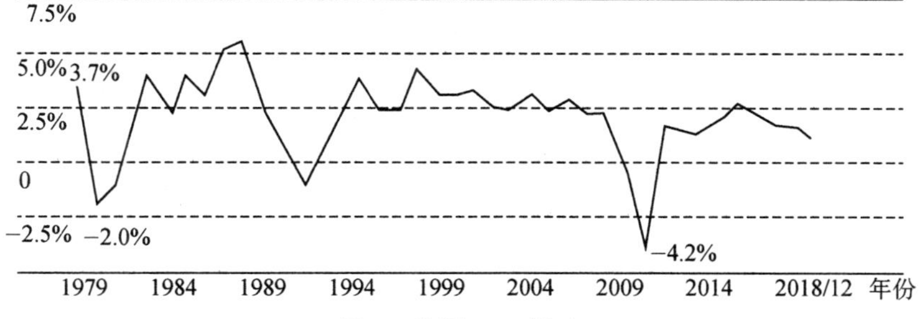

图1　英国GDP增速

(数据来源：英国统计局官网。)

① 原文发表于《第一财经日报》2019年7月29日第A11版。

② 同济大学经济与管理学院经济与金融系副教授、同济大学德国研究中心研究员。

一、占英国GDP近四分之三的服务业持续低迷

金融和专业服务业是英国经济的重要支柱产业,为英国经济增长和创造就业岗位发挥着非常重要的作用。同时,金融和专业服务业也是英国吸收外国直接投资(FDI)最大的产业。但是,2019年3月英国服务业采购经理人指数(PMI)降至48.9,低于2月的51.3,是自2016年7月以来首次跌破50.0的荣枯线。自2016年"脱欧"公投以来,英国金融服务业约有1万亿英镑资产和7 000个工作岗位从英国转移到其他欧盟国家。萨塞克斯大学2018年11月发布研究报告称,自"脱欧"公投以来,英国服务业的外国直接投资已下滑25%。

二、汽车产量萎缩导致工业产值下滑

2019年4月英国工业产值同比下降2.7%,制造业下滑3.9%,创2002年6月以来最大降幅。6月制造业PMI从5月的49.4下滑至48,为2013年2月以来的最低值;建筑业PMI为43.1,远低于5月的48.6,也低于市场预期的49.3,为2009年4月以来的最低值。英国统计署将工业萎缩归咎于汽车产量下滑。汽车制造是英国的支柱产业。由于英国汽车市场需求疲软,欧洲整体汽车销量连续8个月下滑。英国汽车制造商和贸易商协会(Society of Motor Manufacturers & Traders, SMMT)近日表示,英国"脱欧"已经导致2019年4月英国汽车产量接近减半;2019年4月英国汽车总产量为70 971辆,比上年同期减少45%;2019年全年汽车产量同去年相比,将下降10%。

三、投资下滑非常严重

英国国家统计局数据显示,2018年第三季度,英国商业投资环比下降1.1%,为连续第三个季度下降。自2008年国际金融危机以来,这种情况首次出现。英国商会报告预计,即便英国实现"有序脱欧",英国企业2019年商业投资也将减少1%,降幅为10年来最大。目前已有多家汽车企业计划收缩在英国的投资,部分汽车厂商已经关闭工厂,并撤出英国。其中,本田宣布将于2021年关闭该公司在英国斯温登设立的汽车生产工厂。关闭这家工厂意味着英国将失去大约3 500个就业岗位。

"无协议脱欧"风险造成英国经济的断崖

如果说英国经济已经行走在悬崖边,那么这个断崖则是"无协议脱欧"风险造成的。

根据《2018年欧洲联盟(退出)法》,英国政府与欧盟所达成的协议必须经过英国议会同意才能生效。如果协议未能在英国脱欧日之前获得通过,则英国将"无协议脱欧"。"无协议脱欧"意味着英国与欧盟立即切断所有联系,没有过渡期。欧盟对英国将采取高额关税,英国的现有制度也将重新修订。

脱欧强硬派鲍里斯·约翰逊就任英国首相后,英国"无协议脱欧"风险进一步加剧。约翰逊对欧盟展现了极其强硬的立场。他声称,如果不取消爱尔兰与北爱尔兰之间的贸易"硬边界",英国将在2019年10月31日无协议退出欧盟。他的激烈言辞立刻遭到欧盟方面的反击。如果英国与欧盟双方都不让步,则英国在退出欧盟时,将不会有任何协议来缓冲"脱欧"对英国经济的打击,英国经济将面临诸多困难。

一、"无协议脱欧"损害消费者福利

"无协议脱欧"带来的经济秩序混乱及由此产生的高度不确定性将导致英镑暴跌。英镑急剧贬值将使通胀飙升,使消费者实际收入下降,缩减消费支出。英国平均每10年发生一次经济衰退,每次衰退会导致每个家庭的收入水平下降2 500英镑,失业人数增加100万人。此次英国经济的衰退风险正处于2007年以来的最高水平。根据国际货币基金组织2018年年底的一份报告估算,一旦英国"无协议脱欧",则意味着每个英国人将损失1 700～2 700英镑。2019年4月英国Gfk消费者信心指数为－13,显示消费者信心持续走低。英国"脱欧"的不确定性已经在抑制需求,并导致订单取消或支出延迟。

二、"无协议脱欧"增加企业成本

"无协议脱欧"下,将有约13万家英国企业需要为出口到欧盟的贸易首次处理海关问题。所有进出货物都将面临边检、核查、征税等程序,口岸的货车将大排长龙,遭遇港口拥堵的困境,这些都将增加企业的时间成本,扰乱供应链。此外,"脱欧"后的关税使企业生产成本增加。例如,德国宝马在英国主要生产"MINI"车型,其零件90%来自欧洲大陆。如果"脱欧"后出现关税壁垒,宝马的生产成本将大大增加。关税壁垒导致的贸易量下降也会使食品企业面临新鲜农产品短缺的问题,国民保健服务面临药物短缺的问题,等等。

三、"无协议脱欧"吓跑投资者

依赖以往稳定的政治环境,并作为进军欧洲的跳板,英国成为世界上投资吸引力最高的国家之一。但是,这些吸引投资的优势因为“脱欧”而全然丧失。英国商会总干事亚当·马歇尔说:“作为应急准备的一部分,一些企业已把投资和增长计划迁出英国。”伦敦金融城市长彼得·埃斯特林表示,“脱欧”不确定性迫使一些金融企业按照“无协议脱欧”的情况做预案,将部分资源从伦敦转移到欧洲其他城市。SMMT 调查显示,四分之三的受访汽车企业认为“无协议脱欧”将带来灾难性后果,其中三分之一的企业已经推迟或取消在英投资。日本汽车公司日产已经宣布放弃在英国生产“奇骏”运动型多功能汽车的计划。

救命稻草在哪里

事实上,英国脱欧也为英国提供了新的机遇。如果英国能够把握好机遇,则英国“脱欧”只是一种短期干扰,而不是长期的系统性威胁。

一、签署新的贸易协定

英国在脱离欧盟关税同盟后,可以自由地与非欧盟区国家签署贸易协议,获得在欧盟内时得不到的关税减让,这将使英国经济“失之东隅,收之桑榆”。英国国际贸易大臣利亚姆·福克斯多次表示,在“脱欧”之后,英国可以立即与相关国家签署新的贸易协定,与欧洲的邻居们形成强有力的新关系。2019 年 2 月 11 日,英国和瑞士签署“英国-瑞士贸易连续性协议”,以维持“脱欧”后两国贸易的互惠条件。瑞士是英国在欧盟以外的第三大市场。此次签署的协议是英国“脱欧”公投后最大的一笔贸易协议,对英国经济,特别是对英国企业来说意义重大。

二、调整产业结构

研究证明,一旦金融部门的规模超过了其应有的规模,变得膨胀不堪,它的负面作用就会超出正面作用,并逐渐损害宏观经济。1995—2015 年,英国金融城的过度膨胀为整个英国经济累计带来了 4.5 万亿英镑的损失。当私人部门获得的信贷量相当于 GDP 的 90%～100%时,往往是金融部门规模最为合适的时候。一旦超过了这个界限,金融部门的扩张就会对经济增长造成负面影响。从 1995—2016 年,英国的信贷量占 GDP 的比例平均达到 160%。因此,当前英国应该努力改变经济过于依赖金融业的弊端,重振制造业。

第3篇
引领创新驱动转型

石建勋："新基建"站上风口，如何把握新赛道[①]

王梓睿[②]

在新的时代背景下，经济的发展对基础设施建设提出了新的要求。2018 年年末，中央经济工作会议首次提出了"新基建"，而后官方会议、文件密集表态。进入 2020 年，"新基建"热度不断上升，成为最受市场关注的建设热词。

2020 年 4 月 20 日，在国家发改委新闻发布会上，官方首次明确了"新基建"范围，主要包括三方面：信息基础设施、融合基础设施和创新基础设施。

信息基础设施主要是指基于新一代信息技术演化生成的基础设施，如 5G、物联网、人工智能、区块链、数据中心等。融合基础设施主要指深度应用互联网、大数据、人工智能等技术，支撑传统基础设施转型升级，进而形成的融合基础设施，如智能交通基础设施等。创新基础设施主要指支撑科学研究、技术开发、产品研制的具有公益属性的基础设施，如重大科技基础设施等。

对于"新基建"的内涵，石建勋认为，从目前圈定的范围来看，"新基建"三个方面都与科技创新密切相关，具有鲜明的科技特征和科技导向，尤其是将创新基础设施明确列入范围，更是凸显了科技创新在"新基建"中的特殊使命和重要地位。

石建勋教授是同济大学国家创新发展研究院副院长，财经研究所所长，上海市金融学会副会长。他表示，"新基建"赋能新经济，作为发展"催化剂"

---

① 原文发表于"财经网"2020 年 4 月 28 日。被采访者石建勋为同济大学经济与管理学院经济与金融系教授，同济大学国家创新发展研究院首席专家、副院长，同济大学财经研究所所长。

② 财经网记者。

将逐渐显露头角,站上市场风口。在经济高质量发展的引领下,以5G基站、特高压、工业互联网等为代表的“新基建”新风口正成为新经济的重要增长点。

与传统基建相比,他认为,新基建的“新”主要表现在内容上增加了支撑高科技创新所必需的环境设施,尤其是数字基础设施,这是新基建最明显的新思路。新基建“新”在三个方面:一是建设领域新,二是投资方式新,三是发展内涵新。

他同时表示,新基建和老基建不是相互矛盾的,而是相互补充、互为条件和支撑的。从国家基建总体发展的大局来看,需要关系国计民生的重大工程等“老基建”托底复苏,以“新基建”为主要推手,政策层可能通过“老基建复苏、新基建加力”的双轮驱动方式,来推动经济复苏和转型升级。

对于传统行业而言,他指出,新基建将带来以下三个方面的影响:

(1) 物联网,以物联网为代表的物流,将变得更加方便、快捷。

(2) 智能制造,因为5G全覆盖,应用场景非常方便,在人工智能应用、智能制造、生产一线的数字化应用等方面可能还将产生更广阔的应用前景。

(3) 线上服务、消费、线上娱乐和云端经济,传统企业需要开发一些新的营销模式、营销场景和应用场景,才能全面拥抱5G时代。

此外,他认为,未来十年,智能经济将成为中国经济的新标签,而“新基建”则是让智能经济火箭加速升空的“燃料舱”。新型的AI芯片,便捷高效的云服务,各种应用开发平台、开放的深度学习框架、通用人工智能算法等,正在成为这个时代新的基础设施,推进千行百业的智能化转型。

以下是财经网对石建勋教授的采访全文:

财经网:2018年年末,中央经济工作会议首次提出“新基建”一词,随后在一系列会议与文件中被反复提到。您如何看待新基建的纳入范围?是否如市场所期待的那样成为下一个风口?

石建勋:从目前圈定的范围来看,“新基建”三个方面都与科技创新密切相关,具有鲜明的科技特征和科技导向,尤其是将创新基础设施明确列入范围,更是凸显了科技创新在“新基建”中的特殊使命和重要地位。创新基础设施与建设世界科技强国休戚相关。实现世界科技强国的目标,来不得半点虚假,需要付出更大的努力,投入更多的资源,部署更好的设施。

无论是从现实还是未来分析，将创新基础设施纳入新基建范围会对基础研究和应用基础研究、前沿科技探索、企业科技创新和成果转化、国际科技合作等方面产生积极的推动作用。从现实来看，新基建不仅意味着大规模的新投资，也意味着新经济。“新基建”赋能新经济，作为发展“催化剂”将逐渐显露头角，站上市场风口。在经济高质量发展的引领下，以 5G 基站、特高压、工业互联网等为代表的“新基建”新风口，正成为新经济的重要增长点。

财经网：“新基建”着眼布局的重点领域中，哪些行业最为受益？又将促成哪些商业创新？

石建勋：新基建的建设将会带来两方面产业的发展：一方面是以信息产业为代表的数字化产业，例如 5G 的先期投入巨大，由于其技术特点，5G 网络的全面建设将投入比 3G、4G 更多的资金，将会极大促进产业的巨大发展；另一方面，建立在新基建基础上的各国民经济相关产业，将在数字化的过程中，在人工智能、工业互联网、物联网的实施和应用过程中，不断升级改造、优化提高，在提高产业效率、效益的同时，呈现出链式反应的新需求，这些需求的不断实现，将对 GDP 的增长产生明显的现实推进作用，进而实现经济的高质量增长。

从技术的研发迭代，到商业模式的创新，都离不开创新环境的沃土。当前，微观的模式创新、中观的产业更迭、宏观的整体推进，正加速形成数字化赋能创新驱动的全链条、大生态。“新基建”与新经济企业相伴相生，具有更大的商业模式创新空间。新经济企业擅长商业模式创新，新型基础设施的运营也具备商业模式创新的“基因”，数字经济、云上办公、物联网、智能制造、云上娱乐消费等多种新场景应用的商业模式创新有无穷的想象空间。除了获得运营收益，“新基建”通过与新经济发展模式相结合，还可以大幅增加新型基础设施的投资收益。例如，通过将基础设施服务作为培育初创企业的股权投入，委托具有平台孵化能力的企业开展运营，将基础设施作为产业园的核心资产与专业机构共同建设产业园等，通过这些模式，新型基础设施可以获得更大的投资回报。

财经网：与老基建相比，2020 年启动的“新基建”，“新”在哪里？传统基建行业是否会受到冲击？或也有受益的可能？

石建勋:新基建的“新”,主要表现在内容上增加了支撑高科技创新所必须的环境设施,尤其是数字基础设施,不同于传统基建的“铁公机”,这是新基建最明显的新思路。新基建的出现使基础设施有“传统”与“新型”之分。与传统基建相比,新基建“新”在三个方面:

一是建设领域新。我国幅员辽阔,地形丰富,要想加快各地互联互通,首先需要传统基础设施建设,其次需要进一步实现信息和科技的互联互通,新基建在传统基建的基础上涉及5G、特高压、人工智能、工业互联网等智能化领域,是投资领域的改革创新,预示着新的经济增长点。二是投资方式新。自PPP模式经历2018年“规范发展年”以来,项目质量和运作效率有了显著提升。新基建涉及的领域技术性强、专业性强,需要政府调动社会资本参与的积极性,引导“专业人做专业事”。因此,新基建在投资方式上更倾向于规范运用PPP模式,提高建设效率,拓宽项目融资渠道。三是发展内涵新。如果说传统基建的重要内涵是补短板,那么新基建则是在补齐运输短板的基础上顺应供给侧结构性改革的要求,寻找经济增长新动能,体现创新发展的理念。

新基建和老基建不是相互矛盾的,而是相互补充、互为条件和支撑的。从国家基建总体发展的大局来看,需要关系国计民生的重大工程等“老基建”托底复苏,以“新基建”为主要推手,政策层可能将通过“老基建复苏、新基建加力”的双轮驱动方式,来推动经济复苏和转型升级。从具体建设项目的需求来看,老基建需要新基建注入新内涵、新活力和新的应用场景,新基建需要老基建的基础设施和工程建设队伍的支撑及广泛参与。

传统基础设施建设固然重要,但新基建是中国未来新的经济增长点,也是经济发展中最活跃、最具有生产力的要素,“新基建”将创造大量新的市场需求和新的岗位。从投资角度来看,新基建将比老基建有更大的成长空间和更多的机会。新基建在发展过程中不要走老基建之路,而是要聚焦科技发展、高新产业,国家需要做更细化的规划和引导,以避免类似圈地热等问题的出现。

财经网:您如何看待“新基建”所带来的产业机遇与经济价值?

石建勋:前沿科技企业将成为“新基建”关键的建设者。一方面,前沿科技企业掌握了建设“新基建”设施的关键技术、产品和平台;另一方面,前沿科技企业同时也是“新基建”主要的用户，更加清楚新型基础设施的需求，可以将“新基建”的应用场景和需求更紧密地结合，通过迭代方式提升新型基础设施的能力。在新基建的大背景下，对 BAT(百度、阿里巴巴、腾讯)这样的互联网前沿科技企业的机遇，新基建自然会拓展他们的应用范围，特别是运用场景会变得更加广阔。以没有 Wi-Fi 信号的偏远地区为例，如果实现 5G 网络的广泛覆盖，那么三个前沿科技企业的应用场景和用户人数、用户的拓展领域范围将变得更广。而在未来的智能制造、物联网、自动驾驶、人工智能、智慧医疗等方面，如果能借助新基建所带来的增长新动能，头部企业将会迎来新一轮的发展机会。

对于传统行业来讲，新基建将带来三方面影响，第一个是物联网，以物联网为代表的物流，将变得更加方便快捷；第二个是智能制造，因为 5G 全覆盖，应用场景非常方便，在人工智能应用、智能制造、生产一线的数字化应用等方面可能还将产生更广阔的应用前景；第三个是线上服务、消费，线上娱乐和云端经济，传统企业需要开发一些新的营销模式、营销场景和应用场景，这样传统企业才能全面拥抱 5G 时代。

财经网：“新基建”作为新兴产业，将为产业转型升级提供动能，也会带来新一轮市场的爆发抑或是新一轮行业洗牌。如何应对这些变化？未来产业/企业转型的主要方向是什么？

石建勋：新基建是面向未来的、具有前瞻性的布局。当前，数字经济正步入以人工智能为核心驱动力的智能经济新阶段，与之相适应的新基础设施同样需要国家牵头来投资、建设和协同。智能经济基础建设的水平决定了中国在新一波技术红利的全球格局中能否占据到更有利的位置。

新基建包括十分重要的“软平台”应用场景的拓展。电商平台、移动支付、快递物流等“软平台”已成为新经济以及传统产业数字化转型的基础设施。支付宝在 3 月 10 日宣布要打造服务业数字化的“新基建”，从金融支付平台正式升级为数字生活开放平台。电商、支付、直播、物流等基于互联网基础设施发展起来的新业态已经成为与“硬设施”相伴相生的“软平台”，共同支撑新经济的发展，成为“新基建”不可或缺的一部分。因此，应该用更广阔的视野认识“新基建”的内涵，除了 5G、数据中心等“硬设施”，新的“软平台”，包括高精度地图、智能云服务、城市数据平台等，都应该被视为关键性的“新基建”。

“新基建”为前沿科技企业深度参与拓展了广阔的市场空间。“新基建”发迹于科技端，建设“新基建”需要相当强的科技能力，同时伴随高强度的研发创新过程，前沿科技企业将会成为“新基建”的关键参与者。例如，在数据中心领域，随着对数据中心要求的不断提高，传统的标准化数据中心待建模式已经难以满足 BAT 等互联网龙头的高端需求，近年来互联网龙头企业纷纷转向用自建模式建设高性能的数据中心，将自有的技术和场景经验融入其中。近年来，百度在山西阳泉自建超过 25 万台规模(以标准机架为换算单位)的数据中心，阿里云在广东河源自建超过 30 万台规模的数据中心，腾讯在扬州仪征自建超过 30 万台规模的数据中心。

新基建带来的场景应用拓展为产业转型升级提供新动能、新平台和新应用。场景是新经济的高效应用中心和创新中心，为企业爆发式成长提供重要引擎，为新兴产业生态的形成提供“凝合剂”。建议用场景思维谋划“新基建”项目，把基础设施转变成为支撑企业新产品研发、展示能力、获得启动市场的场景平台，通过高质量的场景供给吸引和培育新经济企业。应当依托基础设施提供测试场，为新技术、新产品提供基础环境和验证环境；根据企业的创新需求，挖掘城市管理、产业升级的需求，结合基础设施设计创新的场景方案，与科技企业共同建设新场景；以 5G、工业互联网等基础设施为基础，系统包装本地企业的新技术、新产品，整合打包，推出有城市特色的“城市方案”，推动企业整体走出去。通过一系列的“场景组合拳”，吸引、培育新经济企业，充分发挥新基建的创新价值。

财经网：“新基建”在重要的窗口期，会对您熟悉的机械领域带来怎样的挑战？新基建与传统机械制造业如何更好地融合？

石建勋：新基建对传统制造业来说，既是挑战也是难得的发展机遇，有助于加快传统制造业企业数字化转型的进程。大数据、人工智能、工业互联网等信息处理技术的应用和发展为传统制造业的应用技术场景革命提供了更为广阔的空间，是制造技术升级和新型业务发展的关键驱动力。制造业企业借助“新基建”可吸收数字化时代赋予的科技力量，充分释放产业互联网的连接、融合、共享价值，在推进企业转型的同时助推行业转型，顺应新时代发展步伐。制造企业通过工业全要素、全价值链和全产业链的连接、解耦和重构，实现对企业成本、质量、效益的优化和新技术、新产品、商业新模式的培育，提高精细化运营和精益化管理水平，做好与数字经济、实体经济融合的远期布局，实现科技创新与产业升级相互促进。

从技术视角来看，工业互联网是新基建的“牛鼻子”，从5G、数据中心、人工智能到工业互联网，这几个概念不是割裂的，而是环环相扣的，构成了数据采集、传输、计算、分析、应用的数据闭环，工业互联网平台建设的关键是要实现这些技术的群体性突破和协同性创新。从业务视角来看，工业互联网平台的落地要坚持分业施策、需求牵引、场景驱动，围绕行业数字化转型趋势，找到传统产业上线上云的牛鼻子，实现业务和价值的闭环以及业务和技术的闭环。

另外，要注意的是，制造业数字化转型必须从价值、技术、业务三个视角统筹考虑。其中，价值重构是逻辑起点，技术支撑是工具，业务落地是内核，要以价值重构为主线，坚持技术支撑和业务落地双轮驱动，实现技术和业务双向迭代。

财经网：“新基建”成为当前A股市场上的一个热词。全国各地针对新基建投资与建设的相关政策也逐步落地，面对利好信号的频频释放，投资者该如何把握其中的投资机会？

石建勋：对于A股市场而言，在鼓励科技创新的社会背景下，以新基建为代表的科技股行情仍被市场看好。近期，二级市场中围绕新基建概念板块的投资热点不断，相关个股交投颇为活跃，新基建无疑成为近期A股市场的焦点。

与传统基建相比，新基建的未来增长空间较大，并且投入产出效率较高。新基建因其战略地位和相对较高的投资回报率将吸引更多资本加持，全面复工复产后网络建设的陆续推进有望给5G、云计算、工业互联网等产业链带来更多业绩支撑，也将进一步彰显投资价值。

不难发现，新基建包含的领域与上交所科创板重点支持的六大产业（新一代信息技术、高端装备、新材料、新能源、节能环保以及生物医药）较为契合。不过，高估值是当前新基建投资主题的潜在风险。新基建概念股前期涨幅过大，目前正处于深度调整中，市场情绪因素对科技成长股的推动高点或已经过去，投资者应更多关注业绩因素带来的板块行情机会。经过深度调整,新基建概念股还将会有一个较长时期的活跃表现行情,大家要有耐心和信心。

财经网:在您看来,“新基建”会带来一个怎样的新未来?

石建勋:在经济高质量发展的引领下,以数据中心、工业互联网等为代表的“新基建”站上风口,正在成为新经济的重要增长点。“新基建”将会催生许多具有爆发力的新赛道,例如短视频、直播电商、新文创品牌等,对此应当积极跟踪并快速布局。应重点培育拥有“创造改变世界场景”能力的高成长性潜力企业,通过联合创新、外部资源对接等方式,帮助企业加速技术创新和模式创新。

未来十年,智能经济将成为中国经济的新标签。而新基建则是让智能经济火箭加速升空的“燃料舱”。新型的 AI 芯片、便捷高效的云服务、各种应用开发平台、开放的深度学习框架、通用人工智能算法等,正在成为这个时代新的基础设施,推进千行百业的智能化转型。尤其在智能交通、智能城市等领域,需要技术创新与基础设施有更好的协同,新基建也将发挥更大的推动力作用。

未来已来，区块链如何守正创新、间不容穟[①]

韩传峰[②]

区块链是一种弱中心化、防篡改、高度可扩展的信息技术，更是一种高级的、动态的、复杂的现代商业生态。区块链特有的技术原理能保证数据安全可信，与物联网、5G、大数据、人工智能等技术深度融合，为数字经济、数字社会的数据采集、存储、传输、应用提供可信环境，能够广泛应用于金融、支付、供应链、数字身份等领域。区块链技术将解构既有的信息传播方式、主体行为习惯、社会利益格局等，犁耕形成新的数字生态，成为价值互联网的基石和重要的国家关键基础设施，是世界各国激烈争夺的经济发展制高点。

区块链时代：未来已来

美国、日本、欧盟等国家地区已将区块链发展上升为国家战略，推动技术研发和产业落地，相关企业和机构在溯源、支付、审计、司法、存证、电子发票等领域不断推出区块链产品。2018 年开始，美国发布了诸多报告阐述区块链的战略地位和监管思路，各州竞相立法承认区块链的合法性，争抢发展先机。2019 年 7 月，美国参议院批准《区块链促进法案》，Facebook 推出世界数字货币 Libra，欲争夺世界区块链的标准话语权和发展先机，IBM 也与物流巨头马士基推出区块链物流平台 TradeLens，通过实时信息流简化全球航运业流程。日本谋求跳过电子支付网络技术而直接进入区块链时代，

---

① 原文发表于“上观新闻”平台 2019 年 12 月 30 日。

② 同济大学经济与管理学院公共管理系教授、同济大学可持续发展与新型城镇化智库主任、同济大学城市建设与应急管理研究所所长。

将区块链视为经济再次繁荣的绝佳机会。日本最大银行三菱 UFJ 金融集团将建立基于区块链的消费者支付网络，三菱电机等 100 家日本主要制造商将利用区块链共享生产数据。2018 年 4 月，欧盟 22 个国家签署协议，共建欧洲区块链联盟，打造区块链技术、监管交流、行业应用的专业知识平台。此外，墨西哥、秘鲁和哥斯达黎加的海关与美洲开发银行推出 Cadena 区块链应用程序，旨在提高海关业务效率和数据安全。泰国企业联手泰国汇商银行，用 Ripple 区块链技术进行跨境支付。

2019 年 10 月 24 日，中共中央总书记习近平在中央政治局第十八次集体学习时强调，“要把区块链作为核心技术自主创新的重要突破口，加快推动区块链技术和产业创新发展”。区块链正式上升到国家战略高度，区块链产业发展进入一个崭新时代。实际上，我国一直高度重视区块链技术的创新与产业发展，且已有了较好的发展基础。《“十三五”国家信息化规划》强调，区块链是加强基础研发和前沿布局的重要发展方向和重点前沿技术，是国家科技战略的重要组成部分。我国区块链发展以联盟链为主，2019 年 3 月，网信办发布了第一批境内区块链信息服务备案编号，全国 18 个省市共有 197 个区块链信息服务，其中联盟链数量高达 116 个，占比 59%。央行数字票据交易平台运行已超过 2 年。腾讯至信链得到最高人民法院认可，多家高级人民法院成为其生态的权威节点，上链存证过千万条。中国区块链研究联盟、中国分布式总账基础协议联盟、区块链顶级联盟 R3、金融区块链合作联盟等多个行业协会相继成立，参与企业包括腾讯、阿里巴巴、华为、平安集团、京东、布比区块链、趣链科技等不同类型的企业。腾讯已累计开出 600 万张基于区块链技术的电子发票，金额达 40 亿元，接入企业 5 300 多家，覆盖 110 多个明细行业。同济大学自主开源的联盟链“梧桐链”运行一年多，累计向1 000多家中小企业融资 150 亿元，融资成本低至 4.8%，生态圈包含 22 万家企业。

机遇与挑战：守正创新

区块链产业方兴未艾，应用场景丰富。作为数字经济和数字社会的重要基础设施，区块链系统是区块链生态的物理载体，具有可拓展性强、部署方便、维护成本低等特征。区块链生态具有网络效应和正外部性特征，用户越多,数据越丰富,系统鲁棒性越强,安全性和可信度越高,生态价值越大。区块链生态之间的竞争是零和博弈,不同生态之间的转换成本非常高,用户心智和习惯一旦形成就难以改变,区块链产业格局呈现严重的马太效应。我国与发达国家处于区块链产业发展的同一起跑线上,拥有更大的人口规模、更丰富的应用场景,具备促进区块链技术创新、产业发展、生态繁盛的时代优势。

全球区块链产业格局未定,标准体系有待形成。首先,在基础技术、业务和应用、过程和方法、可信和互操作、信息安全等方面,区块链产业尚无公认的行业标准。目前,世界各国区块链相关标准纷呈,但最终只有使用频率最多、范围最广、接受程度最高的标准才会成为全球行业标准。我国有望凭借领先的区块链技术、完善的区块链产业链以及丰富的落地场景来争夺区块链标准的制定权。其次,区块链与金融经济、政治格局紧密相关,基于区块链的数字货币有望建立一个更开放、平等、包容的世界货币体系,加快全球普惠金融的发展,提升人民币国际影响力,打破"美元霸权"。最后,基于区块链的数字身份、数字公民、数字货币、数字经济、数字社会是未来人类发展的高级阶段和最终形态,要以区块链产业为支点、世界数字经济制度标准体系为载体,撬动世界政治、经济格局重构,提高和确立我国在全球数字治理体系中的制度性话语权。

区块链技术和产业发展是破坏式创新,大规模落地应用存在结构性阻碍。区块链发展要解构传统行业,打破并重塑原有的技术架构、业务流程、产业模式和利益格局,"人"与"制度"方面皆存在较大阻碍。一方面,"区块链+"产业发展的逻辑是先破后立,效果并非立竿见影,需要心无旁骛的长远眼光和战略格局,通过产业链上、下游多元主体的共商、共识、共建,才能共享区块链生态价值。因为对新技术的不了解、新机制的不信任,部分企业对区块链采取观望态度,怯于自我革新,难以打破路径依赖。另一方面,区块链业务模式不清、逻辑复杂、内容敏感、利益主体多、影响范围大,对传统的业务模式和监管制度等造成巨大冲击。区块链的技术标准、应用标准、交互标准、安全标准等尚未统一,新的业务和监管体制机制尚未完全建立,严重阻碍"区块链+"产业落地。主体与制度相互作用、相互依赖、互为因果,主体迟缓导致制度滞后,制度滞后又反过来加剧主体迟钝,因此亟须完善

“区块链+”产业发展制度体系。

区块链生态治理需多元主体共同参与，生态构建面临适应性挑战。区块链生态主要分为联盟链和公有链生态，前者基于传统行业衍生而来，后者参照比特币发展模式崛地而起。联盟链将行业上、中、下游的必要数据和关键业务上链，需要重新定制规则和话语体系，这有可能会损害到核心企业的利益，导致核心企业不愿担负责任，而中小企业又没有能力主导生态建设，最终可能落入“雷声大雨点小”的窘境。公有链生态较联盟链生态更为复杂，参与主体多、产业链长、分工细，涉及矿工、矿池、公有链开发社区、公有链基金会、Dapp 项目方、投资人、媒体等多元主体，生态治理体系面临巨大挑战。更重要的是，公有链承载大量的应用数据和资金，去中心化的特性让公有链面临极大的潜在技术风险，且公有链遭遇攻击后的应急措施只有回滚和分叉两种方式，不论哪种方式都会对公有链生态产生根本性破坏，因此亟待创新区块链生态建设技术体系。

区块链生态构建：间不容穟

第一，发挥制度优势，做好顶层设计，在更高层次和更大规模上推进区块链创新发展。某种意义上，我国拥有世界上最大的区块链应用试验平台，因此要系统组织企业、高校、科研院所、非政府组织等，加强区块链前瞻性理论研究，突破关键技术，创新商业模式，丰富应用体验，培养行为习惯，抢占用户心智，促进商业落地，从而厚植区块链生态。此外，加快完善区块链相关法律法规体系，促进区块链产业技术标准、应用标准等行业标准的制定与执行，引导区块链应用场景落地。提高产业标准化水平，减少企业“重复造轮子”现象，汇聚发展合力，增强我国在世界区块链产业体系中的制度话语权。

第二，突出共商、共识、共建、共治、共享理念，发挥多元主体协同效应，树立区块链生态标杆。摒弃传统“自上而下”“高举高打”的产业发展方式，从具体应用场景出发，尊重产业发展客观规律，增强政企互动，充分发挥市场自下而上的推动力量。秉持多元主体共治理念，运用平台思维，成立专业学会、发展行业协会、组建跨行业联盟，调度整合行业资源；以行业为单位，协同上下游主体，调和各方主体利益，共同推进区块链生态建设；以落地应用为切入点，攻克区块链生态建设中的观念滞后、技术瓶颈、制度束缚等问题，探索出区块链生态建设的最优路径，树立区块链生态标杆，吸引更多主体深度参与，促进生态稳健与繁荣。

第三，立足用户需求，围绕产业链打造创新链放大价值链。加快突破网络性能、计算与处理性能等技术瓶颈，为区块链大规模应用奠定基础；以应用创新重构传统行业的业务逻辑，提升生产效率；以制度创新打破旧有利益格局，重塑生产关系。大力提倡和推进应用创新模式，立足产业链前端，发力产业链高端，围绕用户需求构建区块链产业价值网。加快产业链、创新链、价值链融合发展，培育区块链创新生态，扩大区块链产业国际竞争优势。

第四，夯实“三位一体”保障体系，深化产融结合、产教融合。区块链产业发展尚处于初级阶段，亟须建立健全人才、资金、政策保障体系，推进关键技术、商业模式、生态体系创新发展。推行“监管沙盒”，建立完善试错容错纠错机制，鼓励区块链企业大胆尝试，不断促进区块链产业模式创新；成立区块链产业发展基金，完善直接融资制度，降低间接融资门槛，健全风险融资渠道；促进产融结合，加大技术和产业发展突破性环节的投入，提高区块链产业资本流通效率；完善高级技术和商业人才培养机制，建立区块链行业复合型人才培养体系。

科技创新治理能力亟待提高[①]

陈　强[②]

日前,中国科学院合肥物质科学研究院部分科研人员集体离职事件引起了社会的广泛关注,国务院办公厅、科技部、中科院等单位成立专项工作组深入调研。科研人员管理有何特点?如何应对新形势下科技创新治理的需求?

科技创新的全领域极端重要性正日益显现,竞争逐渐趋于白热化。在智能与认知、生命与健康、能源与动力等领域正在和即将发生的重大科技革命,将深刻影响和改变人类的思维方式、生产方式、生活方式、社会组织方式,以及全球治理格局。提升科技创新治理效能,增强高质量科技供给能力,稳定科技人才的待遇,进一步深化科技制度改革,事关国家长治久安和人民福祉。

中长期科技创新治理的六大新趋势

趋势之一:科学、技术、创新突破的难度和复杂性空前提升,科技创新领域的竞争逐步演化为系统之间的竞争。在宏观层面,当今世界正处于一系列重大科学发现和关键核心技术突破的前夜,诸多前沿科学领域的探索正深入"无人区"腹地,需要学科、产业、区域、机构之间更为紧密、更具深度的交叉、融合和集成,协同攻关。在中观和微观层面,科技创新活动与经济社会的相关性日益增强,研究者、投资者、开发者、生产者、服务者、应用者之间

---

① 原文发表于《光明日报》2020 年 07 月 30 日第 16 版。

② 同济大学经济与管理学院管理科学与工程系教授、上海市产业创新生态系统研究中心执行主任。

的互动合作越来越紧密。从研发设计、技术集成、生产组织，到价值实现和利益分配，供需互动的形式更加多样、速度更快、界面更加模糊，围绕核心产品或服务形成了无数个持续动态演化的生态系统。因此，大到国家，小到产品和服务，科技创新领域的竞争已超越微观组织和个体层面，实际上已成为创新体系和创新生态系统之间的竞争。

趋势之二：社会创新力量逐步崛起，与建制性科技力量一起成为科技创新的“双雄”。一方面，世界主要国家对高校、科研院所、具有研发能力的大型企业等建制性科技力量在创新突破方面都寄予厚望，并赋予其在前沿基础领域“深耕”和关键核心领域“攻坚”的重任。另一方面，随着创新基础设施成熟度持续提升、可用性不断改善，以及公众科学素养的逐步提升，分散在社会各个角落的创新愿望和能量被进一步激发，高成长性创新型企业、新型研发机构以及社会公众正成为科技创新的新锐力量。

趋势之三：科技创新研究范式加速迭代发展，网络化、数字化、平台化及社会化趋势明显，策略化、有组织的颠覆式创新初见端倪。随着新一代信息基础设施的日臻成熟，研发条件的持续改善，研发合作逐步深化，更多的思想、知识、经验、数据、研究方法、分析工具通过网络轻松分享和互动，居家工作的基础研究者、跨学科的开源技术社区、指向特定科学问题的研发众包、灵活多样的创新共同体等创新模式不断涌现，越来越多的科学发现、技术发明和创新思想开始在“科学家 + 实验室”的传统科研体制外发生，在实现多点突破后，激发全线共振，进而牵动面上震荡，最后引爆整个系统，推动系统的更新和升级。另外，随着数据成为创新资源，大数据分析技术的深度应用，以及以数据中心、智能计算中心为代表的算力基础设施的逐步成熟，在实验归纳、模型推演、仿真模拟等基础上，数据密集型科学发现开始成为第四种研究范式，使得策略化、有组织的颠覆式创新成为可能。

趋势之四：科技创新资源的内涵更加丰富，配置趋向社会化和开放化，开发利用呈现网络化和平台化趋势。科技创新资源指的是服务于科技创新活动的各种有形和无形要素。除了人才、资本、技术、信息、设施、装备、管理等传统认知范畴内的创新资源之外，数据、计算能力、算法工具、专利组合、IP 地址根目录、通信频道、空间卫星轨道、二氧化碳排放权、基因注册等进入资源列表，科技创新资源的内涵更加丰富，并出现两个新趋势：一是越来越抽象,趋于无形化;二是越来越集成,资源能力化。在资源配置方面,依托网络信息基础设施的虚拟组织能力,分散的创新资源和创新能力得以高效集成、转化和增值,越来越多的社会组织和个人通过极度扁平化的科研众包平台,开始参与“高大上”的科技创新活动,更多大众化、多元化的研发资金更加快捷地随之跟进,推进科技创新的商业化进程。拥有有限创新资源的各类主体正不断超越行业、领域、区域甚至国界,在更大范围内获取、整合资源。在科技创新资源开发利用方面,通过建立信息物理系统,重大科研基础设施、大型装备和实验仪器、科技公共服务平台等创新基础设施与各类研究网络连接起来,科技创新资源的横向集成、纵向集成以及端对端集成得以实现,连通成为可以承载各类科技创新活动的平台。

趋势之五:科技创新的不确定性、不稳定性持续增加,制度供给的质量和效率面临严峻挑战。一方面,当前科技创新活动密集活跃,其方向、强度、速度、节奏等均存在较高的不确定性和不稳定性。同时,由于涉及面广,治理范围不断扩大,科技创新治理的相关政策设计和制度安排常常跟不上形势发展。另一方面,人工智能、基因编辑、生物合成、人机互联等科技突破对社会道德、社会秩序、生态安全正造成剧烈冲击;数字暴力(Digital Violence)、虚拟霸凌(Cyber Bullying)、数据权力化等对政府治理形成新的挑战;人造卫星的低成本发射,将推动星空互联网完成构建,导致现有监管体系失效;核武、生化、网络病毒等“致毁知识”的出现和升级,更是直接威胁人类未来的生存和发展。由此可见,科技创新的负面效应和破坏性将逐步增大。

趋势之六:国际科技合作格局趋于复杂,孤立主义和单边主义倾向抬头。近年来,随着我国综合国力和国际地位显著提升,美国及其他一些西方发达国家对于中国发展的心态变得日益复杂,戒备心理开始占据上风。近两年,在美国国内,对于中国的质疑、指责甚至诋毁的声浪逐步升级,与中国“全面脱钩”的声音甚嚣尘上。新冠肺炎疫情的全球蔓延,在客观上使得科技交流与合作更加趋于封闭和孤立,英国《金融时报》称疫情为“一次去全球化实验”,也反映了西方社会的一部分现实心态。

科技创新治理必须维护国家安全、保障高质量发展、满足美好生活需要

应对这些趋势,一要未雨绸缪,做好较长时间技术和装备引进、核心零

部件和原材料采购、科研合作和人员学术交流受阻的思想准备和工作准备，在一些极端重要的前沿基础和关键核心领域，进行前瞻性部署，发挥“新型举国体制”集中突破的优势，着力解决“卡脖子”问题。二要大胆尝试，进一步扩大对外开放，探索构建层次和类型更为丰富的国际合作网络，推动更高层次、更加灵活的国际科技合作，积极主动地融入全球科技创新治理大局。三要化危为机，研究全球化发展受阻，新型区域化兴起背景下，创新链、产业链、资金链、服务链互动耦合和格局重塑的新动向，主动发现新的战略机会，探索科技创新国际合作的新途径。

在未来较长时期内，科技创新治理必须把握和坚守的核心战略需求主要有以下三个方面：

一是维护国家安全。科技既是国家安全的重要领域，也是维护其他领域安全的重要手段。2018 年的中兴事件就说明了战略性核心技术过度依赖别国的极度危险性。2019 年，我国芯片进口连续第二年突破 3 000 亿美元的大关，贸易逆差高达 3 倍之多。再如，我国在人工智能的数据和商业应用方面已形成一定优势。但是，与发达国家相比，在基础算法领域的差距仍然很大。基础研究和关键核心技术领域的差距如果不能缩小和消除，将会严重影响和制约我国战略性新兴产业和未来产业的发展，危及国家安全和可持续发展。因此，未来一段时间内，必须强化科技创新治理，提升创新体系的供给能力、质量和效率，全方位地筑起国家安全的科技防线。

二是保障高质量发展。2020 年新冠肺炎疫情发生以来，全球经济进入衰退期，我国经济增长亦面临巨大压力。在疫情防控的紧要关头，医疗机器人助力急救一线、远程诊疗、确诊和疑似病例位置查询服务、健康码的广泛应用、辟谣平台的启用、为公共医疗研究机构提供算力和算法支撑，科技创新的支撑作用在战“疫”中得以充分发挥。与此同时，智能工厂、在线消费、免接触配送、线上办公、云教育、视频会议等新业态逆势飞扬，科技创新激发“数字经济”新动能的成效初步显现。但是，从世界范围来看，创新型国家科技进步对经济社会发展贡献率一般在 70%以上，对外技术依存度一般在 30%以下，我国尚存在不小的差距。因此，保障经济社会发展的高质量科技供给，将是中长期科技创新治理的重要任务。

三是满足美好生活需要。近年来，主要国家和地区都很关注科技创新的社会相关性，着力体现科技创新治理的“社会温度”，满足民生改善的现实需求。日本在第五期科技基本计划中提出，建设“世界上最适宜创新的国家”，打造丰富人们生活的“超智能社会”，深化科技创新与社会的关系。德国2018年推出“研究与创新为人民——高技术战略2025”，强调高技术战略应以社会需求为导向，首先解决当代重大社会挑战。科技创新治理应时刻关注人民的美好生活需要，尝试构建对应技术发展的社会应用场景，不断将科技进步的最新成果融入与民众生活密切相关的方方面面，从而在最大范围内激发科技创新的社会共识和社会响应。

"吃改革饭、走开放路、打创新牌"，浦东再出发要做怎样的"领头雁"①

石建勋②

30 年前，随着开发开放一声号角，浦东成为中国改革开放的新地标。"吃改革饭、走开放路、打创新牌"，在国家改革开放的历史进程中，浦东书写了 30 年举世瞩目的壮丽史诗。

如果把中国经济发展增长极比作一组展翅高飞的大雁阵，那么，无论从地理位置还是从经济地位和作用上来看，历经 30 年开发开放，浦东已经成为上海市及长三角经济区、长江流域经济带，乃至全国经济发展的"新引擎"和"领头雁"。浦东开发开放是具有承前启后意义的示范典型，不仅为中国特色社会主义现代化道路提供了可借鉴、可复制的样本，也为世界经济全球化发展和现代化城市建设提供了可借鉴的经验。

新时代浦东再出发，承载的历史使命同样光荣而艰巨

30 年前，开发开放浦东，有着特殊的时代背景。20 世纪 90 年代初，国际上东欧剧变使世界社会主义发展遭受挫折，国内改革发展面临新的挑战。同时，全球产业结构和分工面临重大调整，经济全球化加速态势进一步显现。在此重大挑战、重大机遇、重大抉择的历史关头，党中央、国务院立足战略全局，做出开发开放上海浦东的重大决策，向世界表明中国坚定不移推进

① 原文发表于"上观新闻"平台 2020 年 4 月 17 日。

② 同济大学经济与管理学院经济与金融系教授，同济大学国家创新发展研究院首席专家、副院长，上海市习近平新时代中国特色社会主义思想研究中心副主任。

改革开放的决心和信心,掀开了我国全面深化改革开放新的历史篇章。

30年后的今天,浦东开发开放再出发,同样有着特殊的、新的时代背景和历史使命。当今世界正处于百年未有之大变局,民粹主义、保护主义等逆全球化思潮和行动喧嚣尘上,使得中国发展的外部环境形势复杂严峻,发展起来的中国面临“后发优势”“比较优势”和“人口红利”等渐趋用尽的局面,同时中国发展既面临着出口增长的“天花板”,也面临着高科技产品和技术进口“卡脖子”的问题。在新时代重大挑战、重大机遇、重大抉择的历史关头,党中央做出了在浦东建设上海自贸区临港新片区等一系列新的战略部署,吹响了新时代浦东开发开放再出发的号角。这也再一次向世界表明,新时代中国开放的大门将越开越大、开放的层次将越来越高、开放的领域将越来越广,通过扩大开放和深化改革,加快实现高质量发展的决心和信心。

群雁高飞头雁领。进入新时代,站上新起点,浦东开发开放再出发,要继续勇担改革开放的开拓者和实干家,承担起新的历史使命,坚定不移做深做透改革开放这篇大文章,当好全方位发展的“领头雁”,书写改革发展新篇章,再创新辉煌。在应对世界大变局中,浦东要做深度融入世界、积极参与全球化、引领高质量开放发展的“领头雁”;在实现“强起来”两个百年奋斗目标和中华民族伟大复兴中国梦的战略部署中,浦东要做国家“强起来”现代化建设中改革开放和高质量发展的试验田,要当排头兵中的排头兵、先行者中的先行者,成为创新发展的“领头雁”;在长三角经济一体化发展和长江经济带发展的战略规划中,浦东要做引领长三角一体化和长江经济带高质量发展的“领头雁”;在上海服务国家战略、完成三大任务,实现高质量发展的新征程中,浦东要做上海新一轮科技革命和产业转型升级的“领头雁”,打造世界高端制造集聚区和金融开放的新高地,勇于挑最重的担子、啃最难啃的骨头,发挥开路先锋、示范引领和突破攻坚的作用。

做引领中国高质量开放发展的“领头雁”

当今世界正在发生大变局、大调整,涉及国际政治、经济、产业和科技革命以及全球治理体系的方方面面,国际经济和政治格局发生着深刻变化,民粹主义、逆全球化和贸易保护主义抬头。开放还是封闭,前进还是后退,全球面临着新的重大抉择。面对新时代、新形势、新要求,上海作为全国改革开放的前沿和窗口，要担起新使命、实现新作为，必须继续高举浦东开发开放旗帜，认清大势、把握大局、提高站位，以更宽的视野、更大的力度、更实的举措，坚定不移地将改革开放向纵深推进，努力当好全面深化改革开放的排头兵、试验田，全力为新时代全国改革开放探路破局，更好地代表国家参与国际合作与竞争。

浦东作为上海改革开放的高地，要主动承担国家实现更高层次、更高水平、更宽领域的对外开放重任，要做深度融入世界、积极参与全球化、引领中国高质量开放发展的"领头雁"。为此，浦东要增强创新策源能力，努力成为全球学术新思想、科学新发现、技术新发明、产业新方向的重要策源地，形成战略领先的现代产业集群和充满生机的创新企业集群。要借助自贸试验区临港新片区这一平台，对标国际最高标准、最好水平，加快建立与国际投资和贸易通行规则相衔接的制度体系，在投资管理、贸易便利化、金融开放和政府监管制度创新方面，着力打造开放型经济体系。通过制度创新，进一步优化营商环境，强化对高端产业新型要素的集聚和配置能力，吸引国际顶尖资源集聚中国，探索内外政策制度的兼容性，实现开放创新全覆盖，发展与合作持续拓展，着力打造具有全球影响力的科技创新中心、具有国际竞争力的产业新高地。浦东要积极参与世界自由贸易区评价指标体系的设计，在全球自由贸易区评价和引领发展中发挥建设性作用。积极服务国家"一带一路"建设，打造在亚太乃至全球有重要影响力的国际金融服务体系、国际商务服务体系和国际物流网络体系，在更高层次参与国际合作和竞争。

做现代化建设、创新发展的"领头雁"

中国特色社会主义进入新时代，经济全球化也面临着重大抉择，国家改革开放和现代化建设也处在历史的关键时期。在这样的背景下，党中央明确要求上海要为全国改革发展做出更大贡献，习近平总书记要求上海勇于挑最重的担子、啃最难啃的骨头，发挥开路先锋、示范引领和突破攻坚的作用。浦东改革开放有集成性、聚焦性和前瞻性。浦东既是上海创新发展先行者的载体，又是服务长三角、服务长江流域、服务全国的平台，更是联动东中西发展、扩大对外开放的枢纽。浦东开发开放之于全国，是牵一发而动全身的作用。因此，浦东要在国家"强起来"的现代化建设中勇挑重担、永葆活力，再创新辉煌。

进入新时代，浦东已经明确了“以亩产论英雄”“以效益论英雄”“以能耗论英雄”“以环境论英雄”的工作导向，着力提高经济密度，牢牢把住高质量发展的脉搏。为此，浦东要率先进行制度创新，加快推进简政放权、放管结合、优化服务改革，在提升利用外资质量和水平、扩大服务业对外开放、集聚国际化人才、探索建立自由贸易港区等方面率先突破，加快探索形成可复制可推广的新经验、新模式。坚决贯彻落实“五个倍增”计划，全力实现产业能级倍增，制造业、服务业要实现跨越式发展，不断完善以现代服务业为主导、战略性新兴产业为引领、先进制造业为支撑的产业结构。全力实现项目投资倍增，牢牢把握招商引资这条经济发展的生命线、项目投资这条经济发展的保障线。全力实现功能优势倍增，聚焦全球资源配置功能、科技创新策源功能、高端产业引领功能、开放枢纽门户功能。全力实现土地效益倍增，把好准入关、盘活用地、做强“亿元楼”。全力实现服务效能倍增，持之以恒地在优化营商环境上下功夫，以服务效能倍增促进企业活力倍增，推动经济发展倍增。

做引领长三角一体化和长江经济带高质量发展的“领头雁”

从国际经验来看，发达国家的经济发展和人口迁移一般经历两阶段：从城镇化到以大城市为核心的都市圈化、城市群化。城市群是经济发展到一定阶段的重要标志，是推进高质量发展和参与国际竞争的主要平台。从世界范围的国际合作与竞争来看，未来全球竞争不是单个城市的竞争，而是城市群的竞争。然而，城市群需要一个龙头带动，如美国旧金山湾区、日本东京湾区、英国伦敦湾区皆是如此，这些也是国际上公认竞争力最强的自由贸易区。

浦东是长三角地区创新发展的活力源、产业一体化的主引擎、深化改革的催化剂，在“开放、联动、聚焦、互补”原则下，浦东的资源要素服务辐射功能、高端高新产业培育引领功能都将得到进一步强化，这将有助于建成以浦东为最具活力的发展极，以上海为中心，以沿江、沿海、沿路三条轴线为基本走向展开的点线面结合的产业布局体系，从而提升长三角区域的整体竞争力。

未来,长江经济带有望成为引领全国高质量发展的一条巨龙,而龙身的摆动方向很大程度上是由龙头来决定的。上海作为长江经济带这条发展巨龙的龙头,肩负着非常重大的责任。1991 年 2 月 18 日邓小平同志视察上海时,他在讲话中明确提出:“开发浦东,这个影响就大了,不只是浦东的问题,是关系上海发展的问题,是利用上海这个基地发展长江三角洲和长江流域的问题。”可见,浦东开发开放以及上海的深化改革着眼的就是联通内外、带动长江流域发展。

做上海“五个中心”建设和高质量发展的“领头雁”

浦东新区是上海“五个中心”建设的主阵地,承担着较多的国家战略任务,是上海自贸试验区临港新片区和科创中心建设两大国家战略的主阵地,也是上海全力打造“四大品牌”的核心承载区,是上海创新驱动实现高质量发展的“推进器”“加油站”“压舱石”和“领头雁”。国家战略、上海使命都要求浦东改革开放再出发,要更加自觉、更具能力、更有成效地担负起排头兵中的排头兵、先行者中的先行者作用,从而为上海服务国家战略完成三大任务,为全国深化改革开放实现高质量发展做出更多的贡献、创造更多的经验,努力为上海市乃至全国发展大局做出更大贡献。

第一,浦东在上海国际经济中心建设中要发挥主力军和“领头雁”作用。

浦东在上海国际经济中心建设中发挥“领头雁”作用,有深厚的经济基础。浦东在拥有全球最大的海港和空港的同时,还拥有了全国最强的战略新兴产业集群,“中国芯”“创新药”“蓝天梦”“未来车”“数据港”和“智能造”,这六大“硬核”产业成为浦东新区高质量发展的“推动器”。浦东强化了上海全球资源配置功能,助推上海建成综合经济实力雄厚、产业能级高、集聚辐射能力强的国际经济中心。

未来,浦东要围绕强化全球资源配置功能和科技创新策源功能,着力提高要素市场国际化水平,不断提升上海“四大品牌”影响力,加快建设现代化经济体系。要积极争取上海一系列扩大开放的重大举措在浦东先行先试,推动金融、电信、互联网、文化、教育、维修、交通运输等现代服务业以及汽车、船舶、飞机等先进制造业的进一步开放。坚持互惠互利、合作共赢,不断推出受国际市场欢迎、惠及各方利益的国际公共产品,以更加积极的姿态参与全球经济治理，把握上海改革发展新要求，适应经济全球化新趋势。

第二，浦东是上海国际金融中心建设中的主阵地，要发挥核心作用。

在上海国际金融中心建设过程中，浦东陆家嘴金融城是上海国际金融中心的核心功能区和主体承载区，在上海增强全球金融资源配置能力、提高国际化程度方面起着至关重要的作用。

未来，浦东要积极配合国家金融监管部门，推动更多金融业开放项目落地，加快建设全球性人民币产品创新、交易、定价和清算中心，基本形成国际化程度较高的多层次金融市场体系。进一步增强上海陆家嘴配置全球金融资源能力，加快各类金融要素市场的集聚。进一步扩大外资金融机构集聚度和金融对外开放度，加大力度引进持牌类金融机构，集聚发展一批具有重要市场地位的资产管理机构，建设全球资产管理中心。大力发展金融科技，基本形成具有国际竞争力的金融机构体系。完善地方金融监管体系，打好防范化解金融风险攻坚战，基本形成与国际先进水平接轨的金融生态环境。

第三，浦东在上海国际贸易中心建设过程中要发挥基础性作用和“领头雁”作用。

在上海国际贸易中心建设过程中，浦东自贸区、浦东机场、大小洋山港和国际展览中心等是上海国际贸易中心的硬件基础。未来，浦东要利用好自贸试验区新片区的机遇，继续助力上海国际贸易中心建设。巩固和扩大浦东货物贸易领先优势，推动贸易结构升级，培育服务贸易新增长点，促进信息技术服务、数据处理服务、生物医药研发等领域的服务贸易发展，大力发展技术贸易。推动大宗商品交易市场期现联动发展，打造一批千亿元级、百亿元级的贸易平台，大力发展融资租赁，推动离岸贸易、转口贸易、跨境电商、数字贸易等新型贸易业态加快发展，打造一流的国际贸易中心核心功能区和全球贸易网络枢纽型节点。全面服务对接中国国际进口博览会，做大做强外高桥专业贸易平台，提高进口商品国别(地区)馆的集聚度和吸引力，提升中高端商品的集散度，打造全球高端商品消费中心。

为此，浦东要进一步优化货物贸易、服务贸易结构，做大转口贸易、离岸贸易、数字贸易，加快形成进出口并举、内外贸并重的贸易发展新格局。进一步优化营商环境，集聚高能级、强辐射的贸易型总部和功能性平台，加快形成商品和要素自由流动、平等交换的现代市场体系。深化贸易体制改革，完善国际贸易"单一窗口"服务功能,加快形成与高标准国际贸易投资规则相衔接的制度体系。巩固和扩大浦东货物贸易领先优势,推动贸易结构升级,基本建成在全球贸易投资网络中具有枢纽作用的国际贸易中心。

第四,浦东是上海国际航运中心建设中的主阵地,要发挥核心作用。

在上海国际航运中心建设过程中,浦东是上海港口的集聚地,是上海国际航运中心建设的主阵地。全球三大国际船舶管理公司——威仕、中英及贝仕均已落地浦东,自贸区航运服务业开放已得到全球顶尖船管企业的充分认可。

为此,浦东要不断开展具有国际竞争力的航运制度创新、航运商业模式创新和航运科技创新。加快推进航运服务高端要素集聚,引进一批竞争力强的国际性、国家级航运领军企业和功能性机构,搭建一批航运法律、航运人才服务平台,积极参与国际航运规则和标准的研究制定。要推动洋山深水港、浦东国际机场后续工程加快建设,加快航运服务高端要素集聚,加快建设智慧绿色港口,基本建成国际集装箱枢纽港和亚太航空枢纽港。着力发展海铁联运、水水中转,加快建设外高桥铁路进港专用线和大芦线等内河航道。促进航运要素和功能性机构集聚,推动航运金融、航运保险业务加快发展,推动航运运价指数期货上市,基本形成现代航运服务体系,基本建成具有全球航运资源配置能力的国际航运中心。

第五,浦东在上海国际科创中心建设中要发挥核心作用和"领头雁"作用。

建设具有全球影响力的科技创新中心是习近平总书记亲自部署给上海的国家战略。浦东有张江、临港两个承载区,是科创中心建设的主战场。张江科学城是国内重大科学基础设施最多、最为先进的地区之一,高校、研发机构与企业在这里形成更加紧密的合作网络。围绕世界科技强国建设目标,张江科学城正在建设一批大科学基础设施,集聚全球创新资源,吸引全球创新人才,提升前沿基础研究能力和源头自主创新能力,打造世界级大科学设施集群。

为了进一步为上海建成具有全球影响力的科技创新中心提供强有力的支撑,浦东要加快落实张江科学城的规划,努力建设科学特征明显、科技要素集聚、环境人文生态、充满创新活力的世界一流科学城,为上海建成具有全球影响力的科技创新中心提供强有力的支撑。要加快组建国家实验室，全面启动张江科学城第二轮82个项目建设，加快形成张江综合性国家科学中心基础框架。

新兴技术、数字转型及民生场景构建[①]

周向红[②]

近期,关于独角兽阵亡的报道较为频繁,也引发了无数讨论。既有三大陷阱,也有五大模式之说。这些解说固然有其道理。不过1987年,经济学家罗伯特·索洛(Robert Solow)提出的索洛悖论(Solow Paradox)更接近该现象的本质。索洛指出,虽然企业在IT方面投入了大量的资源,然而从生产率的角度来看,却收效甚微。"索洛悖论"也称"生产率悖论"。产业规模太小是特里普利特(Triplett)等众多专家学者对索洛悖论的解释之一。当新技术处于发明阶段时,技术变革对经济增长的影响存在滞后效应,索洛悖论现象即产生。过度的媒体报道使得新技术市场知名度无处不在,也使失败案例广为人知,使人产生消极印象。

实际上早期无形投资增长一般都大于资本存量增长,带来生产率下降。这也是目前对索洛悖论产生原因的主流解释之一。技术变革最初会带来生产率短暂下降,当一些前提条件具备时,技术成熟会逐渐转为正向影响。当新技术创新逐渐减弱,ICT(Information and Communication Technology)对经济增长的影响转入索洛的中性技术进步阶段,即向提升生产率的方向演进。也就是经过前期挫折,企业较全面而客观地了解新技术的适用场景和局限,从而建立起成功并能存活的商业模式。中国目前这个阶段需要强调应用创新倒逼底层创新,而不是底层创新促进应用创新。在城市更新背景下,新兴技术避免夭折就是构建满足真实需求的场景。在具体适应过程中,应注意以下维度。

① 原文发表于"同济大学经济与管理学院"微信公众号2020年1月8日。内容整理自第七届沪台公共管理论坛"新兴技术、数字转型及民生场景构建"主旨演讲。

② 同济大学经济与管理学院公共管理系教授、同济大学MPA中心主任。

第一重维度:跨界、融合、全域

在过去10年的发展过程中,我们已逐步实现互联网从通信工具到渠道再到基础设施的演变,也接受了劳动力到资本再到信息要素的转变;并在这个过程中,基础设施也从传统的铁路、公路、机场转变为新的泛5G基础设施,这些都构成了新兴技术发展和演化的背景。在万物互联的数字孪生世界中,生活方式、工作方式、娱乐方式日益水乳交融。比如微信,不仅是交流的工具,也是一个支付工具。在区块链上,交易不仅包含金钱的交易,也泛指任何信息的交流。此外,交通和交易也由于网上购物平台的普及而密不可分。因此,新兴技术场景的构建首先需要接受交通、交易、交流三重入口混合的现实,尽可能降低用户在不同场景切换之间的门槛与断点。

第二重维度:城市更新与个人权力的保护

自20世纪50年代以来,西方国家常用的"城市更新"一词,有其特定的含义。一般情况下,城市更新的目标是振兴大城市中心地区的经济,增强其社会活力,改善其建筑和环境,吸引中上层居民从郊区返回市区,通过地价增值来增加税收,以此达到社会稳定和环境改善。在万物互联背景下的城市更新,不仅是城市物质空间的更新,也包括城市数字空间的更新,也就是流的空间更新。随着新一代信息技术的爆发和普及,人工智能、5G、大数据、云服务、区块链等新技术飞入寻常百姓家,这将促进城市建设和人类世界进入一个新的时代。因此,场景构建在考虑技术给人们带来便捷的同时,更需要保护人们的权利,如个人隐私安全保护、人工智能伦理道德等。这不仅需要主管部门对此进行提前研究,构建新的法律制度予以规范,更需要在应用场景构建中提前考虑技术的创新和应用边界。

第三重维度:以人文为驱动,以公民需求为导向

从"互联网+"、大数据、物联网、云计算到5G、区块链、AI,当前数字化正在进入新阶段——ICT,数字技术和数字基础设施将被各行各业广泛应用。一方面,数字技术助力公共服务供给侧结构性改革,平台经济模式也成为公共服务供给方式,"互联网+医疗""互联网+交通""互联网+养老"等

呈现以B端和C端为两极的连续光谱，让更多市民享受到技术的红利；另一方面，数字资源也融入核心竞争力，线上与线下日益交融不仅会使物理世界与虚拟空间双轮驱动为社会发展带来新动力，在重塑城市核心竞争力的同时，也会引发数字鸿沟和不均衡的问题。

经过一段时间的发展，政府已经越来越考虑到以公民需求为治理导向，以信息技术为治理手段，强调通过“一网通”“线下跑一次”等来提高市民的办事效率和体验。而企业界也意识到科技的副作用，并践行“科技向善”的理念。未来的城市或是社区不仅需要强调硬核科技的支撑，也一定是注重体验且有温度的。这需要在规划阶段就注重不同主体的需求与获得感，而不是一开始就陷入技术问题。比如将数据价值链与城市发展流程有机结合，通过数据生产、验证、加工，以新的创新产品和服务形式与城市公民需求有机结合。同时，今天生活在城市的人们，除了现实空间的身份证外，还拥有一个独一无二的数字身份。这个身份既存在于微信、微博等各类互联网产品之中，同样也存在于人们网络行为关系的总和之中。随着越来越多的行为向线上迁移，我们每个人的标签除了社会属性的“市民”，还有网络属性的“用户”，而这个“数字身份”对于未来的城市治理和服务同样重要。

总之，当今世界，城市化的蔓延和大数据的兴起是全球最重要的发展趋势，并且无疑将以急剧和不可逆转的方式改变人们的生活。到2050年，世界人口在城市的居住比例预计将从55%增加至68%，同时人们的居住地将从农村转移到城市。快速的城市化增长可能会对人们的生活质量产生深远的影响，从经济活动到资源效率，从人类健康到环境变化，这暗示着城市管理的重要性。联合国《2030年议程》的可持续发展目标也清楚地反映了这一点。该目标强调了城市在可持续发展中的关键作用，还指出迫切需要更新和规划我们的城市和人类住区，以促进全球融合、社会和谐和刺激创新。数字经济2.0阶段，人与人、人与物、物与物的互联互通得以实现，数据量呈爆发式增长。新兴技术的应用和推广不仅需要强调技术的逻辑，更需要考虑隐藏的价值及适应社会的场景。

提升“源”能级　发挥“策”效应[①]

陈　强[②]

2020年是上海形成科创中心基本框架的“交账年”，强化科技创新策源功能是主攻方向。科技创新的“源”与“策”是辩证统一的关系，依“源”施“策”，以“策”升“源”，二者互为依托、彼此促进，是创新策源的一体两面。新时代，增强创新策源功能的关键在于科学建“源”、合理施“策”。

科学建“源”

在“源”的建设中，重点要做好四个方面的工作：

一是夯基，培育创新策源的社会根基。

一定意义上来说，科技创新治理应着眼于为各类创新主体提供制度基础、公共产品、公共服务以及必要的条件保障，从而为科学研究、技术攻关及产业化活动的开展创造更多的可能性。

要从进一步完善产权制度、优化营商环境、加强法治保障等方面着手，切实维护创新者的权益；通过进一步改善政府服务，营造适合非正式交流的公共空间，优化科技创新的微观生态。以科学技术普及、科学精神弘扬、科学文化培育、科技伦理教育等为抓手，着力提升全民科学素养。

要引导形成尊重创新的价值观体系，营造宽容失败的社会文化氛围、大胆突破的创新生态；加大科研诚信体系的建设力度，探索长三角科研诚信信息平台构建，适时启动负面清单和计分板。

---

① 原文发表于《解放日报》2020年9月29日第14版。

② 同济大学经济与管理学院管理科学与工程系教授、上海市产业创新生态系统研究中心执行主任。

二是垒台，累积创新策源的物质基础。

创新策源离不开高水平大学、高效率科研机构的知识与技术供给。对上海而言，应当加大对在地高校“双一流”建设的支持力度，尽快研究和启动重点区域新型大学的布局和建设；研究并明确上海科学院及其下属机构在上海科创策源中的功能定位，增强应用基础研究的源头供给能力。

同时，进一步布局和加快建设5G、工业互联网、人工智能、数据中心、算力中心等新型基础设施，进一步前瞻布局重大科研基础设施，构建能够满足各种科技创新活动需求、对科技创新资源进行深度开发利用的功能性平台。

三是立柱，构建创新策源的体制机制。

我国科技队伍蕴藏着巨大创新潜能，关键是要通过深化科技体制改革把这种潜能有效地释放出来。

具体来看，要着力推进以下几个方面的体制机制改革：科技创新资源的集聚、培育、配置和开发利用机制，关键核心技术领域攻关的新型举国体制，基础研究和应用基础研究的决策、布局及组织实施机制，战略性科技力量的培育机制，社会创新力量的动员和组织机制，技术快速迭代背景下的政策和制度供给机制，跨学科、跨产业、跨部门、跨区域的创新合作机制，新形势下全球科技治理的参与机制。

四是架梁，形成创新策源的体系化能力。

比如，着力形成不断激发和催生科学新发现、技术新发明、产业新方向、发展新理念的体系化能力。

合理施“策”

在科学建“源”的基础上，应着重从以下几方面合理施“策”：

(1) 聚力。要尊重研究规律、产出周期、成果形式等差异，针对不同使命的科技计划项目，采取不同的管理方式。比如，探索更加灵活的科技财政资助机制，包括“机构式资助”“悬赏制”“后补助”“成果采购制度”等。

(2) 蓄势。加大基础研究和应用基础研究的投入，并建立相应的财政投入增长保障机制；通过政策引导和制度保障，鼓励企业加大基础研究投入，并为社会资本介入基础研究创造更多的机会；推进评价和管理机制改革，形成非共识项目的稳定支持机制。

(3) 赋能。资本赋能。要建立和完善国资创投功能性绩效评价考核机制,发挥国资创投的引导、撬动和背书作用;营造有利于社会风险资本发展的政策环境,强化中小微科创企业的融资能力。

服务赋能。以优化营商环境为抓手,形成高成长性创新型企业的发现、培育、扶持及服务机制;通过政策引导和市场培育,加快专业化功能性资源集聚,构建高能级、多元化的社会创新服务体系;加快科创中心承载区建设和特色化发展,加强大学科技园的建设,提升其社会服务专业化能力。

数据赋能。建立公共数据和公用事业、医疗卫生、教育等领域准公共数据的采集、开发、利用及共享的机制和规则;建立一批具有数据整合和"深加工"能力的数据中心及相应的服务机制,打造"数字引擎",助推数字型中小企业的创新发展。

场景赋能。以信息基础设施为依托,运用 AI 等技术手段,聚焦社会发展的基础性需求,建构和开放层次更为丰富、领域更加交叉的社会应用场景。

(4) 结网。在扩大高水平对外开放的进程中,重点聚焦规则、规制、管理和标准等制度型开放领域,探索构建层次和类型更加丰富的国际科技合作网络,推动达成形式更为多样的国际科技合作,深度参与全球科技创新治理,主动融入全球创新网络。

在国际科技合作"走出去"遭遇挑战的背景下,可以将"请进来"作为重要的策略选择。比如,逐步放开在中国境内设立国际科技组织、外籍科学家在中国科技学术组织任职的政策,使中国成为全球科技开放合作的广阔舞台。

在长三角更高质量一体化的进程中,要推动科创资源的区际流动和共享,打造长三角科技创新共同体。同时,充分利用进博会、世界人工智能大会、陆家嘴论坛等高端会议平台,推动形成科技创新思想高地,不断汇聚各类科技创新人才,进而发现前沿科学问题、明确关键技术突破方向。

(5) 破墙。推动科技创新管理体制改革,强化部门间政策协调与资源统筹,进一步提升财政科技投入效率。当前,以中小微企业、社团、公众为代表的社会创新力量正在迅速崛起。在科技创新治理中,要努力为其"垒灶、架柴、点火、扇风",为其使用重大科研基础设施创造更多的便利条件,引导其投身于基础前沿探索和关键核心领域攻关。

(6) 排堵。例如,探索建立长三角科技创新投入分担和产出共享核算机制,打破长三角科创合作的思想藩篱、制度障碍和机制堵点,推动重大科研基础设施的协同布局以及科技创新资源的省际流动、开放和共享。

(7) 铸盾。加强对科技研发和应用前沿的监测,强化趋势分析和研判,进行风险预估。对一些重点技术领域,可探索运用市场化手段来加快国产化替代进程,努力实现自主可控;对市场规模较小、专用性强、技术含量高的特殊行业和重点企业,可实施特别的财政支持和政府采购手段,以推动新技术和新产品的扩散和应用。

以重大科技专项和产业化项目为抓手,构建若干支贯通不同类型组织,跨产业、跨领域、跨区域,能够直面全球科技前沿竞争的战略突击力量。特别是,在集成电路、生物医药、人工智能等重点领域,要形成系统突破能力。

未来已来,唯变不变。对此,我们要有底线思维,以持续的高质量科技供给来确保国家安全、经济发展和社会稳定;要有突破思维,勇于破局,敢于试错,“源”“策”并举,持续提升“源”的能级、发挥“策”的效应,不断催生面向产业变革和社会治理挑战的原创性成果。

区块链产业发展应避免"高举高打"[①]

韩传峰[②]

区块链是一种弱中心化、防篡改、高度可扩展的信息技术，可以与物联网、5G、大数据、人工智能等深度融合，催生一种高级的、动态的、复杂的现代商业生态。

区块链产业方兴未艾，应用场景丰富。作为数字经济和数字社会的重要基础设施，区块链系统具有可拓展性强、部署方便、维护成本低等特征。同时，区块链生态具有网络效应和正外部性特征。用户越多，数据越丰富，安全性和可信度就越高，生态价值也就越大。中国与发达国家处于区块链产业发展的同一起跑线上，拥有更大的人口规模、更丰富的应用场景，具备促进区块链技术创新、产业发展、生态繁盛的优势。

区块链产业格局未定，标准体系有待形成。在基础技术、业务和应用、过程和方法、信息安全等方面，区块链产业尚无公认的行业标准。中国有望凭借领先的区块链技术、完善的区块链产业链、丰富的落地场景来争夺区块链标准的制定权。同时，基于区块链的数字货币，有望建立一个更加开放、平等、包容的世界货币体系，加快全球普惠金融发展，提升人民币国际影响力。基于区块链的数字身份、数字公民、数字货币、数字经济和数字社会是人类发展的高级阶段。

区块链技术和产业发展是破坏式创新，大规模落地应用存在结构性阻碍。一方面，"区块链 + "产业发展的逻辑是先破后立，效果并非立竿见影，

---

① 原文发表于《解放日报》2019 年 12 月 31 日。

② 同济大学经济与管理学院公共管理系教授、同济大学可持续发展与新型城镇化智库主任、同济大学城市建设与应急管理研究所所长。

需要心无旁骛的长远眼光和战略意识。因为对新技术的不了解、新机制的不信任，部分企业对区块链采取观望态度，怯于自我革新，难以打破路径依赖。因此，有必要通过产业链上、下游多元主体的共商、共建，进一步推动生态价值共享。另一方面，区块链业务模式不清、逻辑复杂、内容敏感、利益主体多、影响范围大，对传统的业务模式、监管制度等会造成较大冲击。主体与制度相互作用、相互依赖、互为因果，亟须完善"区块链+"产业发展的制度体系。

区块链生态治理需多元主体共同参与，生态构建面临适应性挑战。区块链生态主要分为联盟链和公有链，前者基于传统行业衍生而来，后者参照比特币发展模式而起。联盟链将行业上、中、下游的必要数据和关键业务上链，需要重新定制规则和话语体系，有可能损害核心企业的利益，从而落入"雷声大雨点小"的窘境。公有链参与主体多、产业链长、分工细，涉及矿工、矿池、开发社区、基金会、项目方、投资人、媒体等多元主体，生态治理体系面临巨大挑战。

面对挑战，区块链生态构建应该从以下几方面入手。

(1) 发挥制度优势，做好顶层设计，在更高层次和更大规模上推进区块链的创新发展。

在某种意义上，中国拥有世界上最大的区块链应用试验平台，因此应该系统组织企业、高校、科研院所、非政府组织等，加强区块链前瞻性理论研究，以突破关键技术、创新商业模式、丰富应用体验、培养行为习惯、抢占用户心智、促进商业落地。

要加快完善区块链相关法律法规体系，促进区块链产业技术标准、应用标准等行业标准的制定与执行，引导区块链应用场景落地；提高产业标准化水平，减少企业"重复造轮子"现象，汇聚发展合力。

(2) 突出共商、共识、共建、共治、共享理念，发挥多元主体协同效应，树立区块链生态标杆。

要摒弃传统的"自上而下""高举高打"的产业发展方式，从具体应用场景出发，尊重产业发展客观规律，增强政企互动，充分发挥市场"自下而上"的推动力量。

同时，秉持多元主体共治理念，运用平台思维，成立专业学会，发展行业协会，组建跨行业联盟，整合行业资源；以行业为单位，协同上、下游主体，调和各方主体利益，共同推进区块链生态建设；以落地应用为切入点，攻克区块链生态建设中的观念滞后、技术瓶颈、制度束缚等问题，探索最优路径，树立生态标杆，吸引更多主体深度参与。

(3) 立足用户需求，围绕产业链打造创新链、放大价值链。

要加快突破网络性能、计算与处理性能等技术瓶颈，为区块链大规模应用奠定基础。以应用创新重构传统行业的业务逻辑来提升生产效率；以制度创新打破旧有利益格局来重塑生产关系。

同时，立足产业链前端，发力产业链高端，围绕用户需求构建区块链产业价值网；加快产业链、创新链、价值链的融合发展，扩大区块链产业国际竞争优势。

(4) 夯实“三位一体”保障体系，深化产融结合、产教融合。

区块链产业发展尚处于初级阶段，亟须建立健全的人才、资金、政策保障体系。建议推行“监管沙盒”，建立完善的试错、容错、纠错机制，鼓励区块链企业大胆尝试；成立区块链产业发展基金，完善直接融资制度，降低间接融资门槛，健全风险融资渠道；促进产融结合，加大技术和产业发展突破性环节的投入，提高区块链产业资本流通效率；完善高级技术和商业人才培养机制，建立区块链行业复合型人才培养体系。

加快建设中国特色科技决策咨询制度[①]

陈　强[②]　马永智[③]　常旭华[④]

2018年5月,习近平总书记在中国科学院第十九次院士大会、中国工程院第十四次院士大会上的重要讲话中强调,"要加快建立科技咨询支撑行政决策的科技决策机制,注重发挥智库和专业研究机构作用,完善科技决策机制,提高科学决策能力"。科技决策咨询是党和政府依法决策科学化、民主化的重要保证,也是推进国家治理体系和治理能力现代化的重要内容。为此,我国应当从顶层设计制度与组织、规范决策咨询程序、培育决策咨询市场等方面着手,构建多渠道、新格局、高水准的决策咨询体系。这既是科技革命和产业变革的客观要求,也是新时代发展的必然选择。

首先,加强科技决策咨询制度保障和资金支持的顶层设计。科技决策咨询的作用发挥离不开健全的法律保障体系。相较于科技决策咨询体系已较为成熟的发达国家,我国的专门性立法还处于起步阶段,亟须加强对科技决策咨询法律地位和法定责任的顶层设计。一是将科技决策咨询纳入法律流程,作为重大科技决策和重大科技工程基础设施建设的前置程序,明确规定科技咨询活动的运作模式。同时,政府应当对相关公共数据进行分层分级管理,建立公开透明及可追溯的数据归集、使用与销毁机制,使公共数据更好地服务于科技决策咨询活动。二是赋予科技决策咨询机构独立的法律地位,尽管相关部委大都设有专职政策研究机构,但一般情况下难以超越部

① 原文发表于《中国社会科学报》2019年12月20日。

② 同济大学经济与管理学院管理科学与工程系教授。

③ 同济大学经济与管理学院硕士研究生。

④ 同济大学上海国际知识产权学院副教授。

门视野和领导意志。因此,可以考虑遴选一部分具有相对独立性的科技型智库,借鉴“超级法人”制度,赋予其更多的独立性和自主权,开展持续稳定的长周期政策研究,为国家重大或应急性科技决策提供独立意见。

资金支持是科技决策咨询机构可持续发展的核心保障。相较于发达国家同类机构的多元资金来源,我国科技决策咨询机构普遍存在资金来源单一、筹资困难等问题。对此,可以从三方面纾解这一困境。一是拓展筹资渠道与方式。充分利用政府采购服务、非营利组织资助、企业及个人捐赠、出版物收入等方式获取资金。为了避免科技决策咨询机构沦为特殊利益集团的代言人,避免“研究活动为经费服务”,应当进一步完善和规范相关捐赠制度,将出资意愿和使用方向隔离开来。另外,政府可以遴选综合实力强、研究基础扎实的科技决策咨询机构,进行以绩效为导向的机构式资助,保证其能够开展持续稳定且有特色的研究,丰富研究储备。二是加快落实科技决策咨询机构的税收优惠政策。《关于加强中国特色新型智库建设的意见》鼓励企业、社会组织、个人捐赠资助智库建设,但尚未出台有关智库税收优惠等后续政策。为了加快新型科技决策咨询机构的建设,应当加快落实慈善捐款税收优惠政策,对非营利的科技决策咨询机构实施免税优惠。三是建立透明审查机制。科技决策咨询机构应当主动公开“年报”,披露运行情况和财务收支状况,接受社会公众监督,实现财务独立和思想独立的相互支撑。

其次,建立多元、专业的科技决策咨询服务市场。为了保持科技决策咨询机构的运行活力,提高咨询质量,我国亟须建立充分竞争的决策咨询服务市场,刺激行业内良性竞争,保障其可持续发展。一是明确各类科技决策咨询机构定位和专攻领域,形成定位清晰、布局合理的科技决策咨询体系架构;组织形式上鼓励长期专业领域研究替代临时抽调专家小组,鼓励各领域、各层级科技智库合作完成重大研究,相互支撑,逐步走出官方咨询机构专业性强、独立性弱而民办咨询机构专业性弱、独立性强的困境。二是培育科技决策咨询服务市场,通过政府购买服务、公开竞标等方式促进官方智库与民间智库之间的公平竞争,重点支持高校院所、社会组织、非营利机构等第三方智库主动参与科技重大决策,避免出现体制内部门利益超越中央利益和社会利益的局面。三是建立科技决策咨询机构的影响力评价体系,重点考察决策咨询活动的方向性、战略性和前瞻性，以及解决重大科技决策问题的实际效果。

再次，规范科技决策咨询机构的工作流程。科技决策咨询机构应当提供科学、公正、独立的咨询服务。在价值观上，科技决策咨询机构应当坚持国家利益优先，始终在国家发展战略的整体框架下提供咨询意见。在咨询流程上，科技决策咨询机构应当坚持“基于证据的决策咨询服务”，通过实地调查、访谈座谈、问卷调查、数据分析等方式凝练社会问题和客观规律，形成定义研究、课题审查、分析问题、完成报告这一完整的科技决策咨询工作范式，杜绝说违心话、投违心票、“一切按领导指示办”等现象。在咨询视角上，咨询机构应当主动布局选题，开展“全景式咨询研究”，从科技决策的不同视角反映科学价值、技术价值、经济价值、社会价值和文化价值。

最后，发挥我国科技决策咨询的国际影响力。当前，人才、技术、资本等创新要素在全球范围内快速流动。与之相应，科技决策咨询工作应具有全球视野，能运筹全球资源，从而形成并发挥全球影响力。一方面，我国科技决策咨询机构应当充分利用非官方机构的角色定位，在特定时期替代政府对敏感话题进行非正式回应，间接表明国际立场；另一方面，我国科技决策咨询机构应当主动参与反恐反毒、能源环保、气候变化、核扩散等国际问题的研究，不断转化外交与科技的角色，通过科技决策咨询机构的国际合作来助推我国与其他国家之间关系的良性发展。

2018 年年底就已提出的“新基建”，2020 年为何突然火起来[①]

石建勋[②]

最近“新基建”一词很火，从高层会议的多次部署，到资本市场的资金热捧，“新基建”已经成为舆论场的一大热词。这个概念从何而来？新基建究竟“新”在哪里？对企业影响如何？对中国发展又有何意义？

新基建“新”在哪里

所谓“新基建”，它是新型基础设施建设的简称。2018 年 12 月召开的中央经济工作会议，首次提出“加快 5G 商用步伐，加强人工智能、工业互联网、物联网等新型基础设施建设”，“新基建”的提法由此产生。此后，2019 年政府工作报告要求“加强新一代信息基础设施建设”。2020 年年初的国务院常务会议也明确提出，要“出台信息网络等新型基础设施投资支持政策”。可以说，从一开始，“新基建”这一概念便与 5G、人工智能、物联网等新兴产业紧密相连。

那么，“新基建”包括哪些方面的内容呢？2020 年 4 月 20 日召开的国家发改委新闻发布会上，首次做出了明确界定。“新基建”主要包括三方面的内容：一是信息基础设施，主要指基于新一代信息技术演化生成的基础设施，比如以 5G、物联网、工业互联网、卫星互联网为代表的通信网络基础设

① 原文发表于“上观新闻”平台 2020 年 5 月 10 日。

② 同济大学经济与管理学院经济与金融系教授，同济大学国家创新发展研究院首席专家、副院长，同济大学财经研究所所长。

施，以人工智能、云计算、区块链等为代表的新技术基础设施，以数据中心、智能计算中心为代表的算力基础设施等。二是融合基础设施，主要指深度应用互联网、大数据、人工智能等技术，支撑传统基础设施转型升级，进而形成的融合基础设施，比如智能交通基础设施、智慧能源基础设施等。三是创新基础设施，主要指支撑科学研究、技术开发、产品研制的具有公益属性的基础设施，比如重大科技基础设施、科教基础设施、产业技术创新基础设施等。

在我看来，与传统基建相比，新基建“新”在三个方面。

(1) 建设内涵新。“老基建”指的是机场、铁路、公路交通、邮电、供水供电等传统市政公用工程设施和公共生活服务设施的建设。这些投资规模大、周期长，短期刺激作用明显，但是投资回报相对慢一些。而“新基建”与高新技术发展紧密相连，是发展信息化、智能化、数字化的重要载体，也是创造与满足新需求的重要保障。

(2) 投资方式新。“新基建”涉及的领域技术性强、专业性强，需要政府调动社会资本参与的积极性，引导“专业人做专业事”。与传统基建相比，“新基建”投资主体更加市场化，像华为、阿里、腾讯等头部企业都是“新基建”的深度参与者。与之相匹配，社会资金的比例也会更高，在推进“新基建”的过程中，更加注重探索投融资机制创新，进一步激发民间投资参与的积极性。

(3) 发展内涵新。“新基建”不是“强刺激”。经过多年发展，传统基建的边际效用和收益递减。而“新基建”以技术创新为底色，既可短期创造就业和增长，也可促进结构转型升级，带动经济的中长期健康发展。加大在新型基础设施领域的投资，寻找经济增长新动能，体现创新发展理念，不仅可以带动传统产业转型发展，还关系到长远发展。

“新基建”并非替代“老基建”

“新基建”是2018年年底提出来的，但在2020年进入了“加速道”。我粗略做了一个统计，从2月3日到3月4日，短短30天时间内，仅中央层面就至少5次部署与“新基建”相关的任务，平均不到一周就谈一次。这样的频率和密度前所未有，这是为什么？

从战略角度来说,国家将科技创新要素为主的信息基础设施纳入新基建,具有鲜明的导向和指向,是贯彻落实创新发展理念、建设创新型国家的具体部署,体现了国家对科技创新的充分信任和殷切期待。科技强国必须要有“杀手锏”,随着创新基础设施的布局,不少领域将出现“国之重器”,在科技强国的征途中扮演重要的角色。“新基建”与现实需求高度吻合,某些领域的科技创新不断步入“深水区”,对于创新基础设施提出了更高的要求。“新基建”三个方面建设都与科技创新密切相关,具有鲜明的科技特征和科技导向,尤其是将创新基础设施明确列入其范围,更是凸显了科技创新在“新基建”中的特殊使命和重要地位。

从现实情况来说,新冠肺炎疫情对经济产生了较大影响。为了应对疫情对经济的冲击,必须采取更加积极的财政政策,加大对基础设施的投资,拉动经济增长。以投资“铁公机”为主的传统基建要继续发力,以信息基础设施建设为主的“新基建”则承担新使命,二者有机结合,将激发形成经济增长新动能。

“新基建”是中国未来新的经济增长点,也是经济发展中最活跃、最具有生产力要素优化和潜力提升的新引擎,“新基建”将创造大量新的市场需求和新的岗位。从投资角度来看,“新基建”将比“老基建”有更大的成长空间和更多的机会。以5G行业为例,根据2019年12月中国国际经济交流中心与中国信息通信研究院发布的《2020中国5G经济报告》,我国5G产业每投入1个单位将带动6个单位的经济产出。作为新型基础设施的重要组成部分,5G正成为各领域数字化转型的关键,而5G也被认为是“新基建”领域投资的重要发力点。5G作为支撑经济社会数字化、网络化、智能化转型的关键新型基础设施,不仅在助力疫情防控、复工复产等方面作用突出,同时,在稳投资、促消费、助升级、培植经济发展新动能等方面潜力巨大。

更为关键的是,“新基建”是面向未来的、具有前瞻性的布局。这一布局将为国家下一步的发展奠定基础,也必将促进和加快数字中国的发展。当前,数字经济正在进化到以人工智能为核心驱动力的智能经济新阶段,与之相适应的新基础设施同样需要国家牵头来投资、建设和协调。数字经济是经济高质量发展的核心,“新基建”是数字经济的基础保障。“新基建”对国民经济发展将起到巨大的推动作用,不仅能在短期内助力“六稳”和“六保”,

从长远发展来看，更是提升全要素生产率，实现经济高质量发展的重要支撑。而数字经济基础建设的水平，决定了中国在新一波技术红利的全球格局中，能否占据到更有利的位置。

需要指出的是，在现实中不少人陷入一种认识误区，认为"新基建"将逐步代替"老基建"。事实上，"新基建"和"老基建"并不是相互代替的关系，更非相互排斥，而是相互补充、互为条件和支撑的。从国家基建总体发展的大局来看，需要关系国计民生的重大工程等"老基建"托底复苏，也需要以"新基建"为主要推手，为经济发展注入新动能。政策层可能将通过"老基建复苏、新基建加力"的双轮驱动方式，推动经济复苏和转型升级。从具体建设项目的需求来看，"老基建"需要"新基建"为其注入新内涵、新活力和新的应用场景，"新基建"则需要"老基建"的基础设施和工程建设队伍的支撑和广泛参与。

新基建对不同的企业意味着什么

"新基建"之所以在 2020 年突然火起来，与新冠肺炎疫情的暴发这个时间节点有关。应该看到，此次疫情给社会运转和企业发展带来了影响，与此同时，也孕育着新的机遇。云办公、云课堂、云视频、云带货、云游戏、云试衣等需求和创新层出不穷，云服务概念深入人心，互联网产业涌现出众多"新常态"，让人们看到云计算和 AR、VR 等技术赋予终端更强大的生命力。

短期来看，疫情催化出的"新常态"需求让部分互联网行业用户量激增、渗透率提升，而习惯的养成具有不可逆的特性，有助于促进行业的进一步发展。长期来看，这些短暂爆发的创新和应用，并不会随着疫情趋缓、人们复工复产而消逝，在以云、AI、5G 为代表的"新基建"的驱使下，又有了新的动力和可能。在这背后，整个产业正经历着从流量驱动进入技术驱动的时代。对于不同的企业而言，"新基建"有着不同的意味。

显而易见，百度、阿里和腾讯等互联网前沿科技企业是"新基建"关键的建设者和受益者，也是新经济的引领者。一方面，前沿科技企业掌握了建设"新基建"设施的关键技术、产品和平台；另一方面，前沿科技企业同时也是"新基建"主要的用户，它们更清楚新型基础设施的需求，可以将"新基建"的应用场景和需求更为紧密地结合，通过迭代方式来提升新型基础设施的能力，进一步拓展应用场景和覆盖人群，领跑新经济。可以预见，“数字化”将成为一种生活方式。未来，智能制造、物联网、自动驾驶、人工智能、智慧医疗等方面的应用，必然带来云消费、云办公、云会议和在线娱乐等，如果能借助“新基建”所带来的增长新动能，前沿科技企业将会在满足人民数字生活的美好需要中迎来新一轮的发展机会。

“新基建”也给广大中小企业和创新创业带来无限机会。“新基建”将会极大地降低新技术、新模式创新创业的门槛和技术难度，可以在短时间内激发大量的创新和就业机会。“新基建”包括十分重要的“软平台”应用场景的拓展。电商平台、移动支付、直播卖货、快递物流等基于互联网基础设施发展起来的新业态已经成为与“硬设施”相伴相生的“软平台”，共同支撑新经济的发展，成为“新基建”不可或缺的一部分。对于中小科技企业来讲，“新基建”需要用到一些基础元器件或基础设施，中小企业可以提供配套，也可以参加一些基础设施建设；另外，更为重要的是，“硬设施”和“软平台”在进一步降低商业成本的同时，为广大中小企业创新创业、拓展应用场景和市场空间提供了广阔的空间。

“新基建”对于传统制造业来说，既是挑战也是难得的发展机遇，有助于加快传统制造业企业数字化转型的进程。大数据、人工智能、工业互联网等信息处理技术的应用和发展，为传统制造业的应用技术场景革命提供了更为广阔的空间，是制造技术升级和新型业务发展的关键驱动力。制造业企业借助“新基建”，可吸收数字化时代赋予的科技力量，充分释放产业互联网的连接、融合和共享价值，在推进企业转型的同时助推行业转型，顺应新时代发展步伐。制造业企业通过工业全要素、全价值链和全产业链的连接、解耦和重构，实现对企业成本、质量、效益的优化和新技术、新产品、商业新模式的培育，以提高精细化运营和精益化管理水平，做好与数字经济、实体经济融合的远期布局，实现科技创新与产业升级的相互促进。

“新基建”不能走“老基建”之路

“新基建”总体上是一个新事物，在推进过程中，我们还面临着不少弱项和短板。

从新基建领域的国际比较来看，目前我国在网络建设方面全球领先，包括宽带基础和5G发展。但我国在数据中心建设、AI人才储备、开源社区等方面和发达国家相比差距还很大。比如:人工智能产业链条初步形成,但在底层算法、开源框架上基础比较薄弱;作为传统制造业转型的铺路石,工业互联网平台建设用到的智能装备、高端工业软件大多数依赖进口;我国有较强的数据中心部署能力,但"缺芯少魂"的局面没有得到根本扭转,随时可能面临"卡脖子"的风险。同时,重大技术原创性不足、标准制定话语权不够、研发应用与市场脱节等技术创新瓶颈也逐渐暴露。我国目前几乎没有重大原创的移动互联技术,手机和计算机终端的核心元器件和操作程序也大多依赖国外。移动互联网领域一直存在重应用技术、轻基础科学的倾向,导致技术创新后劲不足。

习近平总书记深刻指出:"在别人的墙基上砌房子,再大再漂亮也可能经不起风雨,甚至会不堪一击。"因此,在"新基建"投资中,必须避免撒胡椒面式地平均用力、四处散花,应集全国之力,加快突破关键技术瓶颈,不能把支撑中国数字经济发展的"新基建"建在依赖国外技术基础的沙滩上。筑牢"地基","新基建"才能更好释放创新红利,促进新业态、新产业、新服务的发展。只有在前沿技术领域以及核心芯片、核心基础软件等具有国际竞争力的关键核心技术领域取得突破,"新基建"才能行稳致远,发挥更大效能。这是保持数字经济先发优势,并向产业链高端攀升的必由之路。

在规划和建设应用好"新基建"的同时,我们一刻也不能放松对软硬件、底层平台等"新基建"关键核心技术的科研攻关。要从政策导向上鼓励企业和科研机构增大基础研究,应重点培育拥有"创造改变世界场景"能力的高成长性潜力企业,通过联合创新、外部资源对接等方式,帮助企业加速技术和模式的创新,加快突破"新基建"最底层的基础技术和核心技术,要以价值重构为主线,坚持技术支撑和业务落地双轮驱动,实现技术和业务双向迭代。要持续不断地抓好"新基建"人才的吸引和培养,吸引全球创新人才积聚,实现人才集聚的"洼地效应",使产业和人才形成互动,最终提升中国高端制造业的国际竞争力。

发力"新基建",要更加注重探索投融资机制创新,进一步激发民间投资参与的积极性。规划"新基建"项目,必须要尊重经济规律,遵循"市场主导、政府引导"的原则,鼓励不同主体运用市场机制,灵活开展多种形式的合作,探索团队融合、产品融合和文化融合，在经营机制上进行创新探索，为“新基建”创造良好的发展环境。“新基建”在发展过程中不能走“老基建”之路，要避免一哄而上，要考虑市场需求和本地发展实际，同时，还要根据财力和债务的承受情况循序渐进地推进，避免形成新的地方债风险。

正如互联网的普及带来了淘宝、京东主导的电商时代；移动互联网的普及带来了微信、滴滴出行等主导的社交和共享经济时代；4G 网络的普及带来了无线宽带的应用时代。随着“新基建”成为现实，“新基建”的“网络效应”会带来指数型增长，带来大量目前无法预知的高成长的新业态，中国经济“全面在线”时代正加速到来。

第4篇
深耕经济理论创新

请个人尽力增加消费吧！增加消费就是联合抗疫[①]

钟宁桦[②]

随着新冠肺炎疫情在全球的蔓延，世界上几乎所有主要国家的经济同时收缩，这在过去数百年的经济史中实属罕见。而回顾改革开放以来的四十多年，我国几乎从未碰到过类似局面。

在疫情严峻的考验下，上海在危中求机，大力发展数字经济、推进科技创新。一季度，上海信息传输、软件和信息技术服务业增加值比上年同期增长13.1%，网上商店零售额占社会消费品零售总额的比重达17.7%，同比提高4.9个百分点。在这些新产业、新业态的带动下，一季度上海GDP的增速基本与全国保持一致，应该说，这已经非常不易了。

展望未来，着眼于疫情在发达国家的不确定性，以及短期内可能遭受到更大的外需冲击，2020年4月17日召开的中共中央政治局会议强调，要积极扩大国内需求。而扩大国内需求的第一任务是要释放消费潜力，扩大居民消费。此次会议同时强调，要支持企业出口转内销。由于上海服务业和出口占比高，能否实现这两点是稳住经济基本盘的关键所在。我们需要采取一些措施，以强而有力的行动，促进消费回补以及出口企业尽快融入内部经济循环中。

近日，上海推出《关于提振消费信心强力释放消费需求的若干措施》，以一系列"组合拳"提振消费信心、释放消费潜力、促进消费提质扩容。通过举办"五五购物节，全城打折季"活动，做到本地平台、商家、终端产品全覆盖，

---

① 原文发表于《文汇报》2020年4月27日第5版。

② 同济大学经济与管理学院经济与金融系主任、教授。

全市消费人群全覆盖,最大限度地激发市场主体和平台企业积极性,最大限度地放大政策和资金的杠杆作用。

就在2020年4月初,笔者作为牵头人之一的中国青年经济学家联谊会(YES)也曾发出呼吁:在此特殊时期,个人与政府应一起出力拉动消费。YES是由上海交通大学、复旦大学、同济大学、上海财经大学、中央财经大学以及中山大学等高校的青年经济学家组成,旨在基于严谨的经济分析为国家的经济发展提出建议。我们在充分讨论后发出呼吁:请个人尽力增加消费,增加消费就是联合抗疫。

疫情对中国经济的冲击将特别影响到低收入群体,尤其是餐饮住宿、交通运输、批发零售以及纺织等劳动密集型出口行业的就业群体。此时,每个个体如果不让自己的消费下降,而是增加消费,就是为对抗疫情冲击做贡献。对一般民众而言,如果有一些东西准备添置,如果有一些家庭设备(比如电器)准备置换,购物车里有准备要买的物品,不要再等待,不妨快点下单。买东西的时候,对一些可以在家里储藏的商品,不妨多买一点。特别是对中国出口比较多的纺织类产品等日用品,这时候,多花点钱有利于帮助企业转向国内市场,帮助它们渡过难关。经济负面冲击到来的时候,正是物价低的时候。同时,随着货币政策的放松,未来价格可能会上涨。此时消费,对个体来说不会有太大损失。

现在的经济是一个非常复杂的系统,供给和需求互相影响,不同的行业互相交织。在这样的一个系统中,没有一个人可以独善其身。直白地讲:如果没有国内需求或海外订单,一些企业就会被迫裁员或倒闭,这些员工就会收入下降,被迫缩减开支,从而又导致对于其他行业的需求减少。如此循环就会将危机的波及面不断放大。因此,无论是个体还是政府都应积极作为。从这点上说,扩大消费以保住企业等市场主体,既是助人,也是自助。

新论保障重要农产品有效供给[①]

程国强[②]

保障重要农产品有效供给始终是“三农”工作的头等大事。粮食稳产保供是稳经济、稳全局的压舱石，“菜篮子”产品保供稳价是稳预期、稳民心的基本盘。深入贯彻落实2020年的中央一号文件，需要有力保障粮食、生猪等重要农产品生产稳定、有效供给。在国内经济下行压力加大、国际局势风云变幻的复杂局面下，尤其是在当前防控新冠肺炎疫情的关键阶段，这一举措具有更加重要的意义。

落实中央关于保障重要农产品有效供给的要求，必须在今年的“三农”政策安排和工作部署中，坚持防控疫情、稳产保供两手抓、两手都要硬，着力夯实重要农产品稳产保供基础。

粮食生产要夯实基础，突出“稳”字。要根据现有的粮食产能基础，切实稳住今年的粮食种植面积、稳定粮食产量，为粮食保供筑牢基础。做到这一点，必须强化粮食安全省长责任制考核，进一步增强地方政府保障粮食安全的责任意识和大局意识；加大对产粮大县的奖励和支持力度，夯实地方重农抓粮的积极性和责任心；要深入推进农产品收储制度改革，探索实施更加有效、合规的补贴措施，进一步完善农业支持政策体系，保障农民种粮基本收益，保护好农民种粮务农的积极性；要增加2020年高标准农田建设等农业基础设施项目安排，促进提升农业抗灾水平、提高粮食综合生产能力；要深入推进农业供给侧结构性改革，促进农业高质量发展，提高粮食质量和品质。

---

① 原文发表于《人民日报》2020年2月21日第05版。

② 同济大学经济与管理学院经济与金融系特聘教授，中央农办、农业农村部“乡村振兴专家咨询委员会”委员。

“菜篮子”产品，要严抓落实，突出“实”字。一方面，严格落实各级政府的责任，尤其要压实“菜篮子”市长负责制，抓好非洲猪瘟防控，多措并举恢复生猪生产。另一方面，要落实政策，推动已经出台的扶持政策落实落地，尤其要注重充分发挥市场配置资源的决定性作用，更好发挥政府作用，引导转变生猪产业发展方式，促进转型升级。此外，要顺应食品供需结构变化趋势，大力发展禽肉、牛羊肉、水产品等生产，促进调优畜牧养殖结构。只有突出抓好“菜篮子”工程，进一步完善相关政策措施，按照保供稳价新形势、新要求，才能促进“菜篮子”产品生产结构升级、体系优化。

农产品市场供应，要确保稳定有序，突出“畅通”。目前，我国粮食等重要农产品库存充裕，总体供给充足，能够满足老百姓正常生活的需要。在当前防控疫情的关键时期，农产品市场供应要突出抓好三个“畅通”，即信息畅通、运输畅通和物流畅通。进一步加强市场监测预警，完善应急调控体系，确保农产品流通有序、供应充足、价格基本稳定。与此同时，要进一步抓好农产品产销衔接、供需平衡，充分发挥新型流通业态和“互联网+”优势，加快构建农产品现代市场流通体系，促进农产品出村进城，实现优质农产品产得好、销得出、卖好价。

全面理解构建新发展格局的深刻内涵[①]

石建勋[②]

2020年9月1日，习近平总书记主持召开中央全面深化改革委员会第十五次会议并发表重要讲话，强调要推动更深层次改革，实行更高水平开放，为构建新发展格局提供强大动力。加快形成以国内大循环为主体、国内国际双循环相互促进的新发展格局，是根据我国发展阶段、环境、条件变化做出的战略决策，是事关全局的系统性深层次变革。全面理解构建新发展格局的深刻内涵，需要从以下几个方面来认识和把握。

构建新发展格局是实现中国经济高质量发展的内在要求。新发展格局是根据我国发展阶段、环境、条件变化提出来的。我国经济进入高质量发展阶段，社会主要矛盾已经转化为人民日益增长的美好生活需要和不平衡、不充分的发展之间的矛盾，人均国内生产总值达到1万美元，城镇化率超过60%，中等收入群体超过4亿人，人民对美好生活的要求不断提高。适应我国社会主要矛盾发展变化带来的新特征、新要求，新发展格局强调扭住扩大内需这个战略基点，有助于更好满足人民美好生活需要。

构建新发展格局强调扩大内需的重要性，不是过去的简单重复，而是要坚持转变发展方式，调整经济结构，依靠科技创新，培育经济增长新动能，形成更多新的增长极，提升发展的质量和效益，使发展成果更多地惠及人民群众。未来一个时期，中国经济增长的内需潜力会不断释放，实现高质量发展，既要持续以供给侧结构性改革为主线，疏通国内经济大循环的堵点、断

---

① 原文发表于《光明日报》2020年9月21日04版。

② 同济大学经济与管理学院经济与金融系教授、同济大学国家创新发展研究院副院长、上海市习近平新时代中国特色社会主义思想研究中心副主任。

点,也要把握好扩大内需这个战略基点,使生产、分配、流通、消费更多地依托国内市场,满足人们的美好生活需要,提升供给体系对国内需求的适配性,形成需求牵引供给、供给创造需求的更高水平动态平衡,使新发展格局有持续、安全、高效、稳定的动力源和支撑面。

构建新发展格局是提升我国产业链体系质量、维护经济安全的客观需要。中央政治局会议强调要"实现发展规模、速度、质量、结构、效益、安全相统一"。经济安全突出反映在产业链、供应链体系的安全上。长期以来,中国在全球产业链中处于中低端,产品的附加值不够高,品牌效应不够强,某些高科技产品和技术对供应链的依赖性强,随时面临被断供"卡脖子"的风险,从而威胁着我国的产业和经济安全。因此,构建新发展格局,必须构建自主、安全、可控的产业链和供应链。

要牢固树立创新发展理念,加快推进科技强国建设,加强协同科技创新和技术攻关,强化关键环节、关键领域、关键产品保障能力,加快实现从代工到研发、从模仿到创新、从"中国制造"向"中国智造"和"中国创造"的转变;要加快实施产业基础再造和产业链提升工程,巩固传统产业优势,强化优势产业领先地位,抓紧布局战略性新兴产业、未来产业,提升产业基础高级化、产业链现代化水平,尤其要利用我们全球最完备产业配套体系和超大规模市场的独特优势,做全球产业链、供应链的"稳定器"。

构建新发展格局不是"自我封闭",而是要推进更高水平的开放。关起门来搞"内循环",只会导致"死循环"。构建新发展格局,强调畅通内外循环、内外并重、内外相互促进,是新形势下更高水平的开放发展布局。开放发展的重要内涵在于促进竞争、激发新动能。开放带来的竞争与合作,对于更好地实现以国内大循环为主体,保持内循环机体的活力和竞争力至关重要,这样才能使国内大循环的主体地位更加稳固。畅通内外循环是要将我国的创新链、产业链、供应链有机地嵌入全球的创新链、产业链、供应链之中,成为全球创新链、产业链、供应链必不可少的组成部分,增强其不可替代性。

只有国内国际双循环相互促进,才能优化生产要素的跨国配置,扩大优质商品、服务的进口,进一步满足国内的生产和消费需求,使国内大循环更加通畅,质量更高。为此,要更加积极地参与国际分工合作,坚持进口与出口并重、利用外资和对外投资相互协调,增强国际国内两个市场、两种资源的黏合度，逐步实现由商品和要素流动型开放向规则等制度型开放的转变，提升投资和贸易便利化水平，不断优化营商环境，促进与相关国家的交流及合作。

构建新发展格局是有效应对全球经济不确定性的战略选择。当今世界正发生着复杂、深刻的变化，全球经济放缓，贸易保护主义、单边主义、孤立主义等逆全球化思潮有所蔓延，加之罕见的疫情冲击，全球化分工带来的产业链、供应链和价值链布局面临着严峻挑战。面对全球经济日益加强的不确定性，构建新发展格局就要下好先手棋，在危机中育新机、于变局中开新局。关键是要做好自己的事，用改革开放的确定性应对外部的不确定性。通过构建以国内大循环为主体、国内国际双循环相互促进的新发展格局，着力释放内需潜能，在实现经济高质量发展的同时，为经济全球化注入新动能、注入确定性，引领经济全球化朝着更加开放、包容、普惠、平衡、共赢的方向发展，为构建人类命运共同体、实现合作共赢做出重要贡献。

构建新发展格局是主动塑造和延长战略机遇期的必然选择。当前和今后一个时期，我国发展仍然处于重要的战略机遇期，但机遇和挑战都有新的发展变化。以往中国的战略机遇期，客观上更依赖于外部环境出现有利变化，具有明显的外生性。随着中国成为第二大经济体，从追赶者、学习者逐渐向领跑者转变，竞争力、影响力和塑造力不断提升，更多的就需要靠自己的努力去争取和创造发展机遇。为此，要充分发挥我国兼具门类齐全的工业生产能力、超大规模的市场优势，在畅通双循环的新发展格局中，加快推动、完善和构建更加公平公正、包容普惠、互利共赢的规则体系，着力提升中国的国际规则制定权和话语权，为中国和世界各国的经济发展创造更多的共享性和普惠性机遇。

我国在过去几十年间充分利用要素价格低廉的优势，通过出口导向型发展模式创造了世界经济发展史上的诸多奇迹。近年来，随着外部环境和我国要素禀赋的变化，市场和资源两头在外的国际大循环动能明显减弱，发展空间受限。而我国内需潜力不断释放，国内大循环活力日益强劲，为构建新发展格局奠定了坚实基础。事实上，自 2008 年国际金融危机以来，中国经济已经在向以国内大循环为主体转变。顺应这一转变，加快构建新发展格局将有利于充分发挥国内超大规模市场的优势，通过繁荣国内经济为中国和世界的经济发展增添强劲动力。

“深绿色革命”要做到“三个融合”[①]

诸大建[②]

国家主席习近平在第二十三届圣彼得堡国际经济论坛全会上指出，可持续发展是各方的最大利益契合点和最佳合作切入点，是破解当前全球性问题的“金钥匙”。这一重要讲话的内容高屋建瓴，提振了可持续发展研究者、实践者的信心。

从2020年开始，我们要研究制定国民经济和社会发展第十四个五年规划纲要，这是面向2035年现代化基本实现阶段的第一个五年规划。传统上，五年规划被认为主要是发展规划，有关合作治理的内容不多。事实上，从生态文明的目标来看，浅层次是发展层面问题，深层次则是治理层面问题。因此，在2020年以后的五年规划编制中，有必要强化合作治理的作用。

生态文明建设是“五位一体”总体布局中的重要“一位”。目前，从可持续发展角度来解读生态文明的研究工作还不太多。很多人仅仅把生态文明理解为环境保护，甚至将生态文明建设与经济发展对立起来。

其实，加强可持续发展与生态文明之间的对话具有十分重要的意义。一方面，要用国际可持续发展研究的通用语言来解读我国生态文明的思想、政策与实践，讲好生态文明的中国故事，从而推进联合国2030全球可持续发展目标的实现；另一方面，要将国际可持续发展研究的新成果、新思想融入我国的生态文明研究和实践，深化生态文明的理论、战略与政策，更好地建设美丽中国。

---

① 原文发表于《解放日报》2019年07月16日第11版。

② 同济大学经济与管理学院公共管理系教授、可持续发展与管理研究所所长。

建设生态文明需要政府管理从碎片化转向整合化。一是目标的相互增强,不同目标的部门,如发展部门与环保部门,需要在生态与文明之间找到交集和平衡点。二是手段的相互增强,政府的管理手段通常包含规制、市场、公众参与三种方式,不同手段之间应该相互支撑。

经济相对不发达的地区能否认定生态环境较好

近 10 年来,特别是 2012 年联合国召开"里约 + 20"首脑会议以来,国际上有关可持续发展的研究出现了一系列重要的新成果、新思想。这些新成果、新思想可从对象、过程、主体三个维度来把握。

一、对象维度:可持续发展要求人类发展与环境压力脱钩

这种脱钩可分解为两个方面:一是经济增长与环境压力的脱钩,这是提高资源生产率的问题;二是社会福利与经济增长的脱钩,这是提高经济服务效率的问题。

从对象视角来看,生态文明包含环境与发展、生态与文明两个方面。没有经济社会发展的资源环境保护,不能认为是生态文明;没有资源、环境保护的经济社会发展,也不能认为是生态文明。

现实中存在的一个误区是,人们往往将生态文明进行拆解,而没有意识到它是资源、环境保护与经济社会发展的整合,导致"有文明无生态"或者"有生态无文明"的认识或做法。前者表现为以 GDP 为导向的唯经济增长,后者则是将生态文明等同于环境保护。

例如,一些经济相对不发达的地区常常自称或被认为是生态文明较好的地区。实际上,从生态文明的视角来衡量,发展中地区应该看生态环境是否促进经济社会发展,发达地区则应该看经济社会发展是否对资源和环境友好。

二、过程维度:可持续发展要进行因果链的全过程变革

简单来说,这一维度就是如何看待经济、社会、环境三者之间的关系。

从因果关系来看,人们对经济、社会、环境三者关系的认识及其思想演进,存在几种不同的处理方式:

(1) 增长模式。环境被看作经济社会微不足道的子系统,这是 1972 年联合国环境大会前国际发展思想的主流。

(2) 并列模式。经济、社会、环境在可持续发展中是并列关系,环境问题

得到重视但更为强调末端治理,这是 1972—1992 年间的思想主流。

(3) 相交模式,即注意在经济、社会、环境的交界面进行改进,但物质效率提高与物质规模扩张之间存在矛盾,这是 1992—2012 年间的思想主流。

(4) 包含模型,即强调经济社会发展要与资源环境消耗绝对脱钩。

从过程视角来看,生态文明是超越末端导向污染治理的新环境主义或者说“深绿色革命”。要求对资源环境问题的处理从被动的救火式事后治理,转化为主动的预防性事前防范。

三、主体维度:三个层面合作治理推进可持续发展

自 2012 年以来,人们越来越多地强调可持续发展需要扩展为经济、社会、环境、治理四位一体的体系。其中,合作治理是至关重要的组成部分。

有学者提出,可持续发展需要三个层面的合作治理:第一个层面是宏观管理和社会管理,第二个层面是组织合作和公私合作,第三个层面是公众参与和个体管理。

从主体视角来看,生态文明的发展涉及政府、企业、社会、公民等利益相关者的上下互动和广泛参与,而不是把生态文明归结为政府单个主体的意愿和动员,更不只是中央政府自上而下的意愿和动员。

这一方面的相关误区在于,人们常常强调生态文明是资源环保部门的工作,而不是多部门的协同合作与全社会的网络治理。

在新时代,建设生态文明需要政府管理从碎片化转向整合化。一是目标的相互增强,不同目标的部门,如发展部门与环保部门,需要在生态与文明之间找到交集和平衡点。二是手段的相互增强,政府的管理手段通常包含规制、市场、公众参与三种方式,不同手段之间应该相互支撑。

发展中国家能否用较低的生态足迹实现现代化

理论是实践的先导。用可持续发展研究的新成果、新思想来解读生态文明,可以消解我们对生态文明建设的一些认识误区,可以为生态文明深化提供新的理论启示,进而增强我国生态文明理论在国际上的话语能力和说服力。那么,我国到底要建设怎样的生态文明呢?

目前,世界上关于生态文明的发展主要有三种模式。在这里,可以简称为 A 模式、B 模式和 C 模式。

先来看先增长后绿色化的 A 模式。

在这种模式中，一个国家先从低人类发展、低生态足迹（适当的承载力）迈入高人类发展、高生态足迹，然后再进入高人类发展、低生态足迹的目标区域。

当前，发达国家人均 GDP 普遍在 3 万美元左右，人类发展指数在 0.8 以上，但人均二氧化碳排放在 10 吨左右，人均生态足迹普遍超过地球生态供给能力两倍及以上。它实际上走的是高消耗、高污染、高增长或者说“先褐色、后绿色”的发展道路。

再来看跨越式进入目标区域的 B 模式。

在这种模式中，人们希望发展中国家能够从低人类发展、低生态足迹状态，一步迈入可持续发展要求的高人类发展、低生态足迹。这意味着在提高人类发展水平的同时要进一步降低生态足迹。

理论上这样的思路有其道理，但实践中常常走不通。因为跨越式发展的 B 模式要有高度的思想创新、制度创新和技术创新，而发展中国家总是受到旧观念、旧制度、旧技术等状况的抑制，有效法先行者的惯性或者说惰性。

最后来看追求有绿色竞争力的 C 模式。

在这个模式中，人均 GDP 达到两三万美元，人类发展指数达到 0.8 以上。同时，虽然超过地球人均生物承载能力，但能严格控制在不超过全球人均生态足迹水平之内，特别是不超过发达国家的水平。这是一个宏伟的绿色发展目标，意味着将用低于发达国家的人均生态足迹来达到发达国家的现代化水平。

对中国来说，发展 C 模式是相对可行的。未来很长一段时间，我国的主要任务仍然是实现工业化、城市化和现代化。相对于西方国家后工业化社会的生态文明，中国特色的生态文明要将工业文明与生态文明结合起来，或者说是用生态文明的原则来改造传统意义上的工业文明。

中国式生态文明的实质是新工业文明问题。概而言之，我国未来的发展，既不是沿袭传统的工业文明，也不是提前进入后工业化的生态文明，而是要走出自己特色的生态化工业文明之路。

进一步来看，未来二三十年生态文明的主流应该是强调“三个融入”。一是融入新型城市化。城市发展要从空间蔓延、物质浪费转向空间紧凑、物质集约。二是融入工业化转型。产业发展要从线性经济、高碳经济转向循环经济、低碳经济。三是融入现代化生活。特别是生活模式要从拥有导向转向共享导向。

用生态红线、环境底线、资源上限能否倒逼转型

最后，还有必要回顾一下改革开放以来的五年规划。在生态文明和绿色发展方面，它大体上表现为一个由浅入深的演进过程。

粗略研究一下可以发现，"六五""七五""八五"时期的指导思想主要是增长模型，社会发展得到重视，开始与经济增长并列，但没有单列的资源环境部分；"九五""十五"时期的指导思想是并列模型，由于引入了可持续发展概念，资源环境部分开始与经济增长、社会发展并重，但仍限于末端污染治理等内容。

"十一五""十二五"时期的指导思想是相交模型，开始强调低碳经济和循环经济、能源强度和资源生产率等概念，绿色发展从经济社会过程末端转入源头；"十三五"时期的指导思想开始显露包含模型，强调生态红线和生态功能分区等概念，要求用生态红线倒逼发展模式转型。

按照这一思路，在"十四五"规划的编制中，有必要从生态文明全覆盖、全渗透的角度出发来处理经济、社会、环境、治理四者的关系，把合作治理与生态文明建设结合起来。特别是，要加强有利于生态文明建设的政府间合作与整合，包括规划整合、体制整合、指标整合和政策整合等。

在规划整合方面，要能够超越传统的资源环境领域，进入经济社会发展领域，包括在资源环境部分强调红线约束和生态门槛，在经济增长部分强调内涵提升和改进效率，在社会发展部分强调生态公平和绿色消费，在合作治理部分强调适应性管理与减缓性管理的"双管齐下"。

在体制整合方面，有两个方面的内容需要加强：一是发改委等综合部门应该更好地进行顶层设计，统筹协调整个生态文明工作，而不是简单重复资源环境部门做过的事；二是各个发展部门应该把生态文明融入专业领域，促进经济社会各个领域的生态化和绿色化进程。传统的资源环境部门除了进一步做好末端治理的防守工作之外，还应更好地加强生态红线、环境底线、资源上限的把控，倒逼各个领域的发展模式转型。

在指标整合方面，要重视将环境与发展整合起来的复合指标。例如，在绿色增长方面，可用单位土地的经济产出、单位能耗的经济产出、单位水耗的经济产出、单位废弃物的经济产出等资源生产率指标来测量绿色经济的发展水平；在绿色发展方面，可用单位生态足迹的人类发展来测量地方生态文明的发展水平和类型；用发展与环境的相对脱钩、绝对脱钩来说明生态文明的发展状态等。

在政策整合方面，面向生态文明的制度建设和政策设计要有"确定规模、分配产权、市场交易"三个环节。这是一个将政府机制、市场机制、社会机制整合起来的合作治理过程。

需要强调的是，生态文明建设不仅需要自上而下的政府组织发力，而且需要市场组织和社会组织自下而上的广泛参与。不管有什么利益偏好，各类组织都应在不影响甚至增加其他利益的前提下实现组织自身的价值。

同时，要进一步增强公民参与生态文明建设的能力。生态文明建设不是单打独斗，而是需要与其他几大建设相结合。其中，特别要与文化建设相融合。要开展中国特色的生态文明教育、宣传、研究与传播活动，培养公众参与生态文明建设的新伦理、新人格。

例如，从环境教育深化为生态文明教育，开展生态文明的全民终身教育，加强与新伦理、新人格有关的知识生产与国际合作。要重视相关知识生产与知识创新，推动高等院校和人文社科深入开展学术研究，特别是加强习近平生态文明思想与可持续发展新思想之间关系的研究。

具体包括，生态文明新伦理的"四个需求"如何与可持续发展的"四个资本"形成对接，它又如何与马斯洛心理学关于人的发展的"五个需求"相对接，以及如何说明中国的"五位一体"建设与生态文明新伦理、新人格的内在联系，等等。

此外，要加强与国际组织的合作，用国际上接受的和可以理解的语言讲好中国生态文明与文化建设相结合的故事，为国际可持续发展注入中国生态文明的思考与实践。

独角兽成长逻辑与投资炒作[①]

张玉臣[②]

独角兽作为近年来商业生态中衍生出的一个特殊企业群落，得到世人的普遍关注。独角兽企业得以涌现，很大程度上依赖于互联网走进人类社会经济生活中。也可以说，是互联网所具备的三大效应，使得依托其成长的企业具备了极大超越以往发展速度的可能。

一是跨时空链接效应，即互联网能够实现不受时空、地域限制的便捷全球链接，使其服务的顾客量可以快速达到极大规模。

二是平台化效应，即依托互联网开展的服务实际上演化为平台性产品，使其可以享有平台性产品都具有的“先发优势”之利。

三是递阶衍生效应，即依托互联网开始的经营能够衍生出许多新的业务，如网上购物必然衍生出快递和网上支付等。

以淘宝网为例，为了维持网络商贸的健康持续发展，其首先衍生出快递和电子支付业务。其次，依托互联网的交易还形成了庞大的数据、知识聚集效应。一方面，通过对数据进行开发可以挖掘出诸多有益的规律，还可以通过咨询服务等方式获得商业价值；另一方面，对数据的挖掘和利用又能推动阿里巴巴对于数据存储、算法、算力等方面能力的逐步提升，进而成为智能化技术的优势和领先主体。正是这种递阶衍生性，使得阿里巴巴、腾讯等互联网公司快速发展成为多种业态混合经营的商业巨头，使得它们能够用10年左右的时间完成（实际上远远超越）福特汽车公司、大众汽车公司等工业

---

① 原文发表于“同济大学经济与管理学院”网站2020年7月3日。

② 同济大学经济与管理学院创新与战略系（筹）教授、博士生导师。

时代的企业用近百年时间完成的价值积累，而基于阿里巴巴、腾讯等已经形成的平台和顾客群优势，在其上衍生的蚂蚁金服等企业成长更为迅速。又如拼多多，仅用三年时间市值就达 240 亿美元，成为中国互联网二代独角兽公司的代表；适应当代年轻人追求趣味性、个性化、张扬表达等消费特点，快手、抖音等短视频 App 近两年也快速崛起，成为消费互联网新独角兽公司的代表，也激发了一股短视频创业热潮。

独角兽企业虽然是商业生态中的特殊企业群落，但既然是商业公司，就不可能超越商业原则。也就是说，独角兽企业也应遵循符合商业原则的成长逻辑。那么，互联网时代企业合理的成长逻辑是什么呢？基于互联网商业生态的特点，我们可以从以下五个特性来审视企业的成长及发展前景。

一是平台的共享性，即企业运营的平台共享性程度的高低。这种共享性高低的比较可直观地观察是"运营主体搭台，非定向公众唱戏"，还是"运营主体搭台，自己或定向歌手唱戏"。这样的两种运营模式不仅影响受众群体和顾客规模，还直接影响企业的运营成本。微信、知乎等是典型的"运营主体搭台，公众或客户众人唱戏"，而混沌大学等则是"运营主体搭台，自己或请歌手唱戏"。显然，平台共享程度越高，其具有的竞争优势就越大。

二是服务成本的自控性，即企业面向客户提供服务的载体成本是否掌握在自己手中？微信、淘宝主要是平台维护运营成本，企业对其有较强的自控性。共享单车等成本就不具有自控性，它们首先要投入单车等硬件，同时也难以自控这些硬件成本，如摩拜不能控制单车被使用者毁坏。

三是巨量顾客的黏着性，即企业依托的互联网平台不仅能够快速吸引大量顾客，还对顾客形成强烈的黏着性。比如腾讯的微信支付为什么能用三年时间就赶上支付宝 10 年聚集的客户规模？根本原因在于微信具有比阿里的淘宝网等更强的顾客黏着性。

四是知识累积的价值性，即互联网平台都有知识或数据的聚集效应，但知识数据并非都能够兑现价值，只有具有领先或独占优势的数据才具有价值。如共享单车也能够聚集数据，但它们的数据很难产生像微信、淘宝那样的价值，甚至其价值都不及京东、拼多多等商业平台。

五是业态衍生的掌控性，即所有互联网平台都有业态衍生性，但衍生出来的产业能否形成竞争力？企业能否实现对这个业态的有效控制？从理论上说，摩拜单车完全可以衍生出电子支付业务，但由于已有支付宝、微信支付等在先，摩拜单车的电子支付就难以被市场接受，自然也难以形成摩拜的价值源泉。

从理论上说，上述“五性”不好的企业难以形成竞争优势，甚至难以具备持续的盈利能力，更不应该成为独角兽企业。然而，市场或商业实践中存在非理性力量，将共享单车等按照商业逻辑并不具有竞争优势的公司培育成了独角兽。这种非理性力量中最为突出的就是“疯狂”的资本。我们知道，资本是逐利的，也是敢于冒险的。

首先，互联网商业和所有伟大的创新一样，都具有前期高投入、需要逐期回收收益等特点。所以，融资几乎是所有互联网企业的“必需课”。可以说，没有风险投资就没有互联网的发展，没有风险投资就没有很多伟大的创新。

其次，互联网商业具有递阶衍生性等特点，极易形成被“市场”接受或认同的“故事”或概念，加之几乎所有互联网企业都有前期大量烧钱、然后逐步盈利的经历，很容易让人们相信会重现“昨天的故事”。

再次，互联网商业的产业融合性等也加大了人们认识其商业模式、审视其商业逻辑的难度，一些非专业的大众鲜有鉴别其真伪的能力。

最后是IPO的放大效应，由于IPO是风险投资最为偏好的推出方式，也由于互联网企业具有前面分析的几个特点，使得一个创业企业从早期的天使轮、种子轮，到后期的成长期投资、桥式投资，其间经过了多轮次的投资接力。每一次接力都会推升创业企业估值，直到后边的投资者到二级市场兑现收益。

在这样一个漫长的投资、溢价估值链条中，有些主体可能是由于无知(对创业企业实际价值没有认知和判断能力)，也不排除有些主体本来就无耻(基于公众的信息有限和缺乏专业知识人为地欺骗公众和社会)，多元参与者造成“众人拾柴火焰高”效应，使本来并不出色的企业被培育成“独角兽”公司。

大量产生的独角兽企业是由于我们步入了互联网时代，而互联网时代的逻辑支持独角兽企业的产生和发展。目前，互联网正在由消费型向生产型升级，伴随更加巨量数据的衍生和处理，人类社会即将进入智能时代。智能时代不会消灭互联网时代的逻辑，反而会使很多逻辑得到放大和强化。可以预期，智能时代的独角兽企业一定会更多，而且也会与时代一起升级。

饭碗牢靠,全面小康的物质根基[①]

程国强[②]

民为国基,谷为民命。习近平总书记指出,“中国人的饭碗任何时候都要牢牢端在自己手上”,“粮食安全是国家安全的重要基础”。保障粮食安全、牢牢端稳中国饭碗,是全面建成小康社会的基础工程,是事关国家长治久安的重大战略。只有从根本上解决吃饭这个最基本的民生问题、牢牢掌握粮食安全主动权,才能在全面建成小康社会的过程中不断增强人民群众的获得感、幸福感和安全感,使人民群众真正有尊严、有体面、有保障、有安宁。

我国如何做到把中国饭碗牢牢端在自己手中,并且确保中国饭碗里装满中国粮呢?《经济日报》记者就此专访了国家粮食安全战略专家咨询委员会委员、同济大学经济与管理学院特聘教授程国强。

把中国饭碗牢牢端在自己手上

记者:从古至今,粮食就是万民之命。新中国成立后特别是改革开放40多年来,我国成功解决了长期困扰中国人的吃饭问题,为全面建成小康社会奠定了坚实的物质基础。这样的成就是如何实现的?

程国强:解决好吃饭问题是中国人千百年来梦寐以求的目标。新中国成立后特别是改革开放以来,在中国共产党的领导下,我国经过艰苦奋斗和不懈努力,在农业基础十分薄弱、资源条件极其有限的基础上,依靠自身力

---

① 原文发表于《经济日报》2020年8月17日第04版。

② 访谈专家:程国强,同济大学经济与管理学院经济与金融系特聘教授、国家粮食安全战略专家咨询委员会委员。
采访人:刘慧,《经济日报》“中国经济网”记者。

量,实现了由“吃不饱”向“吃得饱”,进而追求“吃得好”的历史性转变。这既是世界粮食安全的巨大成就,也是全球农业的历史奇迹。统计数据显示,1949年,我国粮食产量只有1.1318亿吨左右,人均粮食占有量只有209公斤;2019年,我国粮食产量已经连续多年突破6.5亿吨,人均粮食占有量升至470公斤,比1949年增长了126%,高于世界平均水平。目前,我国谷物自给率超过95%,水稻和小麦两大口粮自给率超过100%,中国人已经将“饭碗”牢牢端在了自己手上。

记者:纵观新中国粮食发展历史,农村家庭联产承包责任制是一次重大改革。这次改革对实现粮食生产快速发展有何重要意义?

程国强:党的十一届三中全会以来,我国以农村家庭联产承包制为突破口全面推动农村改革,极大地解放了农村生产力,调动了农民生产的积极性。这是改革开放以来我国大幅提高粮食生产能力,粮食实现从长期紧缺到供需总量平衡根本转变的关键所在。

党的十八大以来,以习近平同志为核心的党中央把粮食安全作为治国理政的头等大事,确立了“以我为主、立足国内、确保产能、适度进口、科技支撑”的国家粮食安全新战略,明确了“确保谷物基本自给、口粮绝对安全”的粮食安全新方针,要求“中国人的饭碗任何时候都要牢牢端在自己的手上,而且要装自己的粮食”。为此,我国与时俱进地推进农业供给侧结构性改革,着力提高农业供给质量,持续深化农村土地制度改革,严格落实耕地保护制度,进一步强化农田水利等农业基础设施建设,加强农业科技创新推广,完善农业支持保护制度,使粮食生产能力跃上并持续稳定在新的台阶。自2015年以来,我国连续5年粮食生产能力稳定在6.5亿吨以上的水平。总体上看,目前我国粮食产能稳定、库存充裕、供给充足、市场平稳,进入粮食安全形势最好、保障能力最强的历史时期。

习近平总书记反复强调,十几亿人口要吃饭,这是中国最大的国情;保障粮食安全是永恒的课题,任何时候都不能放松。当前推进农业供给侧结构性改革,并不意味着放松粮食生产,而是要全面推动农业高质量发展,保护和提高粮食综合生产能力,这将从根本上使中国人的饭碗能够始终牢牢地端在自己手中,而且碗里主要装中国粮。

坚持中国特色的粮食安全之路

记者:人多地少,粮食将长期处于紧平衡状态,这是我国的基本国情、粮情。基于此,中国特色的粮食安全之路有哪些特征?

程国强:中国人的饭碗任何时候都要牢牢端在自己的手上,而且主要装自己的粮食。这是我国保障粮食安全的基本方针,也是中国选择粮食安全之路的根本要求。近年来,我国立足本国国情、粮情,坚定不移地贯彻创新、协调、绿色、开放、共享的新发展理念,落实高质量发展要求,实施新时期国家粮食安全战略,并且已经走出一条具有中国特色的粮食安全之路,形成了符合我国国情、粮情的"三位一体"的粮食安全保障体系,即以确保口粮绝对安全为核心的国内粮食生产体系;以应对各类突发事件、维护市场稳定为重点的粮食储备体系;以统筹利用国际粮食市场和资源为目标的全球农产品供应链。这三者互为支撑、协同一体,共同构成我国粮食安全保障机制。

记者:坚持不断强化和提高粮食综合生产能力是中国人把饭碗始终牢牢端在自己手上的底气所在。粮食储备对确保我国粮食安全至关重要,我国粮食储备体系有什么独特之处?

程国强:我国始终坚持把粮食和农业作为经济社会发展的重中之重,不断创新农业经营体系,大力培育新型农业经营主体,促进小农户和现代农业发展有机衔接;探索建立和不断完善符合我国发展阶段的农业支持政策,注重保护和调动农民生产的积极性。坚持"藏粮于地、藏粮于技",加强农业基础设施建设,改善农业生产条件;不断推进农业科技研发和创新,促进农业绿色发展,提升农业可持续发展的能力。

改革开放以来,我国逐步探索建立中央和地方两级粮食储备体系,中央储备粮主要担负应对重大突发事件的战略性保障功能,以及应对全国或者部分地区粮食明显供不应求或市场价格异常波动。地方储备粮主要用于解决区域性供求失衡、应对突发性事件及居民口粮应急需求。同时,我国在大中城市和价格易波动地区建立了10～15天的应急成品粮储备,建立形成应急储备、加工和配送体系,应急供应网点遍布城乡街道社区,在应对重大自然灾害和公共突发事件等方面发挥了重要作用。

记者:我国新的国家粮食安全战略是保谷物基本自给,保口粮绝对安全,为何还需要进口粮食?

程国强:谷物基本自给,但并不是所有的粮食品种都能完全实现自给,适度进口粮食就成为我国调剂余缺的重要手段。

统筹利用好国际国内两个市场、两种资源,是实施我国粮食安全新战略的基本要求。在确保谷物基本自给、口粮绝对安全的前提下,为了减轻国内农业资源环境压力、弥补部分国内农产品供需缺口,我国适当增加非主粮农产品的进口,同时促进农产品进口来源、渠道和结构的多元化,以建立农产品全球供应链,增强和提升我国粮食安全的综合保障能力。

手中有粮,心中不慌

记者:粮食一头连着生产者,一头连着消费者,必须兼顾生产者和消费者利益,为耕者谋利,为食者造福。端稳中国饭碗,就是要保证粮食供应充足和粮价基本稳定,这对我国粮食安全治理水平和粮食宏观调控能力提出了怎样的要求?

程国强:手中有粮,心中不慌。虽然我国粮食生产已经实现“十六连丰”,粮食库存充足,粮食安全形势总体向好,但制约我国粮食安全的风险挑战和短板压力始终存在。中国人要把饭碗牢牢端在自己手中,就需要进一步提高粮食安全治理水平和粮食宏观调控能力,高质量推进粮食安全保障体系建设。要进一步强化粮食安全保障能力,稳定发展粮食生产,深化农业供给侧结构性改革,促进农业转型升级,推动粮食产业高质量发展,提高粮食质量和品质,使之更加适应消费升级的需要。

记者:要保障粮食安全,如何调动和保护好地方政府抓粮食生产和农民种粮“两个积极性”?如何提高粮食治理水平和粮食宏观调控能力,保障粮食安全?

程国强:稳定发展粮食生产,要更加注重让主产区抓粮食生产的积极性,让农民种粮有利可图。多年来,主产区产粮越多反而越穷,这极大抑制了地方政府抓粮食生产的积极性。保障国家粮食安全,中央承担首要责任,省级政府承担主体责任。各级政府要全面贯彻落实粮食安全省长责任制,自觉承担并维护国家粮食安全的责任。同时,中央要进一步强化对主产省和主产县的财政奖补力度,保障产粮大县重农抓粮得实惠、有发展。保持粮食生产稳定发展,关键在保护和提高农民种粮的积极性。要进一步创新种粮补贴支持机制,加大“强农、惠农、富农”政策的扶持力度,建立保护农民种粮积极性的长效机制。

要善于运用改革办法和法治思维,做好粮食市场和流通的文章。良法是善治之前提。在健全国家法律制度体系中,要更加重视推动粮食安全保障的立法工作,尽快形成完善的法律法规体系,真正实现国家粮食安全的依法治理。改革完善粮食储备安全管理体制机制,确保国家储备粮数量实、质量好、调得快、用得好。要创新完善粮食“产购储加销”安全保障体系,全链条保障国家粮食安全。着力提高粮食流通的现代化水平,创新完善粮食产销合作,促进粮食供求区域平衡和季节平衡。

端稳中国饭碗、保障粮食安全,既是应对国内外重大挑战、抵御全球性重大风险的“定海神针”,又是稳经济、稳社会、稳全局的“压舱石”。只有中国人的饭碗任何时候都牢牢端在自己手上,饭碗里装的是中国粮,才能掌控经济社会发展大局;只有筑牢粮食安全防线,保障粮食安全这一国家安全的基础,才能全面应对世界大变局各种风险挑战并赢得战略主动权。

餐饮浪费能够扩大消费、刺激经济？错！完全不是这么一回事儿[①]

石建勋[②]

近日，习近平总书记对制止餐饮浪费行为再次指出，“餐饮浪费现象，触目惊心、令人痛心”，强调要“坚决制止餐饮浪费行为”“切实培养节约习惯”。党的十八大以来，习近平总书记数次批评“餐饮浪费”现象，并部署开展了多项整治活动，从开展“光盘行动”到出台相关文件整治浪费之风，餐饮浪费现象在一定程度上有所改观。但不可否认，一些地方餐饮浪费行为仍然存在，部分领域浪费现象禁而难绝，一些铺张浪费的不良习气有抬头趋势。虽然这并不能动摇整个社会在珍惜粮食上的基本共识，但若任其蔓延，将贻害不浅。

餐饮浪费现象的源头是虚荣心、讲排场的社会风气和一些根深蒂固的错误思想及认识。同时，外部约束性措施和惩戒机制的缺乏也导致无法及时、有效地制止浪费行为。为此，必须下大力气，对餐饮浪费现象进行有效的源头治理、依法治理，进一步提高制止餐饮浪费现象的治理效能。

源头治理：从思想认识上破除一些错误观念

餐饮浪费现象不是舌尖上的“小问题”，而是思想认识上的大问题。餐饮浪费现象屡禁不止的根源是一些错误观念根深蒂固。例如，国人的一些

---

① 原文发表于“上观新闻”平台2020年8月26日。

② 同济大学经济与管理学院经济与金融系教授，同济大学国家创新发展研究院首席专家、副院长，同济大学财经研究所所长。

要面子、讲排场、重人情的思想认识误区，在餐饮消费领域表现得尤为突出。请人吃饭，如果菜点少了，觉得没面子，似乎只有点菜越多，剩菜越多，才越显得热情大方。如果任由这种错误心态发展下去，餐饮浪费现象是难以根治的。

还有一种错误认识，即认为餐饮浪费能够扩大消费、刺激经济。这种认识类似于经济学上的“破窗理论”。但与犯罪学上的“破窗理论”不同，经济学上的“破窗理论”是说，一个小孩打碎了邻居家的一扇玻璃窗，这个邻居就要去买玻璃，从而刺激玻璃窗户的生产。玻璃窗户制造商接到订单就能赚到钱，他们再用这些钱去买面包，面包商又拿着赚到的钱去买衣服……这样就能刺激消费。这种认知显然是错误的，因为它只看到了已经发生的经济关系，而没有看到“没有发生”的经济关系。假设这个小孩没有打破玻璃窗，那么邻居就可以用买玻璃的钱去做更有意义的事情，这笔钱发挥的作用将会比买玻璃更大。同理，餐饮浪费并不能真正刺激消费，只要能够吃好吃饱，就可以把省下来的钱用在更有效的地方，这样才能带来社会总效益的增加。同时，粮食作为一种特殊商品，生产周期长、种植面积有限、受自然因素影响大，如果遇到天气因素的不利影响，往往就会造成减产。尤其在2020年新冠肺炎疫情的影响下，我们更应居安思危，充分认识到杜绝浪费、理性消费、保证粮食安全的重要性。

从根本上来说，制止餐饮浪费行为不仅是一种跟生活方式息息相关的理念，更是一种美德，是人人都可践行的节约、环保、健康、公益的好习惯。勤俭节约历来就是中华民族的传统美德。对于从思想认识的源头上治理餐饮浪费现象，习近平总书记近日特别强调：“要进一步加强宣传教育，切实培养节约习惯，在全社会营造浪费可耻、节约为荣的氛围。”要通过宣传教育引导广大群众养成勤俭节约的美德，努力形成节约粮食光荣、浪费粮食可耻的社会氛围，目的就是要在全社会的餐饮消费观念上来一次破旧立新的变革，重拾“节俭”情怀，树立“粮食是一种紧缺资源”的爱粮、节粮新观念，让节约粮食成为永久的习惯和风气，让勤俭节约成为每一个中国人的自觉行动。

依法治理：构建制止餐饮浪费的长效机制

杜绝浪费行为，不仅仅要从思想和行为习惯上引导群众，更要积极从立法角度出发,通过立法形式对餐饮浪费行为做出惩处。习近平总书记近日强调,“要加强立法,强化监管,采取有效措施,建立长效机制,坚决制止餐饮浪费行为”。在制止餐饮浪费的问题上,一定要加强依法治理,充分重视法律的作用,通过完善法律法规、强化监督,从制度上遏制餐饮浪费,将制止餐饮浪费纳入法治轨道。主要可从以下几方面入手:一是要进一步修法立法,制定专门的法律,对餐饮浪费行为进行全面、细致的法律界定,为制止餐饮浪费行为的执法和监督提供充分的规范依据;二是要加强对餐饮经营者的法律规制,如禁止设置最低消费、建立节俭消费提示制度、对自助餐消费实施严格条件等;三是要加强餐饮行业规范的建设,制定相应的餐饮企业管理、餐饮制作、餐饮消费标准、餐厨垃圾处理标准,在餐饮行业推行科学、节约的消费模式,提倡小分量、小餐食。

制止餐饮浪费,提高执行力是关键。法规制度的生命力在于执行,真正让制止餐饮浪费的法律法规固化成为人民群众的现实消费习惯,就需要具体的执行落实。如果缺乏有效的执行力,即使再完善的法规制度都是一纸空文;相反,完善配套的法规制度将会有效制止餐饮浪费现象。只要法规制度得到严格落实,人们的节约意识增强了,餐饮浪费就没有“第一次”,也没有“下不为例”。提高执行力,重在始终坚持法律法规面前人人平等,坚持“用一把尺子量长短”,增强刚性,坚决防止和克服厚此薄彼,紧一阵、松一阵的情况出现。在具体的执行过程中,对人民群众反应强烈、深恶痛绝的公款餐饮浪费进行严厉打击,通过严格的监督执法,让“舌尖上的浪费”现象彻底得到改观。

制止餐饮浪费,搞好监督是保障。及时有效的监督是提高法规制度执行力的关键。正确实施监督,能够时时刻刻让人保持足够的警醒,自觉远离浪费行为,养成勤俭节约的良好习惯;能够让人把这种习惯融入自己的血脉,固化为一种精神、一种作风、一种信念,从根本上铲除餐饮浪费赖以滋生的土壤。

制止餐饮浪费,需要全社会共同行动。要引导餐饮行业、学校食堂、食品加工业等涉及粮食的部门领域形成勤俭节约、朴实朴素的良好习惯,通过全社会的一致行动,推进全社会共同制止餐饮浪费。在日常消费中,如果有餐饮企业在客人点菜点多了的时候善意提醒,有服务人员主动建议消费者饭后打包,有机关单位针对大吃大喝,发挥制度刚性作用。如果整个社会都在为制止餐饮浪费而积极行动,形成齐抓共管的合力,就一定能够遏制“舌尖上的浪费”。

平台经济该怎样发挥“多快好省”优势[①]

张　鑫[②]

随着互联网技术的发展及其广泛运用，我国互联网平台经济出现了爆发式增长，成为经济的风口。一方面，诸如淘宝网、BATJ（百度、阿里巴巴、腾讯、京东）、TMD（今日头条、美团、滴滴出行）等平台不断涌现，并迅速发展成为独角兽企业；另一方面，不少共享经济、P2P 等平台不断爆雷，引发了整个行业和投资者的反思。这凸显了加强对平台经济的认识、创新监管理念和方式等的重要性和迫切性。

平台指的是推进某项工作所需要的环境或条件。平台经济则是借助各种平台展开的经济活动。平台经济由来已久，1983 年诞生的开市客（Costco）经营模式、“文化搭台，经济唱戏”等就是比较典型的例子。互联网平台将人们的线上线下生活、生产和消费等直接连接起来，并由电商平台演化到行业平台，再演化到平台生态或平台经济。随着互联网平台涉及的产业领域越来越广阔，对生产力和生产力组织变革的影响就越来越大，平台已由一种商业现象发展为一种经济形态，并将进一步发展成与市场、企业同等重要的经济社会的新主角，成为新的资源配置与组织方式。由此，经济竞争也正从企业和产品竞争为主转变为平台和平台经济竞争为主。正如管理学大师彼得·德鲁克所说，未来经济的竞争，不再是产品和服务的竞争，而是商业模式和平台的竞争。

互联网平台是借助现代信息技术搭建起来的、有偿或无偿地向消费者

---

① 原文发表于《上海证券报》2019 年 9 月 24 日。

② 同济大学经济与管理学院经济与金融系副教授，同济大学财经研究所、可持续发展与新型城镇化智库研究员。

出售产品或服务的新型生产力组织方式。这种商业模式和盈利模式的创新,打破了原有产业链及其竞争格局,实现了跨界渗透和发展,成为促进经济发展的新动能和新模式,有利于最大限度地实现资源优化配置与整合、扩大市场、促进大众创业创新和中小企业发展。平台经济的这些作用缘于其具有市场广阔、成本低、供求双方的信息精确匹配和互动、跨界整合等优势。互联网平台连接一切及其超越时空限制的特性,能将全球大市场连接起来,而且能通过大规模定制生产来满足越来越个性化的需求。平台的建设成本、技术维护更新成本和推广成本等并不高,其平均成本和边际成本都呈下降趋势,边际收益则呈递增趋势。互联网平台"去中介化"的特点能使信息匹配更加精确、效率更高、成本更低、信息互动反馈更快。平台具有的跨界整合能力,能使资源共享的范围越来越广、程度越来越深。另外,产业内部的边界越来越模糊,也给传统企业连接、整合多方资源,满足各种群体的需求带来了机遇。不仅如此,互联网平台还能使社会闲散资源得到充分利用,并创造新的价值。例如,以优步、爱彼迎为代表的平台能使未被充分使用的个人资产得到有效利用,并带来收入,而诸如猪八戒网则还能让许多人成为灵活就业者或创业者,等等。

从外部环境来看,平台经济得到迅猛发展,得益于移动互联网技术的应用和移动智能终端的普及,得益于互联网平台企业的创新与发展。互联网平台企业将人们的线上线下生活、生产和消费等直接连接起来,经由电商平台演化到行业平台,再到平台生态或平台经济。作为一种全新的生产力组织形式,平台经济代表了未来经济社会发展的方向,尤其对实现经济转型与升级具有重大意义。

从商业的本质来看,无论是传统的平台经济还是互联网平台经济,其竞争优势都集中体现在提供商品和服务的"多快好省"上。"多"指的是品种多、消费者选择多。"快"指的是快捷、便利。"好"指的是物美质优。"省"对于社会来说指的是能充分利用社会资源,提高资源利用效率;对消费者而言则是指产品售价低、省钱。后一点尤为重要。因为追求低价是由消费者收入水平和心理因素决定的。没钱的人想省钱;有钱的人花钱多,能省出来的钱也多,因而更加注重省钱。对于企业来说,帮助消费者省钱的办法就是降低生产和销售成本,实施低价策略。其主要途径是扩大生产经营规模,以降低单位产品的平均成本；或者创新盈利模式，利用平台优势获得其他收入来源。

相对传统平台经济而言，互联网平台天然具有“多快好省”的竞争优势，所以其健康发展也取决于这些优势的充分发挥。例如，引领新零售的盒马鲜生、社区水果销售网“许鲜”能做到“多、快、好”，但没有价格优势，做不到“省”；而主打三四线城市低收入人群的“拼多多”能做到“多、快、省”，其持续发展则取决于“好”；前述的 BATJ、TMD 若能不断从其他消费者或渠道获得收入，则能做到“多、快、好、免费”。可见，所有平台经济都要遵循商业的本质要求，其具体途径可以不一样，但实现路数必须正。

平台经济市场吸引力大，服务水平参差不齐，会带来信息安全问题，管理难度也大。为此，聚焦平台经济发展面临的突出问题，国务院办公厅发布了《关于促进平台经济规范健康发展的指导意见》，提出要持续深化“放管服”改革，围绕更大激发市场活力，遵循规律、顺势而为，加大政策引导、支持和保障平台经济的发展。随着这些政策措施落实到位，我国平台经济必将进入健康发展阶段，成为新经济发展的强力引擎。

国资划转社保加速冲刺,“用之于民”是关键[①]

周　华[②]　张晓东[③]

2019 年 7 月 10 日的国务院常务会议决定,今年全面推开将中央和地方国有及国有控股大中型企业和金融机构 10%国有股权划转至社保基金会和地方相关承接主体计划,并给出了全面推开的时间表。这意味着,国资划转社保工作已经进入“加速冲刺”阶段。国有资产与社保基金关乎国计民生,它们之间的划转是将改革成果惠及全民共享,增进民生福祉的重大国家战略。

历次划转回顾

国资划转社保酝酿已久。最早是在个别企业和部分省份试行,如 2010 年农行上市时就曾经划转过,2015 年山东省划转了 18 家省属国企 30%的股权,等等。

2017 年 11 月,全国性方案《划转部分国有资本充实社保基金实施方案》出台,决定划转部分国有资本充实企业职工基本养老保险基金,明确了划转对象为中央和地方国有及国有控股大中型企业、金融机构,划转比例统一为企业国有股权的 10%。划转国有资本充实社保基金的步伐明显加快。

仅在 2018 年,中央层面就分两批进行划转,包括 18 家中央管理企业和 6 家中央金融机构,划转金额达 800 多亿元。其中,2018 年 3 月国资委宣

① 原文发表于《第一财经日报》2019 年 12 月 23 日第 A12 版。

② 同济大学经济与管理学院经济与金融系副教授、同济大学德国研究中心研究员。

③ 同济大学经济与管理学院 2020 级硕士研究生。

布，在中国联通、中国有色、中农发三家企业开展首批股权划转试点。同年11月，国资委又选择了中国华能等15家企业开展第二批划转工作。

9月20日，五部委发布《关于全面推开划转部分国有资本充实社保基金工作的通知》(以下简称《通知》)。“全面推开”意味着国资划转社保将覆盖所有的国有企业。符合条件的国企和央企，如产权清晰、股权未被司法冻结和抵押的都将实施划转，地方国企也将加大划转力度。具体来看，中央层面，具备条件的企业于2019年年底前已基本完成，确有难度的企业可于2020年年底前完成，中央行政事业单位所办企业待集中统一监管改革完成后予以划转；地方层面于2020年年底前基本完成划转工作。就在当月，农业银行、工商银行相继宣布该银行股东财政部将其持有的本行股权的10%一次性划转给全国社会保障基金理事会持有。11月11日，中国人寿保险(集团)公司发布公告，决定将财政部持有的中国人寿股权的10%一次性划转给社保基金持有。从小范围试点到全面推开，国资划转社保正在加速落地。

国资划转社保的多重意义

一、未雨绸缪，弥补养老金缺口

我国人口老龄化进程正在不断加快。人口普查数据显示，我国60岁以上人口超过14%，65岁以上人口超过10%。按照国际社会标准，我们显然已经跨进了老龄化社会的门槛。人口研究中心预测，2030年前后，我国60岁以上的老龄人口预计将增至4亿左右，相当于现在欧盟15国的人口总和；到2050年，我国60岁和65岁以上的老龄人口总数将分别达到4.5亿和3.35亿，这意味着每3个人中就有1个老人，如图1所示。在可预见的将来，养老问题将成为人民幸福生活的关键性问题，而社保基金将起到至关重要的作用。根据目前的制度模式，社保基金的支付压力将是巨大的。

因此，发展壮大社保基金以备长远之需已成为关乎民生的重大问题。在此背景下推出的国有资产划转社保基金将成为解决这一问题的关键。按照当前的国有资产总量，可划转规模有望接近十万亿元。而这部分企业中有相当一部分拥有雄厚的资本和较强的盈利能力，其股权分红将成为充实社保基金、保障养老金支付的重要助力。

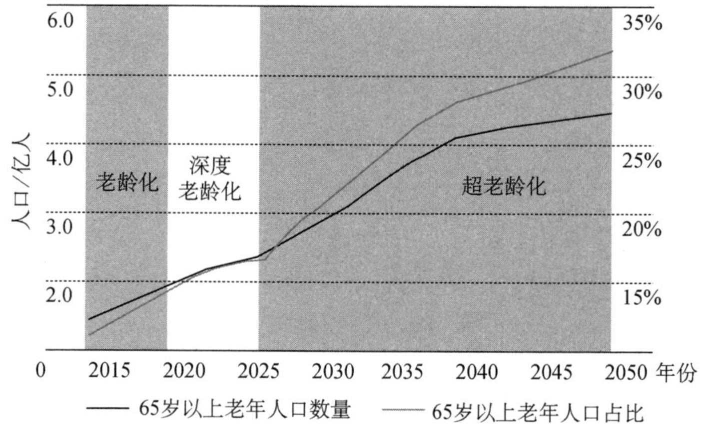

图 1　我国老龄化进程预测

（数据来源：阿里大数据。）

二、助力企业降费，释放经济活力

为了应对经济下行压力、减轻企业负担、激发市场主体活力，我国实施了更大规模的减税降费。2019 年 4 月初，国务院办公厅印发《降低社会保险费率综合方案》，明确自 2019 年 5 月 1 日起，降低城镇职工基本养老保险单位缴费比例，单位缴费比例高于 16%的省份可降至 16%。降费方案出台以后，各地积极贯彻落实，所有养老保险单位缴费比例高于 16%的地区都已经降至 16%。2019 年上半年，我国企业职工基本养老、失业、工伤三项保险实际减费达到 1 288 亿元。人社部预计，此政策将在 2020 年内为企业减负超过 3 000 亿元。

这一轮大规模减税降费，减轻了企业压力、提振了企业经营信心。通过划转国有资本，实现国企股权多元化，从而改善公司治理水平。但就降费而言，企业的社保缴纳比例减少，社保基金承担的压力就要相应增加。所以，本次国资划转，不仅是对社保基金的补充和对人民养老的保障，更间接保证了企业降费政策的顺利落实。从这个层面来讲，国资划转社保不仅是对未来养老金支付的未雨绸缪，也是降低企业负担、推动经济发展的重要支撑。

三、共享改革成果，惠及全体人民

改革开放 40 年来，中国在经济领域的发展有目共睹，这些成就的背后是亿万中国人民的奋斗。“大道之行也，天下为公。”让人民共享社会发展成果，实现共同富裕，这不仅是马克思主义的基本目标，也是中国人民自古以来的基本理想。

社会保障是民生安全网,与人民幸福安康息息相关,关系到国家的长治久安。结构性改革要深化,应对人口老龄化工作要做好,因此构建公平、可持续的养老保险制度至关重要。将国有资产划转到社会保障基金是完善社会保障制度的重要保证,是让人民共享改革开放成果的重要步骤,更是我国社会主义制度优越性的重要体现。

未来可能的推进方向

一、因地制宜推进划转工作

我国国有企业资本总量大,经营领域广,所在地分散,股权结构也十分复杂。划转试点工作的开展,积累了经验,也取得了成效。同时,由于划转涉及面广,企业情况复杂,实施中也会遇到一些问题。划转范围和划转对象如何确定?多元持股企业如何划转?这些问题都需要进一步明确。

针对此类问题,国务院在《通知》中将《关于划转部分国有资本充实社保基金有关事项的操作办法》(以下简称《操作办法》)作为附件,要求全国划转工作严格遵照《操作办法》执行。《操作办法》十分详细,具有极高的指导意义,但若想进一步落实还有待地方发力。人社部副部长游钧认为,要把划转工作落细落实,当务之急就是地方要抓紧制定并出台落实方案和具体实施细则。要科学合理地制定划转计划和方案,明确关键环节的具体要求,确保划转工作有章可循。

对地方而言,划转工作的优先级问题是首先需要考虑的。从行业选择来看,当前国资在部分竞争性领域占比还偏高,可以考虑进一步压缩占比,优先划转。从企业选择来看,根据其他经济体国企改革的经验,考虑到划转企业的分红将是社保基金的主要收益来源,经营绩效较好的国企应为首选。

另一个亟待规范和明确的问题是如何将划转工作和国企改革衔接好。云南省 2018 年 10 月出台划转方案,“与深化国有企业改革同步推进,划转范围内企业实施重大重组、混合所有制改革、改制上市以及改组组建国有资本投资、运营公司等涉及国有股权变动的改革事项,企业改革方案应与国有资本划转方案统筹考虑”。这一经验值得借鉴,涉及混改、重组改制的国企,可能要等改制后再划转。如何在《操作办法》指导下出台适合本地区的实施计划，在实施过程中遇到的各类问题又该如何处理，将是各地区全面落实划转工作需要进一步研究的问题。

二、完善制度管好划转资产

根据全国国有企业决算数据，截至2018年年末，全国国有及国有控股企业(含金融)国有权益已超过70万亿元。划转国资后，社保基金“蛋糕”或将扩充万亿元。如何管理好这笔“巨额存款”是备受关注的问题。

根据规定，股权分红将是社保基金从划转国资中取得收益的主要渠道。而我国上市公司的分红水平较低，国有企业也不例外，要发挥划转资金的保障作用，还需要进一步提高国企股权分红的比例。除此之外，单一的分红模式也缺乏灵活性，社保基金虽然持有股权却缺乏处置权，未来若能赋予社保部门对划拨的国有股权拥有更大的处置权，允许其对所持国企股份进行减持、并购，将进一步提升社保基金的盈利能力、保障养老金支付，让国资划转政策发挥更大的作用。

在管理这部分资产时，资产安全性应是首要目标。中国企业研究院执行院长李锦指出，这部分划转社保的国资，是属于全国人民的资产，是绝对不允许亏本的，其资本运作要稳妥操作，确保国资保值增值。这部分资产需要交给专业人士运作，可参与供给侧结构性改革中效益较好、有稳定收益的项目。

总之，国有资产划转社保基金将对我国经济活力的提升、社会保障制度的完善乃至中国特色社会主义建设起到重要作用，其意义重大、影响深远。完善划转办法保证划转正常有序进行、建立制度利用好划转的国有资产是接下来工作的重点，也是对划转工作的新考验。本次划转真正将国有资本做到“取之于民，用之于民”，是推动全民共享，增进民生福祉的重要举措，对国家经济发展和人民幸福生活都具有深远影响。

加强风险治理，完善重要农产品供给保障体系[①]

程国强[②]

粮食等重要农产品保供稳价是稳经济、稳社会、稳全局的“压舱石”和“基本盘”。习近平总书记近日对全国春季农业生产工作作出重要指示时强调，越是面对风险挑战，越要稳住农业，越要确保粮食和重要副食品安全。2020年的中央一号文件，针对“保障重要农产品有效供给”做出了全面部署。

加强和完善重要农产品供给保障体系建设，在我国直面各类严峻复杂的自然风险、社会风险以及新兴风险挑战的新阶段，尤其是当前应对新冠肺炎疫情的紧要关头，具有更加重要而特殊的意义。目前，我国采取的以农产品供给管理为特征的保障机制，对确保国家粮食安全和重要农产品有效供给发挥了重要作用。但这次疫情也暴露出这种保障机制的短板和不足，需要引起高度重视。

第一，农产品供给保障与应急管理缺乏协同机制。这次出现的一些地方农产品生产运输销售受阻、养殖企业饲料供应短缺和部分居民生活必需品断档脱销等问题，暴露出我国应急管理中缺乏有关农产品供给保障的协同机制。农产品的供给保障作为应对突发事件的关键支撑，其定位不清晰、作用不突出，缺乏响应和应对机制；各自为政、碎片化应对问题比较严重，缺乏统一指挥、协同管理的顶层设计与制度安排。

第二，农产品供给保障机制亟待完善。一是生产保障基础较好，但流通相对较弱，特别是仓储、物流、加工、购销、调运配送保障能力还比较薄弱，全

① 本文系国家自然科学基金委“乡村振兴战略与政策”(71841001，71933004)项目的阶段性成果。原文发表于《光明日报》2020年3月3日第06版。

② 同济大学经济与管理学院经济与金融系特聘教授，中央农办、农业农村部“乡村振兴专家咨询委员会”委员。

产业链一体化供给保障机制尚待加强。二是农产品供给保障的监测预警体系不健全，对重要农产品供给保障的风险识别、研判以及前端防控与应急处置缺乏机制设计和体系建设。三是农产品供给保障调控存在部门分治、行业分割的问题，各部门、各层级在农产品供给保障中的职能定位、管理边界和协调机制有待完善和优化。

第三，农产品供给保障政策效能有待进一步提高。保障重要农产品有效供给是“三农”工作的头等大事。中央发布的一号文件以及“米袋子”省长责任制、“菜篮子”市长负责制等，是农产品供给保障的政策根基。但这些政策文件在不同地区、不同层级的理解和贯彻落实层面或多或少会存在一定差异，因此政策的效能也存在差异。特别是近几年部分地区在粮食连续增产之后，在一定程度上出现忽视农业、放松粮食生产的苗头，其潜在风险不可小觑。

在当前和今后一个时期推进社会主义现代化强国建设的征程中，面对百年未有之大变局的风险和挑战，必须从保障国家安全、维护国家长治久安的高度，进一步认识确保国家粮食安全和重要农产品有效供给的极端重要性，完善重要农产品供给保障体系的建设，加强风险治理。这就要求，按照国家治理体系和治理能力现代化的要求，全面落实总体国家安全观，抓紧建立从重要农产品生产到消费全程保障的风险研判、监测预警、宏观调控和应急管理的体系，全面提升重要农产品供给保障的宏观调控水平和风险治理能力。

第一，提升重要农产品供给保障的风险治理能力。一是加强重要农产品全产业链风险调查研判，建立动态监测、实时预警机制，完善和优化宏观调控，把风险化解在源头、防控在前端。二是建立完善农产品供给保障的责任机制，压实各级主体风险治理责任。三是处理好农产品供给保障的常态与应急、政府与市场、中央与地方、生产者与消费者、国内与国际、当前与长远等关系，完善科学合理、安全高效的农产品供给保障体系，实现风险治理的统一协调和机制化。

第二，深入推进实施乡村振兴战略，把保障农产品有效供给作为突出任务抓紧抓好。加强和完善农业农村优先发展和保障国家粮食安全的制度政策，健全城乡融合发展体制机制，不断强化保障国家粮食安全和重要农产品有效供给的物质基础与能力体系。

第三,进一步完善应急治理体系,建立农产品供给保障与应急管理高效协同机制。农产品供给保障既是应急保障的关键支撑,也是应急管理的主要任务。要把重要农产品和饲料农资纳入应急物资保障体系,加强和完善重要农产品储备体系,进一步优化区域布局,完善品种结构,健全物流体系,创新配送机制,建立高效安全可控的农产品应急供给保障体系。

第四,抓紧研究制定我国农产品供给保障中长期战略。要根据经济增长、人口增加以及国际环境变局的新形势,尽快研究制定应对新挑战和新风险的新战略,促进建设更高层次、更高质量、更有效率、更可持续的重要农产品供给保障新机制,实现新时代国家粮食安全和重要农产品供给保障体系与能力的现代化。

非常时期，如何打好现金流保卫战[①]

佟爱琴[②]

目前，新冠肺炎疫情已经得到控制。但是，由其引发的经济活动骤然降温，可能还会延续一段时间。从“西贝莜面”老板公开向社会求助到北京的“K歌之王”KTV已濒临破产，这种因疫情导致的经营危机对于不少中小企业来说应该是巨大的冲击。这种冲击从财务角度来看主要是因为企业的现金流受到了严重约束。非常时期，如何打好现金流保卫战？

现金流与疫情时期困境

现金流是指企业一定时期的现金及现金等价物的流入和流出的数量。现金和现金等价物同时满足以下四个条件：期限短、流动性强、易于转换为已知金额现金及价值变动风险小，因此现金流在企业的日常生产经营活动中起到类似维持人体机能正常运转的“血液”一样的作用。

根据清华大学教授朱武祥等对1 435家中小企业所做的调查，35.96%的企业认为自己账上的现金只够维持一个月的生存；31.92%的企业认为只能维持两个月；17.03%的企业认为只能维持三个月；只有9.2%的企业认为自己账上的现金可以维持企业六个月以上的生存。由此可见，疫情期间企业营业额锐减甚至停业给本就脆弱的现金流雪上加霜。考虑到目前中小企业在经济结构中占据的重要地位以及吸收就业人口等社会效益，可以说形势已经非常严峻。

① 原文发表于“同济大学经济与管理学院”微信公众号2020年5月2日。

② 同济大学经济与管理学院会计系副教授。

疫情期间如何打好现金流保卫战

非常时期,怎样为企业保持充足的现金流?以下从政府和企业两个方面分别探讨。

一、从政府方面打好现金流保卫战

1. 抓紧复工复产

国内疫情基本控制,在做好万全准备、确保企业人员健康安全的情况下,企业的政府主管部门应积极指导并保障各企业有序复工复产,打通产业链的堵塞点,确保生产得到保障,也确保资金得到流动,为经济体系注入活力。

2. 加强对中小企业的财政支持

各地政府应根据当地的经济结构与就业等实际情况,依法依规减免税款和行政事业性收费,推动出台减免物业租金、阶段性缓缴或适当返还社会保险费、延期缴纳税款、降低生产要素成本、加大企业职工技能培训补贴和稳岗奖励等财政支持政策,减轻中小企业成本负担。同时,鼓励政府加大面向中小企业的采购倾斜,尽快结算采购款项。

3. 加强对中小企业的金融支持和优惠政策

大型企业和有知名度的企业容易获得银行机构的贷款,中小企业却面临着较大的融资约束。各地政府应该协调银行机构,做好调研与考察,对于现金流紧缺但优质的中小企业,适当放宽贷款门槛、降低利率、增加信用贷款和中长期贷款;制造业企业在现金流遇到困难时拥有的回旋余地更少,恢复产能需要的时间也就更长,如果大批制造业企业倒闭可能会使订单外流,影响国内的产业结构,那么国家也应考虑在未来提供更多对制造业中小企业利好的优惠政策,鼓励经济结构脱虚向实,促进资源合理配置。

二、从企业方面打好现金流保卫战

企业现金流主要分为经营活动现金流、投资活动现金流和融资活动现金流,基于这三类现金流可以分析企业“打好现金流保卫战”的应对措施。

1. 经营活动现金流:开源节流

企业可以从“节流”与“开源”两方面解救经营活动现金流。

作为企业应尽力缩减开支。考虑与员工协商新的薪酬方案;与产业链中、上、下游的企业协商,对于应付款项争取时间宽限,对于应收款项争取尽快收回。复工后有条件的企业考虑转向线上办公,减少通勤、办公地的清洁维护等开支。自疫情开始以来,政府出台了一系列的政策,涉及税收、社保、行政事业收费及困难补贴等。以上海市为例,在2020年3月份各职能部门如人社局、财政局、发改委等就减免社保缴费、降低企业用电和天然气收费等发出相关通知,支持企业的复工复市。同时,企业则要时刻关注中央和当地政府颁发的新政策,利用好政策为自己节约开支。

同时,根据自身特点与疫情防控要求,为自己的业务找出路,增加经营现金流入。比如餐饮业取消堂食,只做外卖,受疫情影响堆积下来的未加工食材直接出售;酒店、民宿等考虑转短租为长租,条件优越的酒店考虑与政府合作提供隔离区域接应确诊患者与医护人员等;旅游行业与线上直播合作提供线上的游览讲解;车企提供二手车置换、配件更换维修等业务。

2. 投资活动现金流:断臂求生

投资活动的现金流出主要是用于企业内外部的投资活动,包括新建厂房、生产线和购入证券等;现金流入源于持有资产的收益与处置。疫情期间,企业应停止投资活动,保持将现金流握在手里。考虑持有资产的日常收益能否保证现金流,如果不能则可以"断臂求生",包括卖出一些闲置的厂房或设备、处置一些非关键资产来获得现金维持生存。

3. 融资活动现金流:创新融资渠道

除了前述的企业根据政府制定的相关金融支持政策获得融资外,企业也应尽力在合法的前提下创新融资渠道,挖掘出更多的融资现金流。

对于未来正常经营环境下预期收益良好的企业,可以选择收益权的质押以融到短期资金;对于客户质量较好的企业,可以选择将应收账款的收益权转让。对于无形资产占比较大的科技型中小企业,可尝试通过专利权、著作权质押来筹得银行贷款。这几种方式都是预支未来的现金流来保证企业当下的生存。

对于在产业链中与大型企业有上、下游关系的企业,可以选择委托贷款的方式,这相当于长期合作过的上、下游大型企业替银行做了企业的审核与贷款担保;对于重资产的企业,其资金大量滞留在资产上,对此可以选择资产的售后租回,这样获得一大笔现金流,同时每期付出较少的现金来保障设备的正常使用,使得资金在流动中增值;合理规划账期,减少应收账款,增加预收账款,使资金周转周期缩短,提高资金运转效率。

反思与转型

通过这次疫情，值得注意的是，企业除了通过以上战术补充现金流，未来还可以做出战略上的改变，包括“重资产企业”通过出售资产转型为“轻资产企业”；制造业企业展开“战略联盟”，由产业链制造环节扩展到价值链两端，与其他企业合作研发、设计、售后服务及维修等。

新冠肺炎疫情对于中小企业确实是巨大的冲击，但企业通过政府的支持和本身有效的财务管控，相信一定可以打好现金流保卫战。

日本餐馆为什么产出的食物垃圾少？制止餐饮浪费原来有这些妙招[①]

诸大建[②]

制止餐饮浪费行为、遏制“舌尖上的浪费”，对于中国发展的意义是明确的，现在的关键问题是如何做，特别是如何将一地一事的个案化探索集成升华为系统化的创新，如何从被动应对餐饮浪费和负面清单管理走向建设有中国特色的新餐饮模式。

我觉得，需要从循环经济的角度系统思考餐饮浪费问题，引入3R（Reduce：减量化；Reuse：再利用；Recycle：再循环）原则进行全过程的预防和管控，做到源头环节减少食物、食材的浪费，中间环节对食物、食材尽可能充分使用，末端环节在对餐饮垃圾回收利用的同时设立湿垃圾末端处置的天花板。这样的系统思考对供给侧的生产者和需求侧的消费者都具有积极意义。在这个过程中，对于私人消费导致的餐饮浪费需要运用经济手段把所产生的外部成本内部化。

一是在源头环节用Reduce原则减少餐饮浪费。在供给侧减少食物浪费，需要食堂、餐馆、酒店等生产单位在量和质两个方面做出创新性的改进。在量的方面，目前已经有化大份为小份、卖一份转变为卖半份等举措。2012年，我到里约参加联合国可持续发展峰会，看到巴西餐馆吃自助餐有一种“by kilo”的做法，它不像国内流行的吃自助餐那样固定一个价格，然后进去随便吃，结果导致许多浪费。“by kilo”是每人拿自己喜欢的食物后称分量

① 原文发表于“上观新闻”平台2020年8月24日。

② 同济大学经济与管理学院公共管理系教授、可持续发展与管理研究所所长。

计价，以防拿多了吃不完。我一直认为“by kilo”的方式可以经过创新改造后为我们所用。这几天我看到上海已经有餐厅开始探索这样的新模式，他们按照每个人口味的不同，将菜品分为全素、素多荤少、荤多素少、全荤四种类型，不同类型对应不同价格，消费者可以各取所需按量计价。

在质的方面，有研究发现学校和外卖中的餐饮浪费，相当程度上与饭菜做得好不好吃有关，这就需要从供给侧改进食物加工的品质，通过高品质供给保证有效的消费而不是无效的浪费。在消费侧减少食物浪费，现在主要的措施是“光盘行动”。但是仅仅这样做是不够的，还需要把点菜适度、点菜不要太复杂以致浪费食材、从吃桌餐到吃分餐等有利于减少食物浪费的行为模式固化和坚持下来。我们现在是吃得多有折扣，吃得少单价高。这种做法可能需要改变，应该更多地给适量消费以优惠，造成浪费的则要多花钱。不管是供给侧还是消费侧，上海人喜欢小而精的饮食传统，可以在控制餐饮浪费中发扬光大，并提升为一种有普遍意义的新模式。

二是在中间环节用 Reuse 原则充分利用食材。在食物的价值链中，生产者和消费者都有机会在保证食物安全的情况下加强食物的充分利用度。在生产者方面，欧美发达国家有一些社会组织专门收集超市当天没有卖完但是仍可食用的食物，特别是新鲜蔬菜，然后发放给需要食物的特定人群。在消费者方面，国外有这样一类人，他们经常去餐馆寻找没有吃完但是质量和安全有保证的素食吃，从而减少了餐馆的食物浪费。这些人不是因为穷困潦倒，他们的理念就是“用更少的钱活得更好(live well with less)”。这群人被称为“免费素食主义者”，英文名是“freegans”，即“free(免费)”和“vegan(素食者)”两个单词的组合。

可喜的是，在当前控制食物浪费的群众性创新中，上海也出现了类似的有一定规模的创新活动。社会公益组织上海绿洲创建的食物银行就是一个很好的例子。他们在上海设立了 100 个循环点，通过一系列确保食品安全的操作，把品牌超市当日下架但是质量良好、在保质期内的食物分享给有需要的人。实际上，这样的食物收集重复利用活动完全可以从超市进一步扩展到学校、餐馆、社区等更多的地方。

三是在终端环节用 Recycle 原则控制和减少厨余垃圾。发达国家用 3R 原则管控食物消费及由其产生的垃圾，管理层次从高到低一般有几个步骤。

首先是遏制源头食物垃圾的产生，第二步是把产生的剩食分发给需要被救济的人群，第三步是用作动物饲料，第四步是用于工业领域，第五步是堆肥，最后无法处理的进行填埋或者焚烧。其中，第三步到第六步属于 Recycle 和末端处置的范畴。

重要的是，现在大家认识到对食物垃圾的末端处理，不管是作为动物饲料、工业原料和堆肥，还是焚烧和填埋，都是被动和消极的，更主动和积极的做法是设立垃圾排放量的天花板以倒逼对于食物垃圾的控制。例如，日本餐馆为什么产出的食物垃圾少，因为餐馆食物垃圾超过一定的量会被提高处理费用，餐馆当然不想这样，于是就有动力倒过来要求消费者餐饮不能点太多和剩太多。新加坡有明确的法律规定，在餐馆浪费食物，需要加倍付费，这就是把食物垃圾处理的外部成本内部化。中国城市生活垃圾中食物垃圾或湿垃圾占了很大比例，这方面的末端处理一直是最大的难题。像上海这样的超大城市，每天面临着处理将近 1 万吨湿垃圾的重大挑战，这方面的末端处理设施建设和处理能力存在着严重缺口。如果能够有效控制餐饮浪费，控制食物垃圾或湿垃圾的持续增加，将会带来饮食模式和垃圾处理的双重胜利。

第5篇
探究管理科学新知

人民城市人民建，战略性推进社区更新微基建[①]

诸大建[②]　孙　辉[③]

人民城市人民建，人民城市为人民。结合上海建设卓越全球城市的目标，我们认为需要把上海社区更新微基建作为上海发展的重要战略事项进行推进。

从理论上，社区更新微基建是落实人民城市理论的重要抓手。人民城市理念包括三个方面或“三个 people”的含义。一是在城市发展的目标上，要坚持以人民为中心，让人民有更多获得感，为人民创造更加幸福的美好生活，这是 for people；二是在城市发展的内容上，要聚焦人民群众的需求，合理安排生产、生活、生态空间，努力创造宜业、宜居、宜乐、宜游的良好环境，这是 of people；三是在城市发展的路径上，要履行好党和政府的责任，鼓励和支持企业、群团组织、社会组织积极参与，发挥群众主体作用，这是 by people。社区是中国城市的微细胞，人民城市理念的贯彻落实需要从基层社区干起。

从实践上，社区更新微基建要与新基建和老基建三管齐下推动发展。当前投资拉动对稳定经济、促进发展有重要作用，而基建投资又是投资的“压舱石”。就上海而言，无论是疫情防控常态化还是疫情之后发展，基建投资都需要“三管齐下”：既要“铁公机”老基建（例如加强长三角城市群和都市圈的交通体系建设），又要数字化新基建（新网络、新设施、新平台、新终端），还要以上海 2035 确定的 15 分钟生活圈为中心，搞好社区更新微基建。三种基建共同发力，短期可以服务于“六保”和“六稳”，长期可以提升上海全球

---

① 原文发表于《文汇报》2020 年 6 月 2 日第 12 版。

② 同济大学经济与管理学院公共管理系教授、可持续发展与管理研究所所长。

③ 同济大学经济与管理学院 2003 级博士研究生、上海市杨浦区殷行街道办事处主任。

城市的地点质量和城市竞争力,实现 2035 城市规划的战略目标。

下面从人民城市"三个 people"的角度,从是什么、为什么、怎么做三个方面谈一谈战略性推进上海的社区更新微基建。

满足居民 "最后一公里"需求的微型基础设施和公共服务体系

老基建、新基建和社区更新微基建各有侧重、互有补充。老基建主要是传统的以"铁公机"为代表的有形的基础设施体系。新基建是面向高质量发展需要,提供数字转型、智能升级、融合创新等服务的基础设施体系。社区微基建是面向高品质生活需要,满足居民"最后一公里"需求的微型基础设施和公共服务体系。

从内涵看,社区更新微基建的实施主体和服务范围,既区别于传统基建和新基建,也不同于现有的老旧小区改造;既不是由开发商主导的新建大型居住社区的基础设施服务体系,也不是政府主导的旧区改造;而是以人民城市理念为核心,对标上海 2035 规划目标,基于人文之城和 15 分钟生活圈概念,有系统性的社区更新和品质营造。微更新将有关基层社区的基础设施建设和公共服务配套集成起来,将现代化和数字化整合起来,实现从全面建成小康社会模式到基本实现现代化新时代模式的转换和升级。

从内容看,上海 2035 城市总规提出的 15 分钟生活圈对微基建有指导意义。经历新冠肺炎疫情之后现在要特别强调三点:一是在疫情防控常态化下,要普遍加强社区健身、社区留观、社区医疗以及物流快递、小超市等方面的设施配套;二是区分成人上班族、老人、小孩不同的需求,因地制宜地进行补缺,做到不同年龄层次人群的基础设施和基本服务均衡化;三是要在郊区社区加强公共服务均等化的设施建设,强化轨道交通导向的社区发展,为上海向都市圈化和城乡一体化发展提供条件和动力。

从属性看,不同的基础设施和公共服务,需要采用不同的提供模式和运营模式。微基建基于其公共性-市场性程度可以细分为三大类:一是公共性强的微基建,比如社区文化活动中心、社区卫生服务中心(站)、社区综合为老服务中心等;二是市场性强的微基建,比如邻里中心、社区 24 小时便民商业点、社区智能快递柜、智能门禁、立体停车库、智能车棚、智能充电桩等;三是社会性强的微基建,比如社区花园、弄堂客厅等。

有利强化投资发挥中小企业作用、有利建设韧性城市提高生活品质

战略性推进社区更新微基建，既有助于当下的“六保”和“六稳”，也有助于实现经济、社会、环境三个系统的长远协调发展；既有助于增强城市发展的韧性，也是建设人民城市的微观基础工程。

一是有利于建设韧性城市。社区是韧性城市的细胞，发生重大疫情时，除非万不得已，小范围隔离社区要比大规模封锁整个城市更有效，经济社会影响也较小。前提是社区要有相对完备的生活功能。上海需要对标韧性城市和韧性社区的要求，平战结合规划建设一批社区微基建项目——尤其是社区医疗站点、小超市。一旦碰到重大疫情需要封小区、封片区时，可以在15分钟步行交通圈内保证最基本的正常生活，避免因一小区或一片区发生疫情，导致整个城市陷入封闭状态。

二是有利于稳定经济增长。当前稳定经济增长，除了老基建和新基建的拉动之外，也需要社区微基建做贡献。相对于老基建和新基建，社区微基建单体投资规模小，但其量广面大，集聚起来可以形成“蚂蚁雄兵”的能量。其中，仅老旧住宅改造一项，按照每平方米1 000元的政府补助，上海老旧小区改造面积1.4亿平方米的存量，就可以有1 400亿元的投资拉动。与上海数字化新基建3年投资2 700亿元进行对照，微基建的能量不小。

三是有利于发挥中小企业作用。老基建和新基建等大基建具有投资慢，见效也慢的特点，往往要由大企业主导；社区微基建具有时间短、见效快的特点，可以由中小企业主导。特别是微基建多样性强，老百姓要求高，中小企业灵活性大，可以充分发挥作用。与大企业相比，中小企业受疫情冲击的影响更大、生存更难。如果把微基建作为战略，海量的中小企业就可以在海量的社区微基建中寻求商机，存活下去、发展起来，保住更多岗位、吸纳更多就业。

四是有利于社区生活上一个台阶。2020年中国要从全面小康社会建设进入现代化强国建设阶段，作为城市细胞的社区营造和生活质量也需要上台阶，需要加强三种类型的社区更新和生活场景营造。第一种是基础式或脱贫式改造，例如2000年前的老旧小区加装电梯等。第二种是补缺式改造，无论2000年前还是2000年后的住区，都要按照15分钟生活圈以及新冠肺炎疫情提出的要求，弥补卫生设施和健身设施方面的功能，满足日常生活

和发生疫情时的安全需要。第三种是提升式改造,用智能革命和智能城市的技术和成果提升社区品质。如果大基建是城市的骨架和面子,那么微基建就是城市的里子和血肉。二者结合可以使上海在迈向卓越的全球城市的征途中,呈现表里如一的自信和内外兼修的优雅。

需要形成主体多元化、过程协商化和项目可持续的合作生产格局

如何推进社区微基建?需要发挥政府、社会、市民等各方力量,统筹规划、建设、管理全过程,在主体参与、议题生成、资源投入、项目持续等方面有所创新和突破。

从参与主体来看,现在的社区项目改造主要是政府主导的行政手段,新的社区更新微基建要形成政府主导、利益相关者积极参与的合作治理模式。在具体实践的过程中,要根据不同项目在公共性-市场性这一连续体中的不同位置,采用有适配性的建设和投资模式。对于公共性强的项目,注重政府主导的合作治理;对于市场性强的项目,注重企业推动的合作治理;对于社区性强的项目,注重居民主导的合作治理。

从议题(项目)形成来看,要更加注重双向的沟通协商,着力形成大家的事大家商量的工作格局。一方面,对于主要是从上而下发起的议题(项目),要改变精英主义的思维,充分相信群众的智慧。另一方面,对于主要是从下而上发起的议题(项目),可以由街道或居委通过传统"三会"(听证会、评议会、协调会)、小区微信群、网上 E 睦邻、小区公告栏等方式,就相关议题、方案、实施路径、后续管理等,充分听取居民的意见和建议,尤其是要听取老年人、低收入者、残障人士等的意见,然后与规划专家、企业合作策划,研商建设和运营的路径。

从资源的来源来看,要更加注重各方统筹,着力形成多资源来源的投入机制。其一,要改变对基层官员的评价机制,不仅要看行政结果,而且要看达致这个结果的资源投入情况,否则就会形成官员拼命争取公共资源打造不可持续的"盆景"。其二,要善用市场机制配置资源,比如对于上文提到的市场属性强可收费的项目,探索社区微基建的 PPP 模式,投资方通过一定时期的运营权收回成本并获取一定的盈利。其三,要注重发挥政府投资的杠杆作用而不是替代或挤出效应,对于政府介入小区特别是涉及个体物权的项目安排,尽可能地要求居民有一定的出资比例,既可以扩大资金来源,又可以激发居民的主体地位,减少后续管理的后遗症。

从项目可持续性来看,要更加注重建管治并举,着力形成规划-建设-管理的良性循环。社区微基建建设不可能一劳永逸,往往需要"三分建设、七分管理",若后期的维护和运营跟不上,改造社区更新的效果也难以保持。只有将前期的规划、中间的建设和后期的管理进行系统考量、统筹谋划,才能保证项目的可持续性。

丁士昭：激励市场需求是全过程工程咨询推进的主要驱动力[①]

程晓丽[②]

自2017年《关于促进建筑业持续健康发展的意见》提出“鼓励投资咨询、勘察、设计、监理、招标代理、造价等企业采取联合经营、并购重组等方式发展全过程工程咨询，培育一批具有国际水平的全过程工程咨询企业”以来，“全过程工程咨询”一度成为行业“热词”。然而，从目前来看，全过程工程咨询市场仍然相对较小。多数人将之归结为政策的不明晰，事实上，相关政策已经陆续出台，但需求方的大门并未向全过程工程咨询完全敞开。“如果没有需求端买方市场，只有供应端卖方的积极性是没有用的。”同济大学工程管理研究所名誉所长丁士昭教授坦言，当前，解决行业对全过程工程咨询的“误解”、正确理解“全过程”、激励业主需求，是推动全过程工程咨询发展的关键。

澄清“误解”　满足买方市场需求

“要推行全过程工程咨询，就必须立足于市场化、国际化的变革趋势，正确理解其内涵。”丁士昭分析称，全过程工程咨询的定义明确了两个概念：一是服务的时间范畴，即全过程工程咨询是对工程建设项目前期研究和决策以及工程项目实施和运营的全生命周期；二是服务范围，即全过程工程咨询

① 原文发表于《中国建设报》2020年7月3日第005版，受访者丁士昭是同济大学经济与管理学院教授、博士生导师，同济大学工程管理研究所名誉所长，德国工学博士。

② 《中国建设报》记者。

提供包含规划和设计在内的涉及组织、管理、经济和技术等各有关方面的工程咨询服务。

"从前期研究到后期运行,有的项目需要持续上百年时间,从服务时间上看,对于一个企业来说显然是难以实现的。"丁士昭表示,有些咨询公司认为全过程工程咨询就是全过程的项目管理或者是全过程的造价管理,实际上,国际上并无这种说法。另外,有些人将组织模式与管理模式相混淆,简单地将以往各专业化的服务叠加在一起,或"串联"在一起,就冠以"全过程工程咨询",其实这都是"误解"。丁士昭认为,全过程工程咨询就是全生命周期的工程顾问,其组织模式是多样的,与分阶段、分专业的服务组织模式长期共存,互为补充,以满足市场的多样性需要。

在丁士昭看来,随着投资建设项目进入不同的阶段,业主方的需求也是多样化的。在实践中,除了"全过程"以外,业主更需要"全方位""全覆盖"各专业"范围"和"边界"的管理服务所体现出来的全过程工程咨询服务。因此,要正确认识全过程工程咨询的内涵和外延,避免从字面上简单地理解"全过程"。

目前,在一些试点地区,全过程工程咨询均以各自理解的形式在不同的工程与项目上"实验"着。由于在工程咨询服务过程中缺少相应的指导准则,比如全过程工程咨询的服务标准、收费标准等,投资者的管理习惯与行为仍是传统的,并未采用与国际投资咨询直接接轨的形式,这就导致全过程工程咨询出现了边摸索、边总结的特征。要解决这一问题,丁士昭强调,必须要靠业主的力量,激励业主购买这项服务,政府协助做好引导工作。丁士昭表示:"只有业主保持开放的心态,站在切实提高自身建设管理水平的角度,主动尝试新模式、总结新经验,购买专业的第三方综合咨询服务,才能真正推动全过程工程咨询行业的发展。

2019 年,国家发展和改革委员会、住房和城乡建设部联合印发的《关于推进全过程工程咨询服务发展的指导意见》提出,要大力发展以市场需求为导向、满足委托方多样化需求的全过程工程咨询服务模式,政府引导、市场主导全过程工程咨询发展的局面正逐渐形成。

设计引领　打破卖方市场瓶颈

"设计是工程建设的灵魂,起着先导作用,它引导其他工程咨询业务的进行,对于充分发挥投资效益、实现项目全生命周期的增值起着关键作用。”对于全过程工程咨询是由设计牵头向上下延伸还是监理牵头设计分包的问题,丁士昭认为,设计是保证工程建设质量的核心,设计与施工的密切配合有利于实现工程建设目标、实现高质量发展。因此,要充分重视设计在全生命周期工程顾问服务中的核心地位,充分发挥设计的引领作用。

他表示,在国际上,建筑设计公司通常向业主提供从项目前期至设计全程(含策划、方案、招标图、施工图等)招投标、施工监理等“一条龙”的全过程工程咨询服务。可见,设计是全过程工程咨询服务最前端、最基础的阶段,是投资者决策的重要依据。设计院从事全过程工程咨询,显然最符合产业逻辑。因此,全过程工程咨询只有以设计为主导,才能通过设计文件及过程中的变化,充分实现业主的建设意图。

丁士昭认为,设计院作为业主最重要的决策顾问,除了提供设计成果外,还应提供包括招标顾问、合约管理、工程监督在内的“设计延伸”服务。他建议,随着造价市场化改革的不断深化,设计院应积极改变“掐头去尾”的服务模式,发挥优势,向前运展策划,向后提供精准发包、合约管理等“设计延伸”服务。据此,培训“懂设计、懂材料、懂造价、懂管理、懂施工”的复合型专业人才,打造全过程工程咨询服务的“金刚钻”,则是设计院的当务之急。

全过程工程咨询是市场的产物,要实现“真全咨”,既需要业主驱动,也需要政府部门下决心改革造价管理制度,更需要以设计院为主导的各类工程咨询服务方以项目利益为依托、以全过程工程咨询服务作支撑,给业主带去实实在在的价值,并形成与国际接轨的行业标准,实现真正意义上的“全过程”。“这是顺应市场需求的大势,也是国际通行的做法。”丁士昭如是说。

人工智能赋能城市社区治理的六大发力点[①]

韩传峰[②]

超大型城市的社会复杂性、脆弱性和敏感性急剧增加，而人工智能技术应用尚处于初级阶段，应用场景缺失，存在原生性创新不足、数据感知不充分、体制机制不顺畅等短板。亟待立于治理的战略高度，源头破解"沉疴积弊"，以智慧社区治理体系和治理能力现代化为目标，以智慧社区治理模式重构为重点，以理念更新引领体制机制创新，构建并完善"线上线下融合、上下双向互动、流程驱动、科学决策、过程控制、机制联动、法治保障"的城市精细化治理体系，推进城市治理能力现代化。

当前，人工智能正成为撬动新一轮技术和产业变革的重要力量，颠覆传统的思维逻辑、决策方式和管理模式，作为一种组织化力量，解构着既有的信息传播方式、主体行为习惯、社会利益格局等，重塑政府、市场和社会及其关系，犁耕形成新的政府治理生态，推动人类社会迈入网络化、社会化和智慧化的新时代，开辟社会治理新格局。

作为一项复杂的系统工程，基于人工智能技术的智慧社区治理能够超越传统粗放式、经验化管理模式，克服社区管理带来的城市创新活力和创新能力难以在更高层次和更大范围上跃升的不足，打破管理者与被管理者的行政边界，以及公共部门之间、公共部门与私人部门之间的工作边界，建立政府、企业、社会组织、基层群众共同参与的多主体治理机制。作为一种增量式改革、城市公共服务和公共产品的供给侧结构性改革，超大型城市社会

① 原文发表于"上观新闻"平台 2020 年 7 月 21 日。

② 同济大学经济与管理学院公共管理系教授、同济大学可持续发展与新型城镇化智库主任、同济大学城市建设与应急管理研究所所长。

精细化治理将超越传统粗放式、经验化管理模式，推进人工智能赋能的社区治理和服务，既是新时代中国城市内涵式发展的时代性要求和可持续发展的结构性支撑，也是实现城市治理体系和治理能力现代化的必由之路。

为此，需要从以下六个方面为人工智能赋能城市社区治理多下一些真功夫。

(1) 提高认同精细文化与专注服务的意识。借助现代信息技术深度介入治理各层级，从手段到理念细化治理内涵、共享传递信息，深入理解、系统把握超大型城市社会精细化治理的时代特征、内涵特点、主要内容和基本模式，深度丰富精细化治理的实现形式，增强精细治理的理念认同和态度支持。将精细化服务观念贯彻到工作中，在坚持硬性管理的基础上，以柔性化和人性化的服务达到缓和矛盾、推进治理的效果，并通过多元主体的互动参与和资源力量的整合调整，构建政府主导、市场参与、覆盖城乡、可持续发展的基本公共服务体系，为推进治理精细化和实现社会和谐稳定提供保障和支持。

(2) 设计精密规范与衔接有效的体制机制。打通政府与城市各要素、各模块、各物件及民生需求各方面之间的联结，提高对社区公共信息和变化脉络的深入理解及敏锐感知。推动人工智能和实体经济的深度融合，激活相关产业发展，推进人工智能技术与社区治理的深度融合，形成智慧社区整体设计方案和成套应用技术方案，以响应城市治理“科学化、精细化、智慧化”的时代要求，为国家推进人工智能高质量发展和参与全球人工智能治理提供“上海方案”。

(3) 配置优化与先进的现代技术手段。优化配置治理手段，探索以信息通信技术为支撑的城市治理新路径，加强城市治理智慧基础设施建设，分析应用城市治理数据信息，提高城市公共服务供给的效率。建立系统完整的管理信息系统，集成社情民意的收集、需求识别、综合治安管理及监督评价反馈等，使各项活动能够在系统中得到呈现和及时处理，形成闭合循环，整合部门职能，提升平台优势。提升关键基础设施的信息化、网络化和智能化水平，建成城域物联专网，通过“物联”打造深度感知的链接体系，深入把握市民实际需求，精准掌握社区动态信息，结合数据构建拥有数据大脑、自进化和人机物深度融合的开放生态系统，为市民提供个性化、差异化和智能化的公共服务,提升政府的社会治理能力,应用人工智能技术、大数据、5G、物联网、AR、云计算等现代信息技术,倒逼社会治理体制机制优化。

(4) 设计人工智能赋能智慧社区治理场景。考虑实际场景和现有技术的约束,积极推进以人工智能为代表的智能化方法、以5G技术为代表的通信方式、以云计算和雾计算为代表的新兴计算形态、以区块链为代表的区中心化存储方案等核心科技与传统行业结合,以期实现自动化、科学化与智能化升级,使社区服务呈现更多的智慧应用模式,逐步形成政务高效、服务便捷、管理睿智、生活智能、环境宜居的社区服务新业态,包括智慧社区政务、智慧物业、智慧安防、智慧医疗、智慧养老等人工智能赋能智慧社区的治理场景。在产品及服务方面,积极探索智能服务机器人、陪伴机器人、智能运载工具、智能终端、智能服务等在智慧社区建设和治理中的应用,为社区治理理念、治理模式、治理机制的深刻变化提供技术支撑。

(5) 推进智慧社区信息安全顶层设计。基于软硬件支持、访问控制方法、数据加密、数据混淆、伦理审查支持、法律法规出台等方面,设计开展智慧社区信息安全顶层设计,把控智慧社区治理多元参与主体信息的共享与融合,精细化设计数据被分析形式与开放手段,防止核心数据中心被入侵从而导致个人信息泄露,充分考虑隐私保护、信息安全与伦理等问题。

(6) 量化智慧社区效应增量。基于国家对智慧社区发展和建设的要求,综合考虑不同社区的类型、发展阶段、自身定位和功能特色等,关注人工智能技术在智慧社区治理中的应用程度和效能提升,从制度政策、经济发展和居民生活等方面进行人工智能赋能社区治理效应增效评价,衡量社区治理的体制机制的智慧程度、人工智能赋能社区的经济成本和经济回报、居民生活的幸福度等。

完善国家储备体系需补齐应急救灾安置点短板[①]

张　鑫[②]

完善国家储备体系是提高国家治理能力、保障国家安全、应对各种突发自然灾害和公共事件的重要内容。2020 年 2 月 14 日，习近平总书记在中央全面深化改革委员会第十二次会议上强调，要健全统一的应急物资保障体系，把应急物资保障作为国家应急管理体系建设的重要内容。要健全国家储备体系，科学调整储备的品类、规模和结构，以提升储备效能。为此，要系统总结传统国家储备体系及其在实践中存在的问题和不足，抓紧补短板、堵漏洞、强弱项，从提升国家治理能力、防范和应对各种风险的高度，构建和完善现代国家储备体系。

传统国家储备体系的短板和不足

传统国家储备体系注重物资储备，主要包括粮食储备、战略物资储备、能源储备和应急救灾物资储备等。这种物资储备意识最早出现在生产力水平低下的原始社会，第二次世界大战后上升为国家意识。自 1949 年以来，党和政府非常重视建立并完善以物资为主的国家储备体系。在总结过去经验的基础上，1997 年我国建立了中央和地方两级医药储备制度，2018 年组建了国家粮食和物资储备局，具体组织实施国家战略和应急储备物资的收储、轮换和管理。如今，无论是国家粮食和物资储备体系的研究还是物资储备体系的实践模式都已渐趋成熟。

---

① 原文发表于“上观新闻”平台 2020 年 3 月 16 日，题目有改动。

② 同济大学经济与管理学院经济与金融系副教授，同济大学财经研究所、可持续发展与新型城镇化智库研究员。

但是,人类生存与发展不仅需要物质资料,还需要生存与发展的空间。2003年“非典”疫情和2020年新冠肺炎疫情表明,除了国家物资储备可能出现结构性短缺外,医护人员、应急救灾安置点尤其是医院、病床也可能出现紧缺。由此可见,现代国家储备体系不仅需要完善的物资储备,还需要充足的应急救灾人员和应急救灾点储备,即建立集应急救灾人员、物资和安置点于一体的国家储备体系。重大自然灾害和突发公共事件具有突发性、偶然性、不可预测性以及影响大等特点,应对重大自然灾害和突发公共事件是一个与时间赛跑的过程。这就要求提高国家储备体系的整体效能,一旦出现重大自然灾害和突发公共事件,能够迅速调动应急救灾人员和物资,启用应急救灾点。在这方面,传统的国家储备体系既存在关键物资紧缺、调度混乱等问题,也存在应急救灾安置点不足的问题,不利于防范和快速应对各类重大突发公共事件。

如何构建现代国家储备体系

构建现代国家储备体系,首先要求完善应急物资保障体系,提升储备效能。要按照集中管理、统一调拨、平时服务、灾时应急、采储结合、节约高效的要求,健全应急物资保障体系。要充分利用大数据、互联网平台、现代物流体系和电商平台等,提高应急物资收储、调度、配备的效能。要优化储备物资产能保障和区域布局,确保应急物资在关键时刻调得出、用得上。

其次,要加强应急救灾人员储备和组织动员的能力。一旦发生重大突发公共事件,都需要大量应急救灾人员尤其是专业人员,争分夺秒地抢救人民的生命和财产。我国一般采取全国支援、调动解放军等办法较快地动员应急救灾人员。在抗击新冠肺炎疫情中,截至2020年2月14日,除军队派出的医疗队外,全国各地派出了217支医疗队、25 633名医疗队员驰援湖北,大大超过了2008年汶川大地震医疗救援的调动规模和速度。未来,要本着人性人道、公正高效的原则,进一步完善紧急状态下的军援模式和应急救灾人员储备制度,建立应急救灾人员轮岗、轮休制度和奖励制度,进一步提高我国应急救灾人员的响应能力和应对能力。

再次,要补上应急救灾安置点短板。“应急救灾安置点”是指可用于战时或平时接收防灾救灾人员的疏散避险基地和医疗救治安置空间,具体包括民防疏散避险基地、应急避难场所和医院等，目的在于及时救助受灾人员，提升防灾、减灾、救灾的能力。我国人口众多，人口的流动性和集中度高，一旦发生重大自然灾害和突发公共事件，受影响的人数会较多。过去我国曾建造过一些应急救灾安置点，但在理论和政策上没有将应急救灾安置点纳入国家储备体系中，在实践上存在应急救灾安置点储备不够，尤其是临时医疗救治点缺口比较大等问题。

提高应急救灾安置点的储备能力和效能主要有两种途径。一是将应急救灾安置空间储备纳入城乡规划，包括安置点的设计、建造材料的储备等。一旦有需要，就可以快速建成并投入使用，避免出现临时选址、设计、建造的情况。二是赋予现有的人防工程、医院、学校、体育场所等应急救灾安置功能，充分发挥这些场所在防灾、减灾、救灾方面的作用。例如，在现有大型医院设置应急医疗救治点功能区域，平时供医院正常使用，必要时可快速腾挪出来成为应急医疗救治点。又如，将地方高校和党校规划为临时医疗救治点。在 2020 年抗击新冠肺炎疫情中，湖北省将省委党校新校区和武汉市属 4 所高校改造为定点医疗点，从而增加了 5 400 张床位用于收治已确诊的轻症患者，就是一次有益的尝试。储备和启用这些医疗救治点可以收治更多病人，方便进行封闭式管理和医治，防止病毒交叉传播和感染，还可以充分利用现有资源，减少重复建设和资源浪费。

总之，构建结构科学合理、高效率、可持续的现代化国家储备体系是一个系统性工程，需要全国、全民、全军共同参与，“政、商、军、警、民”多方联动。只有充分利用我国的制度优势，吸取国际国内相关经验与教训，借助现有经济条件和现代信息技术，才能尽快构建现代国家储备体系，充分发挥国家储备在应对突发公共事件中的关键作用，切实提高国家的治理能力，提高国家防范和应对各种风险的综合能力，保护人民群众的生命和财产安全，维护社会的和谐稳定。

疫情之下，智慧医院如何建设[①]

李永奎[②]

互联网和人工智能给众多行业带来了颠覆性变革。此次疫情的爆发，也让传统医院存在的短板问题凸显出来，倒逼线上需求集中暴发。智慧医院是智慧城市建设不可或缺的组成部分，随着大数据、云计算、人工智能、5G等技术的发展，满足人民群众日益增长的医疗卫生健康需求已迫在眉睫。

智慧医院离我们还有多远？人民上海会客厅邀请到了同济大学复杂工程管理研究院副院长、同济大学经济与管理学院博士生导师、智慧医院建设与运营管理研究中心主任李永奎教授，针对“疫情之下，智慧医院如何建设”这一热门话题进行深度访谈。

记者：此次新冠肺炎疫情防控中，医院是救治患者的最前线，同时也承受了极大的压力。王辰院士提出了建设方舱医院的建议，使之成为收治新冠肺炎患者的主战场之一。如今回头来看，传统医院在此次疫情防控中发挥关键作用的同时，也暴露出哪些亟待解决的“短板”？

李永奎：此次疫情让我们深刻认识到医院是整个国家公共卫生应急管理体系和国家储备体系的重要组成部分。疫情也凸显了医院在应对公共卫生突发事件中的重要角色，可以说是此次战“疫”的主战场和前线阵地，一线医护人员也是这次战“疫”的“头号功臣”。

此次疫情的防控难度史上罕见，可以说是一场极限挑战。任何一家医院、一个城市甚至一个国家几乎都无法单独应对，需要更大范围的资源调度

---

① 原文发表于“人民网”2020年4月7日。

② 同济大学经济与管理学院建设管理与房地产系教授、复杂工程管理研究院副院长、智慧医院建设与运营管理研究中心主任。

和联防联控。

此次疫情暴露了目前医院运行管理模式的缺陷，那就是各个医院之间如何协同配合，形成更高效能的医院网络体系，从而发挥“集团军”优势来应对大规模的突发公共卫生事件；也暴露了目前医院的一些短板，包括快速应急响应能力、资源调配能力、平战结合和转换能力以及医疗服务连续性的韧性能力等，也就是医院如何在疫情突发时快速摁下“切换键”和“加速键”，而现有的重要医疗服务又不能摁下“暂停键”。

最近几年，医院建设投入很大，软硬件设施得到了长足发展，但相对于庞大的医疗需求而言仍然是不足的，且离高质量的服务要求差距更远。疫情期间，一些医院由于设计标准较低，难以通过改造来达到防感染要求；医疗资源不足和手段落后，导致一些医护人员“裸奔逆行”或者频繁暴露在高污染区域；医院后勤管理信息化在此次疫情中未能充分发挥作用，这些都是疫情后需要弥补的短板。

记者：疫情后，如何提升医院应对重大疫情的能力？

李永奎：现在大家都在谈复盘，显然由于全球疫情的变化，防疫形势依然严峻，新的情况还可能发生，但这并不妨碍我们开始总结或者反思疫情带来的冲击和影响，也就是开始思考疫情后如何提升医院应对重大疫情的能力，给医院“十四五”规划甚至更长远的规划提供新的思路。

由于我们面临的问题日益复杂，韧性（Resilience）成为近几年的热门词。世界卫生组织WHO也提出，为了应对未来风险，医院需要具有更安全和更韧性的能力。

综合的医院韧性能力应该包括以下三方面：一是医院本身对突发事件的承受、吸收、反应和恢复到最初状态的能力；二是医院不仅要具备承受突发事件的能力，同时还要具备维持和扩大医疗服务的能力以响应突然急剧增长的病人需求；三是对意外挑战的适应能力、恢复正常状态的灵活能力以及汲取经验应对未来挑战的准备能力。

要提升医院应对重大疫情的韧性能力，需要从三方面着手：一是工程系统，需要提升医院功能系统的快速调整和弹性扩容能力，这在疫情发生的初期非常关键；二是医院系统，需要提升医院服务系统的快速响应和应变能力，这对于应对中等规模的疫情需求比较重要；三是医疗系统，需要提升医疗系统的复杂性治理能力和领导力。韧性能力是决定一个城市、一个地区甚至一个国家能否有效应对重大疫情暴发的全局性能力。所有这些方面都需要一个更为智慧的“内核”来支撑。

记者：疫情期间，各大互联网医疗机构，比如阿里健康、腾讯健康、平安好医生、微医、医联、丁香医生等平台都开通了在线义诊以缓解线下就医压力，减少交叉感染。请问，线上医疗会不会成为今后医疗领域的一大趋势？

李永奎：有人说此次疫情期间，医院摁下了“暂停键”。这说明平时很多病人并不需要去医院，医疗资源大部分被无效“挤兑”了。这一观点虽然有些片面，但也反映了一个事实，有些医疗服务确实可以通过线上解决。这几年大力发展的互联网医院在关键时刻帮了大忙。不过，现在就得出“线上医疗的春天已来”这一结论还为时尚早。但也给我们一个启发，那就是缓解医疗服务压力不能以实体医院的规模扩张来解决，应该向互联网“问路”，通过创新方式来疏解大量病人“跑大医院”所带来的集聚服务压力，这对医院和病人来说是双赢的好事。

当然，并不是所有的医疗服务都可以通过线上解决，例如医疗检查、检验、化验、急诊、手术等还是需要去实体医院，因此线上线下需要很好地结合。

不过，此次疫情在线医疗体验可能会影响今后患者的选择，实体医院和互联网医院的再分工也会加速。线上医疗的快速发展也会给规范化管理带来挑战，不能让乱象毁了线上医疗的未来，还需要抓紧规范并破除一些瓶颈点，如医保支付的常态化问题。

记者：与传统医院相比，智慧医院是什么样的，需要具备哪些要素？

李永奎：我们一谈智慧医院，可能大家头脑中浮现的是电影科幻大片中的场景，那是愿景，智慧医院不是一天建成的，也不是医院拥有一堆信息化技术就成了智慧医院，姑且认为这是狭义的智慧医院。我要强调的是，我们需要更高层次的智慧医院，这就需要多方面突破。

首先是概念上的突破，也就是重新定义医院的功能。毫无疑问，医院即服务，但这一服务系统却在不断发生着深刻变革。从人口结构和疾病谱变化，到人民日益增长的美好生活需求，再到基因诊疗、人工智能等诊疗技术和诊疗装备的变化，以及专业服务外包等服务模式的变化，医院的功能在不断演化。这给智慧医院提出了一个更为宽泛的命题，那就是未来医院的边界在哪里，医院的功能是什么，服务实现的方式又是什么。

目前来看，智慧医院将突破现有“医院”范畴，是一个将基础研发、临床研究、转化、预防、医技、治疗、康复、公共卫生等放在一个系统内进行考虑的新的生态体系。正像中国工程院院士、同济大学郭重庆教授所说，目前最好的医院都谈不上智慧医院，与其说智慧医院寻求的是技术上的突破，不如说它是以信息技术为手段、构建以患者为中心的医疗服务体的一种突破。

其次是组织上的突破，也就是重新定义医院的形态。如果智慧医院在医院边界和功能上发生了很大变化，那么势必引发医院组织性质、边界、构成和关系的变化，不同医院之间的组织分工也会发生重塑。大型医院、专科医院、社区医院、康复医院、药房、家庭医生等相互协同、相互共生，将去中心化，超大规模单体医院将不再是发展趋势，各种功能互补的医院进一步形成分布式医院网络。依托现代信息技术，这一无边界的医院网络将以更灵活、更敏捷、更精益、更专业、更便捷的方式提供医疗服务，是以终端客户(患者)为中心的真正转变。

再次是模式上的突破，也就是重新定义医院的运营模式。医院是最古老的组织之一，大部分医院的运营方式都比较传统，但互联网重新定义一切的趋势将改变这一现状。

在智慧医院背景下，医院将不再只是一个机构，也不只是一个实体场所，而将成为一个平台、一个产业互联网。这个平台或者产业互联网将重塑医疗服务的产业链、供应链和价值链，每一个利益相关者都需要在这个链条上重新定位，这也是未来智慧医院迭代生长的生态基础。

智慧医院离不开现代信息技术，但我并没有花很大篇幅谈技术问题，不是不重要，而是我提醒不要掉入智慧医院的“技术陷阱”。这次疫情也将智慧城市建设推到了“聚光灯下”，过去几年，上千亿元的智慧城市投资的成效问题成为争议和讨论的焦点话题，智慧医院也是如此。

但从目前来看，智慧医院存在“标签化”趋势。智慧医院不是新技术的堆积，技术只是基础，更重要的是智慧的内核。同时，智慧医院也是一个不断迭代的概念。随着技术的发展，这个“智慧”也在不断成长，当然，这个成长也是有代价的，那就是需要不断地高投入。智慧医院是“奢侈品”，不宜每个医院都单独建设成“智慧医院”，而是需要平台化，需要有实力的科技公司、医疗产业集团和资本深度介入。

记者：中国的医疗大数据优势明显，那么中国离建成智慧医院还有多远？

李永奎：由于未来智慧医院生态体系的复杂性，我们无法判断第一家真正的智慧医院会何时在何地建成。我们更需要关注的是如何搭建这个生态，而不是去建设一家自我封闭的“智慧医院”。

考虑到医疗卫生领域的特殊性，中国的体制和制度优势会是有力支撑，但需要突破创新，需要用政府和市场两个力量，需要跨界、共建和共享。

郭重庆院士有个判断，谁掌握了数据、算力、算法，谁就获得了发展的领先权，中国在新的科技革命和产业变革中的角色，正在实现从一个跟随者到引领者的转变。智慧医院中的人工智能是基于场景驱动的，中国具有网络规模巨大、医疗应用场景丰富、数据“样本”优势明显、市场需求旺盛的特点，因此可能会是最大的赢家。考虑到上海的医疗水平、研发资源、医疗资源和长三角的医疗需求优势，我认为未来已来，建一家真正的智慧医院，上海迎来好时机。

完善乡村治理，找到乡愁的归宿[①]

胡 靖[②]

1996年年底第一次农业普查数据显示，全国共有43 112个乡镇，其中乡26 986个，镇16 126个；而2017年12月公布的第三次全国农业普查数据，全国共有31 925个乡镇，其中乡11 081个，镇20 844个。二十余年时间，全国乡镇出现了较大幅度的缩减，幅度达到25.95%。最近两年，“故乡的农村”话题不断在网上刷屏，从博士的春节回乡经历，到科研院所的田野调查，乡村越来越凋敝了。虽然，我们记忆里的乡村并不干净整洁，也充满了狗吠鸡鸣，但乡村是有活力的，是生机勃勃的，是人们在“希望的田野”上的春播秋收。但是如今，越来越多的乡村正在走向衰落。

乡村的衰落不是一朝一夕，也带来诸多问题和隐患。

首先，农村空心化。适龄农民工大规模进城打工，留在农村的大部分是老人、妇女和儿童，造成乡村居住人口骤减。相当数量的田野调查显示，有些三四百户人家的村庄，近年来只剩下了几十户，留在村里的老人生存困难，儿童就学困难，而要合并村庄也是困难重重。

其次，土地被不同程度抛荒。调查显示，一些山区的抛荒地已杂草齐腰，而有些地区，一些多年弃耕的土地已种了防护林。基层干部普遍反映，承包地确权后，农民不愿意流转，因为他们认为土地确了权就是自己的了，转租出去可能就要不回来了，所以宁可抛荒。

再次，乡村治理涣散，社会失序。青壮年长期在外，只有春节才回到家

---

① 原文发表于《社会科学报》2019年7月25日第1667期第4版。

② 同济大学经济与管理学院经济与金融系副教授。

乡，很容易造成家庭破碎，带来种种社会问题，而且乡村精神生活贫乏，攀比操办成风，歪风邪气抬头，比如赌博成风、宗教迷信活动扩张。

最后，因为劳动力流失导致人才缺乏，基层干部的选拔隐患大。目前，很多乡村基层组织基本靠50～60多岁的老人维持，组织管理能力不足。而且由于基层民主水平所限，村里留下的能人很容易成为寡头式人物，把持村集体经济，造成乡村黑恶势力抬头甚至泛滥的现象。

日前，中办、国办又印发了《关于加强和改进乡村治理的指导意见》(以下简称《指导意见》)。《指导意见》提出，到2020年，现代乡村治理的制度框架和政策体系基本形成，农村基层党组织更好发挥战斗堡垒作用，以党组织为领导的农村基层组织建设明显加强，村民自治实践进一步深化，村级议事协商制度进一步健全，乡村治理体系进一步完善。到2035年，乡村公共服务、公共管理、公共安全保障水平显著提高，党组织领导的自治、法治、德治相结合的乡村治理体系更加完善，乡村社会治理有效、充满活力、和谐有序，乡村治理体系和治理能力基本实现现代化。

可以说，《指导意见》为新时代加强和改进乡村治理，夯实乡村振兴的基层基础明确了目标，指明了路径。从现实来看，目前乡村治理的确是农村工作的短板和弱项，农村的许多矛盾和问题都源于匮乏的乡村治理。可以说，乡村治理这个根基不能打牢和夯实，实施乡村振兴战略、实现城乡均衡发展就没有制度保障。

建立健全乡村治理现代化体系，首先要确保党的领导。党的领导是我国社会制度的最大优势，在新中国成立之初的土改运动到改革开放之初的农村改革，党领导广大农民解放和发展了农村生产力，极大地激发了中国农民的创造力。只有确保了村党组织能够全面领导村民委员会及村务监督委员会、村集体经济组织、农民合作组织和其他经济社会组织，才能构建共建共治共享的乡村治理格局，走出一条中国特色社会主义乡村善治之路。

建立健全乡村治理现代化体系，还需要构建自治、法治、德治相结合的乡村治理新体系。要明确村民自治在乡村治理中的基础性作用，因地制宜地提出增强村民自治的方式方法。比如，规范村级组织工作事务，切实减轻村级组织负担；增强村民自治的组织能力，健全党组织领导的村民自治机制；全面实施村级事务阳光工程，推进村级事务及时公开。

建立健全乡村治理现代化体系,也需要把乡村治理制度化、规范化。针对现实中存在的一些不良现象,各地都应明确处理的规章和制度,不能亲亲相隐,相互欺瞒。而且要对乡村治理的选人用人机制提出具体要求,坚决把受过刑事处罚、存在“村霸”和涉黑涉恶、涉邪教等问题的人清理出基层干部队伍,同时加大对基层小微权力腐败的惩治力度。这些体系化建设任重道远。

如果我们完善乡村治理,保护好山水,保全村落形态,保持富有传统意境的乡村景观格局,留住乡亲、乡音、乡情,“暧暧远人村,依依墟里烟”的故乡还会远吗?“稻花香里说丰年,听取蛙声一片”的田园诗歌勾起的乡愁会找不到归宿?

建立行业化分类试点，破解地方重大工程 PPP 困境[①]

胡　毅[②]　乐　云[③]　刘慧敏[④]

随着横贯全国的“五纵七横”高速公路、高铁、通信、航运等交通和能源基础设施网络基本建成，国家级重大工程已经大幅度减少，“地方化、涌现化、社会资本化”成为我国重大工程在新形势下的新趋势。其中，“社会资本化”趋势尤为值得注意。作为一种集项目投融资、开发建设和运营管理于一体的重大工程实施创新模式，近年来政府与社会资本合作模式（Public-Private Partnerships，PPP）在各省、自治区、直辖市的市政公用事业、交通运输、城市更新等行业领域重大工程中开始得到日益广泛的关注和应用。2017 年年底，财政部发布的《关于规范政府和社会资本合作（PPP）综合信息平台项目管理的通知》（92 号文）所引发全国范围内的“PPP 退库浪潮”，最终造成了估计高达 5 000 多项地方重大工程 PPP 项目被“财政部 PPP 项目库”清理退库，涉及全国 28 个省、自治区、直辖市，投资总额估计高达 5 万亿元。尽管如此，财政部 PPP 项目管理库今年前三季度的净增长仍达到了 595 个，投资总额达 9 134 亿元，这表明地方 PPP 项目在客观上仍存在强劲的需求，单一的运动式治理措施效果仍不显著，仍需要探索长效治理机制，解决地方政府财政资金缺口，促进 PPP 模式在地方重大工程中的科学应用，推动地方重大工程高质量发展。

在新时代背景下，如何积极应对这一现实的地方治理困境，成为国家治

---

① 本文系国家自然科学基金项目 71841023 和 71841026 的成果，原文发表于《建筑时报》2019 年 11 月 28 日第 003 版。

② 同济大学经济与管理学院建设管理与房地产系助理教授。

③ 同济大学经济与管理学院建设管理与房地产系教授。

④ 南京大学工程管理学院副教授。

理体系现代化建设以及地方政府治理能力现代化建设的重要内容和衡量标准。深入探究这一困境的内在原因,主要是由于没有充分认识和把握重大工程行业经营性特征与社会资本介入机制适应性规律所造成的。从全球范围内的 PPP 项目实施经验来看,PPP 的初衷是通过社会资本介入,将传统由政府提供的部分“公共品”或公共服务转为通过市场化运作机制来实现的一种创新模式,其项目营利性往往要低于常规经营项目投资,仍具有部分“公共品”的特征。西方主要发达国家经验表明,最早的 PPP 项目也是从经营性相对较高的交通运输行业开始的,现有全球大多数 PPP 项目也大多集中于这一行业;随着 PPP 实施经验累积以及政府与社会资本合作机制的逐步完善,英国、新加坡、中国香港等国家和地区近年来逐步尝试推动医疗、教育、历史建筑更新等行业领域的 PPP 项目试点,这说明 PPP 项目治理模式基本遵循了“较高行业经营性 PPP 项目”到“较低行业经营性 PPP 项目”的渐进式学习发展路径,并受到社会资本介入机制成熟度和政府治理能力的影响。尽管这一规律在我国 PPP 项目推动化进程中也有一定的体现,但是在我国各行业重大工程 PPP 项目试点经验和发展进程中仍存在较大的差异,对于我国 PPP 项目治理的科学发展规律认识不够充分,由此导致了 2016 年以来 PPP 全国性立法的推进迟缓。因此,在高质量发展的新形势下,结合我国“条块分割”的行业管理制度特征,应当建立面向不同行业的 PPP 项目深化试点指导,深化和规范地方重大工程 PPP 项目的试点和推进,带动地方政府相关执政能力的现代化建设,具体措施如下。

(1) 建立不同行业的 PPP 项目深化试点的指导。遵循 PPP 项目行业经营性、差异性的规律,按照不同行业 PPP 项目的经营性差异,分为高、中、低三类,结合不同区域的重大工程需求和社会资本合作机制成熟度,划定不同地区对于 PPP 项目深化试点的行业重点方向。比如对于机场建设、城市更新等高经营性 PPP 项目,上海、北京、广州等经济发达地区,可以学习英国希思罗机场公司等案例经验,加大其对社会资本的开放度;对于医疗、教育等中等经营性 PPP 项目,各地可以学习英国、新加坡等国的经验,划定试点的主要省市区域,有条件地开展相关行业 PPP 项目试点;对于生态建设和环境保护等经营性较低的 PPP 项目,学习国家在城市轨道交通规划建设管理的经验,明确相关行业 PPP 项目的实施红线,避免违规操作。

(2) 要把地方重大工程 PPP 项目的决策纳入重大行政事项决策范围内。鉴于重大工程 PPP 项目在全球范围内都是一个重难点问题,建议按照国家重大行政事项决策程序的要求,将投资额超过 2 亿元或 3 亿元的重大工程 PPP 项目纳入地方政府重大事项决策范围内,规范重大工程 PPP 项目决策的草案形成、专家论证、风险评估等环节要求,推动公众参与的过程监督,提升重大工程 PPP 项目决策的透明度和合法性,保障重大工程 PPP 项目决策立项的质量。

(3) 加强地方重大工程 PPP 项目金融风险评估和监管体系。构建由地方政府的主体债务风险评价及其参与的地方重大工程 PPP 项目金融风险评价组成的评价体系。主体风险评价体系可选取地区人均 GDP、财政自给率、固定资产投资额、财政赤字率、负债率等二级指标;PPP 项目金融风险评价体系可选取项目资本金到位率、项目收益率调整、成本超支率等二级指标。每年都对当地重大工程 PPP 项目的金融风险至少进行一次评估,上报财政部 PPP 项目库,完善现有财政部数据库中的金融风险管控,加强大数据分析和应用,形成全覆盖、全过程、可追溯的地方重大工程 PPP 项目金融风险监管体系。

影响力投资：以商业力量化解社会责任难题[①]

张　鑫[②]

近年来，企业社会责任已成为企业发展战略的重要组成部分和衡量企业优劣的重要尺度。

现代经济学的开山鼻祖亚当·斯密认为，资本的唯利是图是提高劳动生产率、增进国民财富的原因或动力。但在现实中，资本对财富的追求会引发不少社会问题，如环境污染、道德沦丧、社会分配不公等。这又激发了人们对资本向善的探索和追求。继倡导社会责任和发展慈善事业后，影响力投资为实现资本向善提供了知行合一的有效途径。

从世界历史的渊源来看，企业社会责任和慈善事业源于一些宗教传统。例如，犹太教就有很多关于道德投资方面的训谕，提出要有道德地使用金钱；基督教《旧约》中对借贷和投资提出了很多伦理上的限制；伊斯兰教则不认可涉及酒精、色情、赌博等方面的投资，等等。现代企业社会责任运动兴起于20世纪80年代，进入21世纪后渐渐受到国际社会的广泛关注，呈现出全球性发展的新趋势。国际标准化组织(ISO)于2004年启动了社会责任国际标准ISO26000的制定工作，并在2010年11月发布了该标准。许多跨国公司也纷纷制定社会责任守则，发布社会责任报告或可持续发展报告。

企业履行社会责任，就是要求企业在追求自身利益最大化的同时，还须考虑员工、消费者等各方的利益，维护经济社会和生态环境的稳定。也就是说，要尽可能地实现企业利益、消费者利益和社会利益的和谐统一。只是，

① 原文发表于《上海证券报》2019年8月5日。

② 同济大学经济与管理学院经济与金融系副教授，同济大学财经研究所、可持续发展与新型城镇化智库研究员。

无论社会责任还是慈善事业，在实践中都只是外在要求，在许多方面还仅局限于企业和个人的道德行为之内。由此，当企业陷入不景气、利润减少的处境时，降低社会责任的要求甚至无心兼顾社会责任往往也就成为理所当然。因而，缺失和漠视社会责任的现象还普遍存在，较为突出的表现有食品安全、重大劳资纠纷、生产事故、环境污染等社会问题。

虽说企业的发展和社会责任的要求本质上是一致的，但客观上确实也存在矛盾。因为企业作为社会系统中的有机组成部分，必然会与社会其他组织以及个人发生多种联系。一方面，最大限度地追求利润既是企业产生的理由和发展的内在动力，也是企业应对市场竞争外在压力的要求。而企业的发展能为社会增加就业、贡献税收，促进地方经济繁荣，为社会带来积极的影响，这些影响又构成了企业持续发展的良好内外部环境。另一方面，由于存在外部性和信息不对称可能导致道德风险(事后的信息不对称造成自身受益、另一方受损)，致使企业的逐利行为与社会整体利益之间产生矛盾。例如，企业要处理、消除生产过程中产生的污染，必定会增加成本，而当企业把治污成本转嫁给员工和社会时，就产生了负外部性。若企业生产并出售质量、安全性等方面存在问题的产品，则会损害消费者的利益。

由此，社会责任提倡企业设法使外部影响内部化。然而，在“逆向选择”(事前的信息不对称造成自己受益、另一方受损)作用下，这种外部影响的内部化行为很难成为企业的自觉行动，除了要求企业加强对社会责任的认知外，主要还得依靠外部制度环境和监管。“影响力投资”的构想则是希望能依靠商业力量来解决这个难题。

“影响力投资”由美国洛克菲勒基金会在 2007 年提出，指能实现义利并举、公益与商业相融合的投资，也就是在追求财务回报的同时能实现积极的社会和环境效应的投资。这架起了投资回报与社会价值之间的共赢桥梁。影响力投资具体形式有社会责任投资、影响力债券、公益创投、绿色金融等。鉴于“影响力投资”一开始就是把解决社会问题作为商机，所以，评价其投资成功与否，取决于是否解决社会问题或达成既定的目标。全球影响力投资网络(GIIN)的调研数据显示，2014 年“影响力投资”的规模约 106 亿美元，2017 年达 2 281 亿美元。而据 GIIN 2019 年 4 月发布的报告，全球影响力投资总额已高达 5 020 亿美元。

我国在2005年《公司法》修改时，首次将公司社会责任引入了立法，明确规定企业应“承担社会责任”。2016年，我国公布《关于构建绿色金融体系的指导意见》，成为世界上第一个由政府推动构建绿色金融体系的国家。2008年1月，国务院国资委发布了《关于中央企业履行社会责任的指导意见》。至2018年年末，我国最主要的21家银行绿色贷款的余额已超8万亿元，境内绿色债券存量规模已接近6 000亿元，位居世界前列。2018年，中国发行的符合国际定义的绿色债券达到312亿美元，同比增长33%。这些政策措施不仅反映了我国社会各方对企业履行社会责任的殷切期望和要求，也获得了推进企业履行社会责任的良好效果。

影响力投资契合了经济高质量发展的要求，因此近年来我国许多领域都涌现出了一批有代表性的社会责任投资企业，比如专注于小额信贷扶贫项目管理和拓展的“中和农信”、阿里巴巴的脱贫基金、浙江绿康医养投资管理有限公司等。可以预期，在大力发展普惠金融、健康养老产业、扶贫产业、环保产业的过程中，我国必将成为影响力投资大国。

老房加梯"BOT 模式"为微基建找到"金钥匙"[1]

诸大建[2]

从 2011 年政策落地开始算起,2020 年是上海民间发起的多层住宅加装电梯项目工作推进的第十年,近几年来推进速度更是进入"快车道"。对于这道民生大题,上海基层管理者在项目推进模式中有何探索创新?

多层加梯是"代表性难题"

我认为,多层住宅加装电梯,是城市微基建中的"领头羊"。就中国城市高质量发展而言,基建投资都需要"三管齐下":既要继续推进以"铁公机"为代表的老基建(如加强以高铁和地铁为重点的城市轨道建设),又要加强以数字化为代表的新基建(如加强新网络、新设施、新平台、新终端的建设),还要以中国城市的 15 分钟生活圈为中心,搞好社区营造微基建。三种基建须共同发力。

从内涵来看,社区营造微基建的覆盖范围,既区别于传统基建和新基建,也不同于现有的老旧小区改造和微更新。它是从人民城市的理念出发,对标 2035 中国城市基本实现现代化,基于"五位一体"总体布局和 15 分钟生活圈概念,系统性地进行社区营造和品质提升。

多层住宅加装电梯可以说是微基建中的一道代表性难题。它既是老百姓迫切需要解决的,也是千头万绪推进难度较大的。近年来,全国各地也陆续出台了一系列老旧小区既有多层住宅加装电梯的鼓励支持政策。此前,

---

① 原文发表于《解放日报》2020 年 9 月 27 日第 02 版,原标题为《"BOT 模式"为微基建找到"金钥匙"》。

② 同济大学经济与管理学院公共管理系教授、可持续发展与管理研究所所长。

加装电梯大致有两种模式:一是除了政府补贴外,居民出资分担加梯成本;二是通过加层的方式解决加梯的成本。从上海的情况来看,由于第二种方式涉及小区容积率的变更等重大问题,目前还不被允许。而第一种方式就需要居民一次性拿出较大额度的资金,这往往也成为推进项目的瓶颈所在。

我认为,基层公共服务建设中,电梯加装项目涉及利益相关方最多,难度最大,但若能通过治理模式创新,啃下这块最难啃的"骨头",其意义无疑就不限于电梯加装这件事了。

"BOT模式"探索三方共赢

上海的基层管理者,在电梯加装项目推进过程中,自主摸索出了一条新路子,电梯的建设、运营和维护采用基础设施和公用事业中常用的BOT模式——企业带资安装(Build 建设)、运营(Operate 运营)、转移(Transfer 转交)。

例如,在杨浦区殷行街道,电梯建设前期,居民不用出一分钱,由电梯公司出资把电梯建好,从居民开始使用之日起,再向电梯公司缴纳使用费,期限为15年(使用费按照层高比例分摊:6楼每年交使用费3 100元;5楼2 400元;4楼1 800元;3楼1 200元;2楼600元;1楼0元。考虑到物价指数和人力成本随时间递增,使用费每5年增长6%)。在这种模式下,加梯公司同时要承担电梯15年间的管理和运维。这一部分费用,企业不另外向居民收取,而是由居民和企业约定,企业有权获得电梯内广告开发权来弥补。15年后,电梯的所有权、使用权、收益权归该幢居民所有,企业则在同等条件下享有提供维修维护服务的优先权。在此运作方式下,政府需承担使用费用补贴等引导资金,企业有一个长期且相对稳定的收益保障愿意带资改造和运营,业主通过让渡一定年限的运营权、收益权和广告位的开发权解决了加梯和日常维护保养的问题,各方利益都得到充分保障。

加装电梯施工只是短期内的小工程,管理和维护才是长期的大工程,也是整个项目的生命力所在。把市场能解决的事情交还给市场,建设和管理都由市场调节,电梯后期的维护和保养问题得以解决,才是兼顾现在和将来的长远打算。从市场的内在逻辑来看,如果电梯使用过程中由于建设和保养不到位,可能面临无法收回投资的风险,企业有确保电梯运营质量的内在动力。同时，在实践中，部分楼栋因居民一次性付全款压力大，而影响一致意见的达成。BOT 加梯模式则在一定程度上解决了这个问题，可以大大提高加梯协商的成功率，放大社会整体的投资量。数量上去了，企业也能取得电梯加装和运行的规模效应。从这一层面来看，这也是挖潜、拉动内需的一部分。

传统的加梯方式中，参与主体是政府和居民，加梯公司仅仅作为施工方受居民的委托，承担电梯的建设；而在 BOT 加梯模式中，企业作为主体一方参与了电梯建设和运营的全过程，真正体现了人民城市建设主体的多元化(政府-市场-社会)。这种政府、企业、居民三合一的全新治理结构，达成了满足百姓需求、街道统筹推进公共服务、企业获得更多盈利空间的三赢。这种模式对上海的社区微更新、微基建具有推广意义。

不能靠做“盆景”，更要撒籽成林

数据显示，2019 年上海通过业主意愿征询完成加装电梯立项的居民楼达到 624 幢，超过了过去 7 年之和。自 2012 年发布《关于明确本市既有多层住宅增设电梯的指导意见》至 2018 年，上海加装电梯立项共 328 幢，累计达到 952 幢。目前，上海加装电梯政策体系基本建立，业主自主协商与社区引导协商的机制不断完善，第三方专业服务日益完善。下一步，上海将推进住宅小区加装电梯前期评估全覆盖，各区也将结合旧住房综合改造，提前将管线移位，为未来电梯加装预留空间。

在全球都面对城市更新大题的当下，这一领域中国并没有太多的前路可以效法，更多的是需要自己一步步实践摸索。目前已在上海多个社区落地开花的加装电梯新模式，为更宽领域社区营造提供了借鉴。

新模式将各方力量更好地调动起来，可以形成可持续发展。涉及民生的基层公共服务是一个涉及多主体利益、全过程管理的复杂工程，要精雕细琢做出一套样板房不难，但是要真正突破瓶颈，获得长久驱动力，就不能靠做“盆景”，而是需要不断创新模式，方可撒籽成林。

垃圾分类,开弓没有回头箭[①]

诸大建[②]

中国最早的垃圾分类是在2000年,当时上海、北京都做过试点。十多年过去了,又一波新的垃圾分类上线,这不会是过去的简单重复。想当年东京启动垃圾分类叫作垃圾战争,我把这一次始于上海的垃圾分类称作垃圾革命。既然是"革命",就不是马到即能成功的,但这将是一次新的起点。

我注意到,围绕垃圾分类舆论有不少吐槽,这些吐槽大致可以分为三类:要不要进行垃圾分类,垃圾分类定点定时的做法,以及中国的垃圾分类就是搞不好。

第一,关于垃圾分类要不要做的问题,回答是刚性的。谈到垃圾分类,大家谈得最多的是现在已经到了刻不容缓、没有退路的时候了。这种说法虽然老套,但实情也的确如此。我们的发展是以垃圾的大量产生为代价的。如果留心观察就会发现,中国大大小小的城市都有垃圾围城的现象。垃圾已经逼到我们眼前,容不得我们思考要不要进行垃圾分类的问题了。

积极一点来说,我们要在2035年基本实现生态文明,光有GDP的增长是不够的,我们还要在垃圾处理方面赶上来。

有人说,先搞好GDP,垃圾问题可以慢慢来。但城市跟人一样,不仅要"吃"好、"穿"好,"新陈代谢"也要好。垃圾就是城市的代谢,一旦代谢不佳,城市将不堪重负,这座城市在为市民提供高品质的生活方面就会打折扣。根据测算,中国目前每人每天产生的垃圾已经超过1公斤。如果不想在将

① 原文发表于《环球时报》2019年7月4日第15版。

② 同济大学经济与管理学院公共管理系教授、可持续发展与管理研究所所长。

来陷入被动,现在就必须更加积极地考虑垃圾处理问题,采取主动、有效的措施,实现垃圾分类。

垃圾就是污染。面对污染,全世界的通行原则就是谁污染谁负责。这不是你愿不愿意进行垃圾分类的问题,而是这就是你的法律责任,每个人都要对自己造成的污染负责。所以,对于要不要进行垃圾分类,回答是刚性的,这里面有强度也有硬度。

多年来,我们对待垃圾处理的态度太过宽松,一般以说服教育为主,现在来了一波强制性的要求,有些人就受不了了。但没有办法,在水、气、土、渣等城市环境问题中,垃圾处理是城市面临的最大也是最困难的挑战,不能等待每个人的觉悟提升,有时候必须采取疾风暴雨式的集中治理,然后转化为全社会成员的长期坚持与习惯,这样才能取得实效、巩固成果。

第二,关于垃圾分类怎么做的问题,吐槽最多。一是干垃圾、湿垃圾怎么分;二是定点定时,对此很多人感觉不方便。虽说城市应尽可能地为市民生活提供便利,但是扔垃圾这件事是一个例外。垃圾分类就是要让大家不方便,因为垃圾本身是污染,处理污染的事情怎么能够随便方便呢?如果市民扔垃圾太“方便”,整座城市的运营就不方便了。

垃圾分类是一定要做的,但怎么分,需要有温度,也要有弹性。每一座城市的垃圾分类标准应该是因地制宜的。上海对于垃圾实行四分类:干垃圾、湿垃圾、可回收物和有害垃圾。这是因为上海是东南沿海城市,土地稀缺,对垃圾的处理方式以焚烧为主,所以垃圾分类要分出干与湿,便于焚烧处理。

垃圾分类要由后端处理模式来决定。比如中西部如果以填埋垃圾为主的话,不分干湿垃圾也没问题。垃圾分类的方式是要因地制宜的,是灵活的,也是弹性的,但是一旦通过主流讨论决定后,居民就要遵循此分类。

垃圾分类定点定时的做法是约定不是规定,定时定点的做法不是一刀切,也是约定的。上海提倡不同的社区可以有不同的方案,通过这样的做法给人们一点温度感,有一点人情味,让人们逐渐适应这种变化。

第三,人们很担心这一轮垃圾分类行动烂尾。因为在过去十几年的垃圾问题上,后端处置措施没有跟上,影响了前端的积极性。但这一次不一样。垃圾处理有四大环节:上游的投放,中游的收集与运转,下游的处置。

上海这次颁布的条例针对的是这四个环节,不仅前端要做到分类,后端也是一样,形成一个系统工程。

对于能不能做成功的问题,我们要做好持久战的打算。中国城市需要3～5年才能把垃圾分类的环节完全做到位,而人们垃圾分类的习惯需要十几二十年才能形成。

既然垃圾分类是大潮流,我们就要围绕这一潮流多动脑筋,人们的关注可以从争论要不要做、怎么做和能不能做成转变为如何将垃圾分类做得更有效率,如何让这个事情做得更快、更好,让每个人能更快受益。

情感同化+目标引领

——创始CEO包容如何化解创业团队"争权夺利"[①]

魏　峰[②]

在团队创业已然成为创业主流形式的今天，创业团队成员之间固然有同心同德、守望相助的佳话，却也不乏矛盾冲突、争权夺利的争斗戏码。传奇人物乔布斯曾因与合伙人马库拉的冲突被苹果公司解除职务，当当网创始人李国庆、俞渝夫妇由离婚诉讼引发的夺权大戏更是成为2020年媒体竞相关注报道的焦点。虽然，当当网法务部发布消息称二人离婚诉讼不影响当当网的运营与治理结构，但相关事件还是难免会引发人们对于创始CEO应如何应对创业团队地位冲突以保证企业声誉及企业绩效的思考。

我国传统文化历来提倡领导者应具备"海纳百川，有容乃大""宰相肚里能撑船"等包容特质，但包容更多地被看作是一种个人修养，领导包容与团队冲突、组织效率之间的关系一直不够明确。本文从组织内部人与人之间情感与目标的协同性入手，探索CEO包容如何化解创业团队地位冲突，从而实现多元化团队管理的有效性。

地位冲突——创业团队的天然属性

冲突管理是所有团队都难以避免的议题，常见的团队和组织冲突有任务冲突、关系冲突、地位冲突等。其中，地位冲突可能是创业团队内部更具

---

① 原文发表于"同济大学经济与管理学院"微信公众号2020年8月30日。改编自魏峰、曹星、贝玉莲发表的论文《人际协同视角下新创企业CEO包容型领导与创业绩效的关系研究》，载于《工业工程与管理》2020年第2期。

② 同济大学经济与管理学院组织管理系（筹）主任、教授、博士生导师，中国管理现代化研究会技术与创新管理专业委员会副秘书长。

典型性的冲突类型。中国作为高权力距离社会，与西方主张平等的社会相比，地位、等级在中国等东方国家中显得尤为重要。为了追求权力和地位带来的实际意义和象征意义，地位冲突在中国情境下的创业团队中表现得更加突出。

地位冲突(Status Conflict)指个体为了维持、提高自身在组织中的相对位置而引发的冲突。在组织中，较高地位代表着更大的影响力、更多的资源以及更多来自下属的服从和尊重，也意味着掌握了组织更多的话语权和控制权。

地位冲突之所以在创业团队中更加常见，不仅受社会环境与文化的影响，更是由创业团队的特征决定的。

一、创业团队成员具有较高的相互依存性和利益的一致性

由于自身利益与企业利益休戚相关，创业团队成员一般都有极强的主人翁意识，都希望扩大自己在团队以及企业中的地位和影响力，树立更高威信，掌握更多的话语权和控制权，这无形中增加了团队中地位冲突发生的可能性。

二、创业团队异质性和多元性(Diversity)突出

创业团队成员一般各自拥有特定的资源，在知识、技能等方面也各有特长，同时创业者们又大多都是能力、胆识相对出众的人，具备较强的个性、自信心与自我认同，彼此间“各不相服”，容易以己之长比人之短，对于团队中自己和他人的地位变化也比一般团队成员更加敏感，这也容易激发地位冲突。

三、创业团队成员的职权地位多在企业创立之初就已确定

不同于一般高管团队与工作团队，创业团队成员的职权地位多是在企业创立之初，根据其入股企业的资金多少或个人能力、特长以及所拥有资源的多寡来确定的。随着企业发展与外部环境变化，企业需要面对和解决的问题越来越多，最初职权划分的合理性可能会面临来自内部的质疑和挑战，从创业团队内部产生重新划分职权地位的诉求，进而导致团队地位冲突。

研究发现，地位冲突会造成团队内部成员彼此提防、相互竞争，阻碍团队内部的信息交流共享、降低团队的信任感与凝聚力、增加团队内耗。而且地位冲突是一种零和博弈，一方地位的提升意味着另一方地位的下降，冲突双方会在团队或企业中寻求与其他成员的结盟，使得冲突的影响范围进一步扩大。当这种争夺行为发生在多元性本就很高的创业团队中时，可能会因为团队成员彼此在性格、处事风格等方面的差异而增加冲突的剧烈程度，进一步引发或加剧团队的任务冲突和关系冲突，导致组织效能下降、组织声誉受损进而对组织绩效造成不利影响。

CEO 包容——创业团队地位冲突的减压阀

团队成员在组织中的地位如何与组织领导（尤其是 CEO）有着极大的关系，且创业团队地位冲突与其多元性密切相关，这也使得多元化管理成为创业团队 CEO 的首要任务。多元化管理意味着 CEO 既要维持创业团队多元性带来的集思广益和生机活力，又要调和由可能引发的矛盾冲突给企业带来的伤害。在这样的情形下，领导包容受到了关注，并逐渐成为多元化管理的焦点。

包容的思想最初主要被运用在教育领域，提倡学校应当公平地对待社会地位、种族、性别等方面存在差异的学习者。2006 年 Nembhard 和 Edmondson 在研究中提出"包容型领导（Inclusive Leadership）"的概念，由此，对领导包容的研究正式进入了组织管理领域。

CEO 包容主要体现在鼓励多元化个体参与组织活动、完成组织任务并全力做出贡献的程度，强调双向关系，强调利益相关者参与治理和管理，是一种平等的集体领导过程。包容意味着平等、公正和参与，有助于组织成员获得平等的决策机会和权力地位，积极地投入到工作中去。在多元文化共存的组织中，包容型领导关注和满足不同下属的需求、倾听下属的观点、认可下属的贡献，从而能激发下属的潜能与活力，最终实现组织绩效持续增长。实证研究发现，领导包容对员工的工作满意度、组织承诺、工作绩效等有着显著的正向影响。

那么，CEO 包容如何化解创业团队的地位冲突呢？

(1) 包容能削弱团队成员的认同危机。

以往研究发现，认同危机（Identity Threat）是个体参与资源争夺的原因之一，即人们之所以挑战他人的地位，除了想占有资源，还有一个重要原因是为了确认和强调自己在组织中的重要性。用流行且通俗的话来说，就是人们都需要证明自己,需要“刷存在感”。而包容型 CEO 尊重下属的多样性,让利益相关者参与组织管理,创业团队成员即使没有获得正式地位也能获得话语权,这就降低了他们因为产生“认同危机”而引发团队地位冲突的可能性。

(2) 包容能够营造良好的组织氛围。

根据以往研究,地位冲突由对资源的争夺而引发,但是也受个体特质和团队人际关系的影响。地位冲突较少发生在团队成员比较和谐、融洽、友好的氛围中。包容型领导通过与团队成员和下属之间建立一种尊重、认可、回应与责任的关系,营造了宽容、开放、公正、平等的组织氛围,团队成员心情愉悦、幸福感较高,这也会降低组织成员挑战他人地位的可能性。

(3) 包容能增强团队成员的心理安全感。

人们对地位的争夺不仅出于提升自己地位的需要,更出于对他人上位可能给自己带来消极影响的担心,即某人的地位变化可能会削弱其他人的心理安全感。研究发现,领导者的包容性与下属的心理安全认知呈正相关。包容型领导会使下属感知到领导是可信赖的,即使处于地位较低一方,也不会因此而遭受打压,领导对不同意见即使不采纳,态度也是包容的。这能够消除团队成员和员工在工作场所中的心理压力,降低他们对于自己身份地位的保护意识和防御机制,进而弱化团队成员与其他人关于职位、权力等的竞争意识。

目标一致性——创业团队地位冲突的调节器

CEO 包容主要通过对团队成员多元化的包容和尊重,使团队成员减少认同危机、获得心理安全感等积极情感体验来减少创业团队的地位冲突,其作用机制更偏向情感层面;而高度一致的目标,则是团队成员自觉意识到自我与企业目标和利益的高度一致性,是比情感因素更为直接和有效的地位冲突抑制和调节因素。

目标一致性(Goal Congruence)是指企业整体目标在多大程度上得到企业成员的认同,也可看作是企业目标与企业成员个体目标之间的一致性程度。根据冲突管理理论,团队冲突并非不可调和,但团队成员对待冲突的方式非常重要。团队成员在冲突中是采取合作策略还是竞争策略,取决于他们对于自身目标与冲突方目标一致性程度的判断，这一判断将影响到他们对冲突的认知以及他们在冲突发生时所采取的具体行为。

创业团队内部目标一致性越高，意味着创业团队的整体和根本利益越一致。此时，创业团队成员之间即使出现对职权地位以及各种资源的争夺，主要也都是为了能以自己的方式去影响组织、实现组织目标，团队成员并不会完全将团队和企业利益抛诸脑后。目标和利益的一致性会促使团队成员在地位冲突发生时更多地采取积极而非消极的行为和措施，避免冲突激化以至于影响企业的声誉和效益，于是地位冲突对企业的负面影响就得到了一定的调和。这些由目标一致性所引发的团队冲突处理过程中的积极互动，可视为“合作型”冲突处理方式。

反之，如果创业团队成员目标已然分崩离析，那么团队成员对冲突的态度可能截然不同，他们不再认为企业利益就是自己的利益，甚至可能在争夺资源时怀有一种正义感，认为自己是在拨乱反正，让企业重回正道。一旦出现这种情况，企业利益就有可能会被视作权力斗争中必要的牺牲。在这样的主导态度下，冲突双方的谅解、合作可能完全被竞争所取代。与“合作型”冲突处理方式相对应，由冲突双方感知到的目标排斥所引发的团队冲突处理过程称为“竞争型”冲突处理方式。

显而易见，相比竞争，目标一致性引领下的合作更有利于创业团队化解冲突，保证组织有效运转。

给创业 CEO 的建议

包容型 CEO 作为多元化管理的典型代表，尊重下属差异，关注和强调追随者在互动关系中的重要作用，通过情感方面的支持促进团队成员和下属的组织认同，在多样性特征突出的创业团队中具有管理优势。与此同时，创业团队内部的目标一致性能显著降低地位冲突对企业造成的负面影响。根据以上结论，对创始 CEO 提出以下建议。

(1) 创业企业 CEO 应尊重团队和组织差异，着力提升自己的包容能力。

包容或许有与生俱来的特质成分，但在管理实践中包容是一种需要锻炼与培养的能力，尤其在多元化突出的创业团队和创业企业中。具体而言，

CEO 应当:①意识到多样性才是企业创新之源泉,尊重、包容创业团队成员的多样性,尊重创业团队成员在性格、能力、处事风格等方面的差异;②营造公平、公正的良好人际氛围,让团队成员在组织中获得心理安全感和认同感;③鼓励团队成员积极参与组织决策,避免团队成员出现"存在感"减弱或丧失;④对下属的贡献要从言行上予以肯定、赞赏。只有让团队成员获得来自领导的情感性支持,感觉被组织所重视,才有利于他们产生回报组织的责任意识。

(2) CEO 要正视并科学管理创业团队和企业中的地位冲突,情感凝聚与目标引领缺一不可。

许多领导者对于团队中的冲突可能会持一种"避之唯恐不及"的态度,对于"争权夺利"的地位冲突则更加排斥。地位冲突的确会对企业造成不利影响,但创业团队和企业中的地位冲突在所难免,且冲突并非都是不可调和的。CEO 应正视创业团队地位冲突,除了以包容、尊重团队差异,营造良好组织氛围,通过情感凝聚降低冲突发生概率之外,还应关注团队乃至整个企业的目标一致性程度,强化共同目标对于团队和企业的引领,以目标认同促进员工的组织认同,缓和地位冲突,从而提高团队和组织效率。

第6篇
谋划区域协调统筹

以江南文化涵养优质营商环境[1]

陈　强[2]

“让营商环境成为上海金字招牌”，世界银行《全球营商环境报告2020》见证了上海的努力与成绩：我国营商环境全球排名第31位，较之前提升了15位。作为世界银行测评的中国两个样本城市之一，上海权重占比为55％。

世界银行主要关注各国在开办企业、办理施工许可、获得电力、纳税、跨境贸易、执行合同、办理破产等方面采取的措施。因此，基础设施条件、市场经济观念、依法行政水平、政府服务效率、制度供给质量等因素是决定营商环境优劣的重要维度和关键变量。在这些因素中，有的可以通过突击，在较短时间内取得改进效果；有的则需要长远谋划，久久为功。文化具有“润物细无声”的力量。江南文化有进取、开放、包容、灵秀、精致、敦厚等特征，在涵养优质营商环境方面可以发挥独特作用。

江南文化是进取的。“日出江花红胜火，春来江水绿如蓝。”敢为人先、与时俱进是江南文化的精神内核，有助于不断突破体制机制的“痛点”和“堵点”，系统推进全面创新改革试验，在工作思路和方法方面推陈出新，打开优化营商环境的新局面。

江南文化是开放的。在某种意义上，营商环境是超越行政边界的区域生态，对于上海而言，优化营商环境也需要实现“两个面向”：一是面向长三角，加快推进长三角一体化背景下的区域联动和协同治理；二是面向世界，

---

① 原文发表于《文汇报》2019年12月11日第5版。

② 同济大学经济与管理学院管理科学与工程系教授、上海市习近平新时代中国特色社会主义思想研究中心特聘研究员、上海市产业创新生态系统研究中心执行主任。

对标国际一流，通过高水平开放，“他山之石，可以攻玉”。

江南文化是包容的。包容意味着多样性，江南地区一直有“深处种菱浅种稻，不深不浅种荷花”之说，强调的是因地制宜，一切从实际出发。世界银行的营商环境报告有其特定的关注角度，呼应了市场主体某些方面的诉求。上海营商环境的改善既要关注世行报告，分析差距，探索改进空间，也要跳出世行报告，借助新技术手段构建相应的感知和反应机制，关切并时刻体察不同类型市场主体的满意度、获得感和安全感。

江南文化是灵秀的。“春江水暖鸭先知”，市场主体是敏锐的，它们能够察觉营商环境的细微变化并迅速做出反应，但厌恶人为造成的不确定性。政府部门的行政服务既需要“店小二”般的眼观六路、耳听八方、手脚麻利，也需要如“阿庆嫂”般的审时度势、运筹帷幄。

江南文化是精致的。山水间、园林中、饮食里、器物上都可以体味到无处不在的精妙和细致。优化营商环境是一项复杂的系统工程，从目标规划到标准制定，从要素配置到布局优化，从流程再造到机制设计，恰恰需要这种孜孜以求、止于至善的工匠精神。

江南文化是敦厚的。一直以来，江南一带既是“车如流水马如龙”的商贾重地，也是“结屋三间藏万卷，挥毫一字值千金。四海有知音”的人文渊薮，素有尊文重教的传统，规则意识和契约精神在此扎下了深厚的社会根基，这些都利于培育良好的营商环境。

“若到江南赶上春，千万和春住”。随着上海营商环境持续改善，“投资上海”正成为越来越多海内外市场主体的共同愿望。截至 2019 年 7 月底，上海累计吸引跨国公司地区总部 696 家、研发中心 450 家。当前，面对百年未有之大变局，上海营商环境建设正进入新阶段，亟待更新观念，丰富手段。不妨借江南文化之神笔，描绘营商环境新蓝图。

特大城市如何防治重大疫情[①]

倪书阳[②]　张　鑫[③]

城市高密度发展有可能使之成为传染病的孵化器，从而增加大城市疾病传播的风险和公共卫生治理的难度。2020 年新冠肺炎疫情的暴发和快速传播，使我们不得不反思高密度特大城市重大疫情如何防治问题。

高密度不是重大疫情产生的根本原因

高密度特大城市相比人口疏散的中小城市和乡村而言，有着更高的聚集经济效应，但也会增加重大公共卫生事件等风险发生的可能性。

高密度特大城市在公共卫生治理方面存在的风险主要体现在以下三个方面。第一，人口的高度集聚及其健康的异质性，多样化的城市生活环境和方式容易孕育重大疫情，其中贫困区域首当其冲。第二，人口的频繁接触和高度流动性会加剧病毒的扩散和传播。如果叠加重大节假日，问题将更加严重。在全球化时代，城市则会成为传染病向国外传播的门户和通道。第三，人口的高密度和高流动性，加上发达的网络环境，使得疫情信息和恐慌情绪传播力更强，一旦应对不当，就会出现居民囤积物资、厂商哄抬物价等现象，严重时引发社会动乱。

城市化本身是人口和其他要素集聚的过程，同时也是知识外溢效应、经济和公共服务规模效应，以及现代城市公共治理的规范化、制度化不断提高

---

① 原文发表于“同济大学经济与管理学院”微信公众号 2020 年 4 月 25 日。

② 同济大学经济与管理学院 2020 级博士研究生。

③ 同济大学经济与管理学院经济与金融系副教授、同济大学财经研究所与可持续发展与新型城镇化智库研究员。

的过程。高密度城市意味着经济技术基础好、公共设施齐全通达、教育医疗条件好,信息传递灵敏、市场潜力巨大。这些对重大疫情的防治具有积极作用。事实是,高密度城市的传染病死亡率通常要低于其他地区,同时居民的健康水平也普遍高于中小城市和乡村地区。中国社会科学院等单位联合发布的 2017 年城市健康指数显示,内地健康综合指数排名前十位的城市分别是北京、珠海、上海、深圳、长沙、宁波、广州、杭州、南京、泉州,其中绝大多数都是高密度城市。

实际上,重大疫情的防治取决于城市社会经济发展水平、城市公共治理能力和水平,同时还受城市地理、居民教育水平等众多因素的影响。高密度只是构成城市重大疫情风险的外部条件,不是公共安全危机产生的根本原因,因此没必要对城市高密度现象产生恐惧而强制地去密度化。

城市化对公共卫生治理提出的挑战

从 2003 年 SARS 到 2020 年暴发新冠肺炎疫情相距 17 年,其间中国城市化也发生了翻天覆地的变化。

一是城市人口集聚度更高。例如,武汉市户籍人口从 2003 年的 781.2 万人增加到 2019 年的 906.4 万人。同时,老年人的数量也呈快速增长趋势。截至 2019 年,武汉市 80 岁以上高龄老人占全市老年人总数的 2.88%。高密度人口使病毒更加容易在群体间扩散,此次新冠肺炎疫情期间就出现了不少社区聚集性的病例。老年人抵抗力较弱,接触病毒携带者后易感染病毒的概率就较大。

二是人口流动性更强。随着我国经济的发展,交通等基础的完善,居民收入水平的提高,人口流动数量和迁徙频率也在日益增加。以铁路和航运为例,全国全年铁路旅客发送量和民航业完成旅客运输量分别由 2003 年的 9.7 亿人次和 8 759 万人次,增长到 2019 年的 35.7 亿人次和 6.6 亿人次,分别增长了 3.7 倍和 7.5 倍。便捷的交通加速了人口的流动,叠加春运,使疫情扩散得更快、更广。例如,2003 年 SARS 传播轨迹是由广东河源到中山再到广州和北京,内地累计报告临床诊断病例 5 327 例,死亡 349 例。2020 年新冠肺炎病毒在短短一个月内由武汉迅速扩散到湖北省和全国,累计确诊病例超过 82 000 多例,死亡 4 600 多例。

三是互联网高度发达，移动终端普及率更广。2003年年底，中国的网民数为7 950万人，而到2019年6月，中国的网民数达8.54亿人，互联网普及率为61.2%，其中城镇网民规模为6.3亿人，占比达73.7%。网络空间极大地延展了人们的舆论空间，加上网络信息良莠不齐，一旦出现谣言，群众恐慌的传播能力更强。

这些变化无疑加大了高密度城市公共卫生治理的难度，给城市重大疫情的防治带来了巨大的挑战。

从应对新冠肺炎疫情可以发现，我国在重大疫情和城市公共卫生治理方面依然存在一些不足。这些不足主要体现在疫情事前控制以及初期的事中控制上。一是健康饮食理念普及不够，管理引导有待加强。SARS是通过野生动物感染和传播的。野生动物并非病毒的"罪魁祸首"，而是人们不健康饮食方式的"受害者"。二是地方政府的危机应对能力有待提高。这主要表现在初期对疫情的研判不足，舆情监督和引导能力亟待提升。由于信息的不对称性、群众认知的局限性或群体诉求的多样性，舆情中既有理性的思考和建议，也常常存在不实信息甚至谣言，监督引导不够就会引发混乱。三是城市应急医疗点和物资储备体系存在不足。这体现在应急医疗医院、医务人员和医疗物资储备不足、应急物资生产能力储备不足、接受捐赠流程烦琐、缺乏突发公共卫生事件应急处理经验等方面。

提升城市重大疫情防治能力和水平的建议

中国传统的城市发展模式过于强调空间扩张而忽视社会规划和人的需要，给城市化埋下了很多隐患。一旦城市人口规模达到一定水平，诸如人口、资源与环境的矛盾关系以及公共治理问题就会变得异常尖锐。因此，优化和提升城市"以人为本"的治理体系和治理能力，尤其是高密度城市重大疫情防治能力和水平，是平衡人口集聚与城市化发展的关键。

第一，提高重大疫情防治意识。一是提升城市管理者的危机意识。高密度城市本身蕴含着包括传染性疾病在内的各类复杂风险，作为城市治理者，更应居安思危，未雨绸缪，提升公共卫生事件的预警和应急处理能力，加强突发事件演练，做到有备无患。二是提升居民卫生意识。一方面应提倡绿色健康的生活方式，从源头上阻断野生动物交易；另一方面应普及传染性疾病的防治常识，提醒居民在公共场所规范自身行为。三是提升媒体的责任意识。媒体应提升自我的责任意识，及时发布信息，拒绝不实报道。为此，习近平总书记在北京调研指导新冠肺炎疫情防控工作时，强调“要及时发布权威信息，公开透明回应群众关切，增强舆情引导的针对性和有效性”“要及时回应社会关切和舆论关注”。

第二，补齐公共卫生和设施短板。一是完善医疗服务。疫情后可对应急医疗资源进行梳理，完善应急医疗资源储备以及突发公共卫生事件时的物资保障，以防不时之需。二是改善城市居住环境，加快老旧小区改造进程，排除其可能存在不通风、地下水排水不通畅、室内潮湿等问题。三是加强城市应急物流体系建设。在 2020 年抗击疫情中，我国的物流体系发挥了非常重要的保障作用，但同时也经受了一次极端情况下的压力测试，启示我们应急物流体系仍有进一步完善的空间，未来城市物流体系和行业的优化存在发展机遇。

第三，提高城市数字化水平。信息通信技术创新和大数据的运用能够极大地增强疫情防控和应急管理能力。尤其对于高密度城市而言，大数据分析可以用于疫情态势研判和疫情防控部署，有助于对流动人员进行病情监测。在 2020 年“抗疫”战中，大数据就很好地发挥了人员追踪、物资调配、复工服务和政务决策等各方面的作用。借助大数据和物联网技术，智慧城市的兴起逐渐成为改善城市治理的有效手段。引入先进技术、推动技术进步，将极大地提高城市治理现代化的水平。为此要提高城市数字化水平，推进智慧城市建设。作为承载数据采集、传输、存储、计算的关键载体，新型基础设施正成为数字城市建设的重要基石，有利于培育壮大数字化产业，推动 5G 网络、人工智能、工业互联网等领域的发展，带动有效投资，形成经济社会发展新动能。例如，自抗击疫情以来，智能机器人已在很多岗位发挥了重要作用，比如医院的送药机器人、机场和车站的消毒清洁机器人、京东物流的智能配送机器人等，从而减少了人群接触，大大降低了交叉感染的概率。

第四，创新完善社区治理模式。一是促使城市治理单元不断下沉，以社区为单元，强化社区治理，建立各社区应对公共卫生事件的政策体系，形成社区公共卫生紧急事件应急管理标准化流程。二是线上线下双管齐下，尤其要注重网络空间的治理，一方面要积极利用各种媒体尤其是新媒体向公众普及卫生常识、突发事件应对措施等，使公众面对突发事件时做到心中不慌；另一方面，要重视科学素养和媒体素养教育，提高公众辨别各种媒体发布的信息的能力，不信谣、不传谣，遵守网络秩序。

南通与上海：天水相连的兄弟城市[①]

张玉臣[②]

谈起上海与江浙城市的区位联系，通常人们想到的是苏州和嘉兴。这两个与上海陆地接壤的城市，因交通便利等原因享受了与上海合作的先机。然而，随着2008年6月苏通大桥、2011年崇启大桥建成通车，未来北沿江高铁与城际轨道交通的开通，与上海同样具有同城基因的南通，成为接轨上海的新"风口"。

难以分割的隔江互助

由于与上海一江之隔的地理位置关系，南通的发展筹划始终离不开对其与上海联系的界定。

南通的早期定位是"北上海"，可以理解为北面的上海，即不是一个行政区域，却很像上海的一个地方。还有人将南通称为"小上海"，与"北上海"有异曲同工之妙。

之后，南通又被称为"上海北"，主要指南通要融入上海，成为上海国际大都市的组成部分或北翼门户。2016年，江苏省第十三次党代会提出将南通建设成为上海的"北大门"，从强调地理位置的紧密连接切换到明确的功能定位。

不论称谓如何变化，都说明了一个基本事实：深化和拓展上海与南通之间客观存在的紧密联系是人们内心深处美好又迫切的愿望。

---

① 原文发表于《解放日报》2019年8月21日第11版。

② 同济大学经济与管理学院创新与战略系(筹)教授、博士生导师。

改革开放以来,特别是进入新世纪以后,上海和南通的合作,特别是上海对南通的产业转移,更多源自市场的力量。这种合作出现过三次高潮。

第一次是20世纪90年代初上海的产业结构调整。当时,上海一方面大力推进浦东开发开放;另一方面,对自身大而全的产业结构进行了战略性调整,确立了汽车、电子信息、电站成套设备、石油及精细化工、钢铁和家用电器等六大支柱工业,压缩了纺织等附加值相对较低的产业。这些被上海调整的纺织产业,不少就通过多种方式转移到了南通。与此同时,南通钢厂于1992年加入宝钢集团,改制后又吸引日本新日铁株式会社、日本三井物产株式会社等国外资本成立了南通宝钢新日铁制钢有限公司。这些追求发挥各自优势的合作,总体上达到了"1+1>2"的协同效应。

第二次是上海筹办2010年世博会带来的机遇。为了办好世博会,抓住新一轮国际产业转移的机遇,2002年上海首次颁布并逐年修订了《上海工业产业导向布局指南》以推动新一轮的产业结构优化,上海不仅对六大支柱产业进行了调整,还推动从制造为主向先进制造、研发和服务为主的转变。这次调整时间较长、节奏平稳,更多发挥了市场机制的作用。由于南通具有良好的制造业基础,上海制皂集团等将生产基地迁到了南通。上海杨浦等区主动与南通签订合作协议,形成了"上海孵化、南通转化""上海研发、南通生产""前台在上海、后台在南通"等多种合作模式。南通还与上海静安区、杨浦区等结为友好区市,双方在科技、卫生、文化、教育、旅游等领域全方位合作,特别强化了引上海智力为南通服务。

第三次是苏通大桥、崇启大桥通车的带动作用。2008年苏通大桥通车,2011年崇启大桥通车。这两座大桥的通车极大地加快了南通与上海合作的步伐,上海与南通之间的合作进入了新的发展阶段。首先,两地合作被提升到了政府战略层次。2009年,南通市委、市政府将承接上海产业转移作为战略任务。当年,南通市政府与上海市经信委、上海市教委联合签署产业发展战略合作框架协议。其次,合作形式得到有效拓展,南通与上海开展了合作共建产业园区的探索。2009年,沪通两地9个工业园区签署合作协议。再次,合作内容逐步深化,南通从承接一般产业转移升级到吸引研发机构。2009年6月,复旦大学海门远达科技创业园成功落户海门开发区,项目总投资4.7亿元,在海门建立复旦大学遗传工程国家重点实验室(海门中心)、遗传科学博士后流动站、网络教育学院海门教学点、环保与节能新能源研究院等，着力打造复旦大学科研、培训、中试和成果转化基地。

指日可待的同城发展

随着都市圈在全球竞争中的地位越来越重要，长三角区域一体化发展成为日益紧迫的话题。2016 年 5 月，国务院批复《长江三角洲城市群发展规划》；2018 年 11 月，习近平总书记在首届中国进口博览会上宣布：将支持长江三角洲区域一体化发展并上升为国家战略。近年来，特别是党的十八大以后，长三角一体化发展步入了快车道。2018 年年初，《上海市城市总体规划(2017—2035 年)》正式公布，南通被列为未来 20 年上海构建世界级城市圈的重要城市之一。稍早的 2017 年 5 月，江苏省人民政府批复了《南通建设上海大都市北翼门户城市总体方案》。

在新的发展部署下，南通不仅是上海产业转移的重要基地，还上升为上海未来 20 年发展的重要战略空间。当然，伴随新技术革命背景下上海产业结构的更深层次调整，产业转移在更高层次、更大范围上推进。如 2016 年 5 月，双钱集团决定“上海只保留集团总部、研发中心和营销中心，产能全面转入南通。”

为了使南通和上海之间真正形成同城效应，目前 8 条过江通道在紧锣密鼓地建设之中，沪通铁路跨长江大桥于 2019 年贯通，沪通铁路计划 2020 年开通动车。面对如此诱人的同城化前景，一些具有战略眼光的上海企业已经捷足先登，筹划把研发总部搬到南通。2019 年 7 月 19 日，在南通中央创新区紫琅湖畔举行的上海电气南通中央研究院开工仪式上，上海电气集团董事长郑建华说：“上海电气将会在战略上做重要调整，进一步把战略重心集聚在南通，今后会把整个研发重点转移到南通。”而为了适应这种发展需要及提高自身城市品位，南通已筹划了 17 平方公里的中央创新区，将建成国家制造业创新中心、长三角区域科技创新特区、上海科技创新中心配套服务区。

可以预期，一个集“生态屏障、产业腹地、创新之都、文化名城”于一体的新南通，将以更加璀璨的形象撑起上海的“北大门”。

提升营商环境:上海样本的比照价值[①]

张　鑫[②]

世界银行2020年发布的《全球营商环境报告2020》(以下简称《报告》)显示,我国营商环境由去年的第46名上升至第31名,首次进入全球前40名。这是就全国整体营商环境而言的,并且是站在外商投资角度评估的结果。世界银行是以北京、上海这两座城市的指标数据为基础,评估我国营商环境的,其中“上海样本”权重占比达55%。因此,评析上海提升营商环境水平的样本很有意义。

世界银行将营商环境定义为企业活动的整个过程,包括从开办、运营到结束各环节的各种周围境况和条件的综合,即影响企业活动的各要素。世界银行每年会对全球190个经济体的营商环境进行评估,具体评估指标包括办理施工许可证、跨境贸易、纳税、财产登记、开办企业、获得电力和信贷、少数投资者保护、办理破产、执行合同等。

近年来,上海对标先进经济体的经验,打造最高标准、最高水平的国际一流营商环境,并交出了一份出色的答卷。例如,在开办企业指标方面,上海建立了以“企业开办一窗通”平台为核心的全流程的线上办事系统和线下企业开办服务专窗,实现营业执照、公章、发票等一窗同时发放。在办理施工许可指标方面,上海建立了以工程建设项目联审平台为核心的一体化线上办事系统,线下设立社会投资建设项目审批审查中心,实行一口受理。在获得电力指标方面,上海建立了以电网公司为主体的一站式办电服务和用能方案新

---

① 原文发表于《上海证券报》2019年10月31日。

② 同济大学经济与管理学院经济与金融系副教授,同济大学财经研究所、可持续发展与新型城镇化智库研究员。

模式,以及“1 + N”综合能源服务新模式(“1”个安全经济供电方案,提供能效诊断、节能改造、运行托管等“N”个能源增值服务),建立“全能型”供电营业站、“三型一化”(市场型、智能型、体验型、线上线下一体化)营业厅等营销服务新组织,升级响应客户需求和落实政府监管要求的配套服务新标准等。在财产登记指标方面,上海建立了网上办事系统,实施“只找一个窗口、最多跑一次”改革。在跨境贸易指标方面,上海建立了具备“通关 + 物流”功能的国际贸易“单一窗口”。在纳税指标方面,上海贯彻落实减税降费措施,实施“便民办税春风行动”,研究扩大增值税留抵退税政策,使中小企业年纳税次数和纳税时间由 2005 年的 37 次、832 小时,减少到 2019 年的 7 次、138 小时。在获得信贷、保护少数投资者、执行合同、办理破产等其他涉法指标方面,上海市除了主动向国家提出 33 项修法修规建议,积极争取国家支持先行试点外,还大力开展地方特色改革,提升行政和司法效率,使这些指标的排名都得到了上升。

营商环境建设的每项指标背后都要依靠法治支撑。根据《报告》,中国“执行合同”指标得分从 2018 年的 78.97 分提高到 2019 年的 80.9 分,提高了 1.93分。这 1.93 分均为“司法程序质量指数”提升带来的加分。该指数主要衡量各经济体是否建立或采用了一系列可以提升司法质效的良好制度和实践。上海法院“执行合同”指标的得分提高了 2.75 分,按城市权重(55%)折算后为 1.51 分,在中国总分提升中占 78%的比重。在 2019 年的世界银行评分过程中,上海建立了完善的司法绩效评价机制。这对我国提升得分的贡献是最大的。

在处理政企关系方面,上海的最大特点是,政府当好服务企业的“店小二”,政务服务实现“一网通办”,将面向社会的所有线上线下服务事项,逐步做到一网受理、一次办成。政企关系是“有求必应、无事不扰”,为各类优秀企业来沪发展提供更好的服务。

近年来,我国不少地区虽然在营商环境建设中也取得了很大进步,但与上海、北京相比,仍然存在不小的差距。最突出的问题还是市场准入限制多、标准高排挤了民营企业;政策执行中存在“玻璃门”“弹簧门”“旋转门”现象;企业项目审批程序烦琐,办事效率不高;中小微企业融资受到歧视,渠道狭窄;一些地方产权保护力度不够、政府信用缺失、政策执行落实不到位,使民营企业家缺乏安全感和方向感。

为了继续深入推进各地“放管服”改革，深刻转变政府职能，持续优化营商环境，国务院办公厅于 2019 年 9 月 19 日印发了《关于做好优化营商环境改革举措复制推广借鉴工作的通知》，对在全国复制推广借鉴京沪两地优化营商环境改革举措有关事项做出部署。之后，国务院颁布了《优化营商环境条例》，并于 2020 年起实行。这意味着我国进一步通过制定专门的行政法规来推进市场化、法治化、国际化的营商环境建设。这对深化改革开放、促进公平竞争、增强市场活力和经济内生动力、推动高质量发展都将起到极其重要的作用。各地需围绕市场主体需求，遵循市场规律，以落实《优化营商环境条例》为抓手，以市场化、法治化为手段，完善公平公正地对待内外资企业等各类市场主体的营商环境，尤其要在构建“亲”“清”的新型政商关系方面下功夫，通过不断优化营商环境、激发各类市场主体活力，为本地区的经济发展注入强大动力。

新视角下的长三角一体化：打破地理约束，优化产业布局[①]

周　华[②]　张晓东[③]

2019年12月1日，中共中央、国务院印发了《长江三角洲区域一体化发展规划纲要》（以下简称《纲要》）。《纲要》指出，长江三角洲（以下简称“长三角”）地区是我国经济发展最活跃、开放程度最高、创新能力最强的区域之一，在国家现代化建设大局和全方位开放格局中具有举足轻重的战略地位。推动长三角一体化发展，增强长三角地区的创新能力和竞争能力，提高经济集聚度、区域连接性和政策协同效率，对引领全国高质量发展、建设现代化经济体系具有重大的意义。

《纲要》对长三角发展做出了哪些规划？其意义何在？影响几何？国家价值链分析框架为我们提供了一种新的解读视角。

长三角一体化：完善价值链，打造增长极

国家价值链理论脱胎于全球价值链理论，二者都是生产网络化的产物。其中，全球价值链是指为实现商品或服务价值而连接生产、销售、回收处理等过程的全球性跨企业网络组织，涉及从原料采购和运输，半成品和成品的生产和分销，直至最终消费和回收处理的整个过程。在全球价值链视角下，散布于全球的处于价值链上的企业进行着设计、产品开发、生产制造、营销、

---

① 原文发表于《第一财经日报》2019年12月21日第A11版。

② 同济大学经济与管理学院经济与金融系副教授、同济大学德国研究中心研究员。

③ 同济大学经济与管理学院2020级硕士研究生。

交货、消费、售后服务、循环利用等各种增值活动。

在全球价值链中，产品越复杂，其生产包括的工序越多，其纵向维度更长；产业越庞大，专业化分工越有可能获得规模经济，其横向维度也会更发达，因而也更有可能形成规模宏大、结构复杂的生产网络。在全球价值链分工中，同一产品生产的不同环节被安排在不同的区域进行，而每一个环节所创造的价值量是不同的，由此构成了以价值增值环节为对象的分工系统。一般来说，价值链上游的设计环节和下游的营销环节能创造出更高的增加值，而中游的生产环节创造较少的增加值。这一规律被形象地描述为“微笑曲线”。

发展中国家在嵌入全球价值链时，通常只是从事相对低附加值环节的生产。这在一定程度上导致了区域发展的不平衡。但是，按照林毅夫的“新结构主义”理论，发展中国家可以先根据本国的比较优势（通常是资源和劳动力）来融入全球价值链，完成资本和技术的积累，并一步步地向高附加值环节升级。回顾我国改革开放以来所取得的经济成就，可以发现我国正是按照这一路径发展的。

比照全球价值链，国家价值链理论顺势而生。国家价值链的基本逻辑与全球价值链类似，只是将生产网络分布从全球缩小到一国之内。与之相应，国家之间的分工也就缩小为一国内各地区的分工，各国基于比较优势参与全球价值链的行为也缩小为各地区基于比较优势参与国家价值链的行为。

受益于其历史及区位优势，长三角地区长期以来都是中国经济最发达、城镇集聚程度最高的城市化地区。长三角地区以仅占中国2.1%的国土面积，集中了中国1/4的经济总量和1/4以上的工业增加值，且年增长率远高于中国平均水平，被视为中国经济发展的重要引擎。在这个中国经济最发达的地区推动地区一体化发展意义是重大的。在价值链视角下，长三角区域一体化将在区域、全国、全球三个范畴扮演重要角色。

优化产业结构，完善国家价值链

根据《纲要》，长三角区域一体化范围包括了上海、江苏、浙江和安徽全境，不难发现，在规划区域内既有经济发达的城市，也不乏经济欠发达的城市。分析其原因,应是为了将上海等地的非核心产业转移至欠发达地区。

对于长三角地区来说,区域一体化将助力区域内的产业转移和生产外包,例如苏北、安徽等地承接上海、苏南等地的低增加值产业(如服装、纺织等)以释放发达地区发展潜力的同时,也带动了欠发达地区的就业和经济发展。在完成核心地区的“产业减负”后,核心地区将有机会进一步提升创新能力和核心竞争力,以科技和创新驱动发展;而原先的欠发达地区也将承接发达地区的企业,进一步融入国家价值链,由此获得更多的就业机会和发展机会,带动当地的经济发展。

实现政策联动,下好全国一盘棋

在我国的发展进程中,东部沿海地区凭借技术、品牌、人才、核心企业和营销渠道等方面的产业优势控制着产业价值链的高附加值环节,而经济结构单一、产业基础薄弱的中西部则处在产业价值链的低附加值环节,形成了沿海地区对中西部、东北地区的“中心-外围”格局。如若这一格局被长期固化,将导致中西部在新一轮产业转型升级过程中处于不利的“低端锁定”位置,进一步拉大区域间的发展差距,并影响到中国综合竞争力的提升和转型升级的成效。

为了推动区域之间的平衡协调发展,优化经济发展空间布局,“十二五”以来,我国在原有的“西部大开发”“中部崛起”“东北振兴”等区域发展战略基础上,又先后推出了“京津冀协同发展”“长江经济带”等区域发展战略,并依托城市群和全国重要节点城市,提出了山东半岛、海峡西岸、成渝、中原、长江中游、哈长、关中平原、北部湾等一批“次区域发展战略”,旨在通过发挥不同地区的区位优势和资源禀赋优势,着力打造区域性的经济“增长极”。

长三角区域一体化将和“西部大开发”“中部崛起”等战略形成联动效应。通过此类政策,我国各地区将在精准分工定位的基础上充分发挥其比较优势,扩大区域市场规模、避免同质化竞争,形成链条式、组团式产业布局。国家价值链将被梳理得更加清晰,各地区形成产业上下游关系,实现联动发展,国家范畴上的产业结构将得到进一步优化,地区间差异也将由此缩小。

促进转型升级,提升国际竞争力

长期以来,我国在全球价值链中都扮演着“生产者”的角色,以劳动力价值被挤占为代价换取发展。在全球价值链中,处于价值链上游或下游的发达国家占据了增加值的绝大部分,发展中国家往往处于价值链中游,只获得增加值的极小部分。为了在全球价值链中占据更有利的位置,产业转型升级成为必然要求。

在《纲要》对区域一体化产业发展的要求中,创新成了关键词。《纲要》要求,共同培育新技术、新业态、新模式,推动互联网新技术与产业融合,发展平台经济、共享经济、体验经济,加强大数据、云计算、区块链、物联网、人工智能、卫星导航等新技术的研发应用。率先开展智能汽车测试,实现自动驾驶汽车产业化应用。建设一批跨境电商综合试验区,构建覆盖率和便捷度全球领先的新零售网络。推动数字化、信息化与制造业、服务业的融合,率先建立区域性工业互联网平台和区域产业升级服务平台。特别提出要集中突破一批“卡脖子”的核心关键技术。

不难看出,我国创新驱动发展战略将在长三角地区得到贯彻落实,长三角地区将成为我国产业转型升级的高地,长三角区域一体化则将成为提升我国全球价值链分工地位和国家竞争力的重要支撑。

乡村产业集群成链融合发展的几个样本[①]

张　鑫[②]

除产业链外，乡村产业还可结合自然环境、空间地域、交通区位、历史文化等优势集群成创新链、服务链和资金链等，构筑创新创业生态系统，创造产业空间的新形态。乌镇互联网小镇、杭州玉皇山南基金小镇、北京房山基金小镇等就是成功的例子。

继2018年1月《中共中央国务院关于实施乡村振兴战略的意见》发布后，2019年6月28日国务院又印发了《关于促进乡村产业振兴的指导意见》。这凸显了推进产业发展在乡村振兴中的重要性及其紧迫性。

乡村振兴离不开产业的支撑，而集群成链是产业发展的普遍规律或要求。但对乡村产业来说，一方面，乡村大多资源分散，基础设施建设和公共服务薄弱，难以像城市那样产生内在的集聚效应；另一方面，乡村是生活、生产、生态共生的载体，承担着为城市提供农产品和生态屏障、保护环境等功能。因此，乡村产业发展需要建立政府统一规划，市场运作机制，以城乡融合发展为导向，以构建产业链和产业集群为重点，实现产村、产镇、产城融合，产业兴旺与生态宜居的有机结合。

乡村产业集群成链首先要解决的是自然环境、基础设施和公共服务建设问题。自然环境、人文环境和人居环境是乡村相对于城市的一大资源优势，"绿水青山就是金山银山"。以满眼苍翠的乡村环境为基础，可以发展绿色农业、生态观光和农事体验等旅游观光产业。完善的基础设施建设和公

---

① 原文发表于《上海证券报》2019年7月25日。

② 同济大学经济与管理学院经济与金融系副教授，同济大学财经研究所、可持续发展与新型城镇化智库研究员。

共服务是乡村振兴的重要前提,也是实现产业集群成链的物质基础。但由于人口流失、生产和生活方式落后、居住地分散、资金匮乏,导致乡村环境破坏、基础设施建设和公共服务薄弱。这就需要政府牵头统一规划,广泛筹集建设资金来加以完善,从而形成产业集群成链效应。在这方面,浙江省永嘉县提供了很好的案例。

永嘉县素有"八山一水一分田"之称,悠悠楠溪三百里,水秀岩奇滩林美,具有自然生态旅游资源、深厚的人文资源和鲜明的地域文化特色等得天独厚的优势。但在 2015 年之前,永嘉县还是一个省级城乡差异大、交通设施落后的欠发达县。好在当地非常重视环境保护,严格规划功能区,在楠溪江中上游实行"工业零准入"政策,打击非法采砂行为,从而保住了楠溪三百里一江绿水。为了促进生态休闲旅游产业集群成链,永嘉县加强了交通网络建设,规划打造全面融入全省 1 小时交通圈、县域中心镇半小时交通圈和城乡(景区)微循环圈三个"交通圈",以形成便利的交通网络。同时,规划建设 12 条乡村振兴示范带,将分散的传统文化遗迹和村寨风情景点整合在一起,发展成为全域旅游区域,充分发挥旅游资源的集聚效应和规模效应。例如,已建成的岩坦镇楠溪古韵乡村振兴示范带总长 10 公里,共 14 个村庄,开辟了"一村一特色"和全域旅游水上新航线等具有楠溪特色的旅游项目。2018 年国庆长假期间,这条示范带就接待了游客 5.6 万人次,实现旅游收入 6 000 万元。在永嘉县岭上人家自然村,依托特色古建筑开设了"烤全羊"特色农家乐餐厅,集体打造了"岭上人家"农特产品商业区和免费的农事体验区,逐步形成了一条集吃、住、行、娱、购、游于一体的休闲养生旅游产业链。2017 年,这个自然村接待游客 70 多万人次,实现旅游休闲收入 3 000 多万元,销售农特产品收入 170 多万元,户均年收入达 40 万元以上。

实现乡村产业集群成链的途径和相应的案例还有很多。比如农工商一体化,实现农产品生产、加工、销售和服务三大产业之间的联动发展,形成农业全产业链,并延长价值链。大多数农产品具有易腐性、季节性和地域性等特点,在储运、市场供应及产品开发、信息沟通等方面都受到很大限制。这不是单个农户或农产品生产加工企业能独立完成的。最有效的办法就是形成农资采购、种植、储运、销售、服务等产业链。在此基础上,还可以统一品牌,提高产品链价值。山东聊城的蔬菜之所以能销往全国以及日本、韩国等地，采用的就是这种模式。

再如开展工商合作，以工带农、以商促农，促进农村产业和主导产品与城市消费市场相连接，特别是与城市居民的旅游、餐饮、养老、健康等产业紧密结合起来，实现可持续发展。乡村产业振兴仅仅依靠本地市场发展农业是不够的，也不能简单地移植城市第二、第三产业，而要立足本乡本土资源优势，延伸产业链、价值链，融合旅游、教育、文艺、餐饮、科普、高科技农业等多种业态，形成一、二、三产业融合发展的现代农业产业体系。这方面具体的做法主要是依靠乡村工业的辐射和带动作用，依托和引进城市龙头企业、科技人才和科技项目，集聚现代生产要素，通过以企带乡、兴建工业园区等方式实现多元化经营，统筹布局带动乡村形成农副产品生产、加工、运输、研发、服务、现代营销等农业全环节升级、全链条增值，充分发挥技术集成、产业融合、创业平台、核心辐射等功能作用，促进农业经营主体实现专业化、标准化、集约化生产。

第 7 篇
把脉科研发展规律

以创新求发展，迎接建筑行业职业教育的大变革[①]

王广斌[②]

建筑产业是我国的支柱产业之一，在国民经济中占有重要地位。随着中国建筑产业的快速发展以及新业务、新模式、新技术的出现，信息化与工业化的深度融合成为我国建筑产业转型升级和高质量发展的根本途径，而建筑信息模型(Building Information Modeling, BIM)技术正是建筑产业信息化的关键性基础技术。

BIM 技术被广泛认为是 21 世纪建筑产业创新发展的关键基础技术，备受各国和行业的重视，被视为现代和未来建筑行业从业者需要学习和掌握的基本技能。当前，我国具备 BIM 技术应用能力的人才非常缺乏。因此，大力培养适应行业未来发展需求的 BIM 技术人才是实现我国建筑产业信息化和工业化深度融合的基础和关键，也是我国建筑行业职业教育和人才培养中亟须重视和加快解决的主要问题之一。

根据《国务院关于印发国家职业教育改革实施方案的通知》要求，从 2019 年开始，我国职业院校、应用型本科高校启动“学历证书 + 若干职业技能等级证书”(简称“1 + X”)制度试点工作。职业教育迎来一次由产业市场和政策制度双重驱动的大变革。改革实施方案既为我国职业教育指明了改革和发展的方向，也为职业教育人才培养提供了产教深度融合与“1 + X”证书模式等具体的方法和途径。

在“1 + X”模式中，首批试点的 BIM 证书制度是以产业未来发展需求、

---

① 原文发表于《中国建设报》2019 年 11 月 27 日。

② 同济大学经济与管理学院建设管理与房地产系主任、教授，同济大学建筑产业创新发展研究院院长。

学生能力产出为导向,融合职业技能标准和教学标准,并参照国际标准进行设计的。该制度的实施将有效填补当前建筑产业中 BIM 技术的人才缺口,提升工程建设领域 BIM 应用能力,助力未来建筑产业的转型升级与高质量发展,因此具有十分重要的意义和发展前景。

我国的职业教育将更加注重理论与实践的深化融合,这是我国未来产业变革和人才教育培养高质量发展的客观需要。职业院校需要充分认识到职业教育改革及"1 + X"制度是顺应这一趋势和发展而采取的国家政策及对策,是增强职业教育自身创新变革的内在动力。在变革中既要有压力,更要有内在的动力和危机感,从而才能积极思考,应对变革。

展望未来,我国的职业教育需要紧密结合国家产业发展和人才培养的需求,以产学研深化融合和协同创新为理念,全面积极推进职业教育中人才培养模式的改革,以创新求发展,共同构建我国建筑行业职业教育体系的新框架,实现高质量发展。

破除“SCI论文至上”需要“加减乘除”[①]

陈 强[②]

“加”:“因类制宜”,建立健全分类评价体系。

“减”:大力减少项目评审、人才评价、机构评估事项。

“乘”:激发专项治理的“乘数效应”。

“除”:强调投入产出效率,提升治理效能。

近日,科技部、教育部印发了《关于规范高等院校SCI论文相关指标使用,树立正确评价导向的若干意见》,剑指“唯论文”和“SCI论文至上”等问题,旨在推动高校科研转向高质量发展。

其实,SCI不过是文献检索的一种工具,有其特定的筛选角度、逻辑和标准,只是被过度扭曲使用了。问题出在哪里?首先,科技财政投入有绩效审计的要求,需要绩效指标支撑。高校科研组织的“行政化”色彩较浓,推动相关工作也需要“抓手”。于是,在一部分高校中,SCI论文成为科研水平和学科建设绩效的显示性指标,甚至变身为科研活动的“指挥棒”。其次,改革开放后,在大多数领域的国际学术竞争中,我国高校主要处于“跟跑”状态。在学术水平和治理成熟度还不太高的时候,选择SCI论文之类的指标,既是“偷懒”的结果,也有成本控制和效率提升方面的现实考虑。毕竟,在特定的发展阶段,将SCI论文作为学术评价指标,既简单直观,又便于理解和执行。

相对而言,“破”易“立”难。在评价体系已“破”未“立”之际,高校科研能否实现高质量发展,关键在于做好“加减乘除”。

---

① 原文发表于《文汇报》2020年3月3日第12版。

② 同济大学经济与管理学院管理科学与工程系教授、上海市习近平新时代中国特色社会主义思想研究中心研究员。

"加"的关键在于"因类制宜",建立健全的分类评价体系。基础研究、应用研究、技术创新的规律不同,研究方式和成果形式各异。一般情况下,基础研究周期较长,以"慢研究""深研究"和"冷研究"为主,产出相对不确定。应用研究旨在实现某一特定领域的技术突破,或解决生产和管理实践中的实际问题,有明确的结果导向,需要与时间赛跑。技术创新则更不一样,需要一只眼睛看供给侧,一只眼睛看需求侧,其绩效与市场的相关度更高。因此,评价工作必须尊重不同科研领域的规律和特点,拓宽观察维度,除了高水平论文外,还要关注发明专利、工程方案、行业标准、规范、专著、教材、工具书、提案、专报、政策文本、媒体文章、创意设计等成果形式。

"减"指的是"减量"。代表作同行评议是西方国家普遍使用的学术评价方式之一,事实证明它是公正有效的。这次治理也要求"完善学术同行评价"。但是,问题在于各种评价名目实在太多,评审需求太过旺盛,真正能够入评审组织方"法眼"的专家却不多,要让评审专家在繁忙的教学、研究、行政、社会事务之余,耐心审读大量送审材料,并给予细致且公允的评审意见,难度可想而知。另外,面对海量的代表作,同行评审所耗费的成本和时间是惊人的。因此,文件明确提出"规范各类评价活动,大力减少项目评审、人才评价、机构评估事项"的减量要求,接下来应抓紧进行专项摸底和梳理,大幅度地删减各种劳民伤财、用处不大的"三评"项目。

"乘"指的是激发专项治理的"乘数效应",从点到线,由线及面,系统提升。破除论文"SCI 至上"只是一个"小切口",借此可以揭开高校学术评价改革的序幕,从职称评定、绩效考核、科研奖励、人才评价、学科评估、资源配置、机构排名等方面入手,推动全方位、深层次的科研体制机制改革,优化科技创新模式和科研组织方式,释放基层学术组织和科研人员的创新潜力,实现高校科研高质量发展的"大转向",为经济社会发展提供切实保障。

"除"更多强调的是投入产出效率。从管理学角度来看,分子关乎有效性,可以理解为目标实现。分母则指向为了实现目标所耗费的人、财、物、信息、政策等各类资源,以及时间成本。推动高校科研高质量发展,既要关注目标实现,也要关注目标实现的质量及为之付出的代价。必须认识到,对于高校而言,支撑科研活动的资源是有限的,提升高质量科技供给的任务却是紧迫的,必须着力提升整个体系的治理效能。

近年来,高校科学研究蓬勃发展,“轻舟已过万重山”之后,“船到中流浪更急”。我们只有以破除“SCI论文至上”为突破口,拿出更具针对性和操作性的“硬核”措施,推动体制机制改革,才能实现高校科研高质量发展,“直挂云帆济沧海”。

论基础科学研究的“无欲观妙”[①]

周文泳[②]

现阶段,中美大国竞争呈现日趋加剧态势,美国逐步加大了对我国科技领域的封锁政策。改革开放四十余年来,我国在科技领域已取得了举世瞩目的伟大成就,但与美国相比,我国基础科学研究的原创成果依然不足。为此,习近平总书记多次在不同场合强调我国基础科学研究工作的重要性,全国上下普遍期盼我国基础科学研究领域原创成果能不断涌现。那么,在基础科学研究领域中,原创成果从何而来?促进原创应从何处入手呢?

在基础科学研究领域,科研人员在认识规律的过程中,只有保持一颗纯洁、清澈、干净的心灵,才有可能接近现象背后的客观真理,逐步领会基础科学研究过程中的玄妙之处,才有可能发现和揭示客观规律,即“常无欲,以观其妙”。在探索科学真理的过程中,如果一个科学家追求功利、内心浮躁,开展基础科学研究时,就像戴了一副有色眼镜去看身边的事物,只能是真理的某些轮廓或表象,由此得出的研究结果与现象背后的真相会有一定差距,即“常有欲,以观其徼”。

目前基础科学研究领域的知识库中,夹杂大量的科学垃圾。制造科学垃圾,不仅浪费了制造科学垃圾的科研人员的宝贵青春,还浪费了大量国家稀缺的科研资源,也给后续研究者带来不少辨别真伪的困扰。那么,科学垃圾是如何产生的呢?试举两类原因:第一类是部分科研人员因追求名利制造科学垃圾,比如因科研动机不纯而制造科学垃圾,并以科学论文等形式公

---

① 原文发表于《同济报》2020 年 10 月 15 日第四版,略有改动。

② 同济大学经济与管理学院管理科学与工程系教授、上海市产业创新生态系统研究中心副主任、同济大学科研管理研究室副主任。

开发表,从最近几年发生的诸多国际顶级期刊出现的撤稿事件可见一斑。第二类是功利化环境诱发部分科研人员乐于去制造科学垃圾,如果一个基础科学研究单位学术环境不能顺应基础科学研究成果形成规律的需要,如以不同等级期刊论文数、科研项目数量、人才称号等简单量化指标作为评判科研人员的主要依据,那么,一些定力不足的基础科学研究人员就很容易将取得上述数量指标作为努力的方向,进而迷失从事基础科学研究的初衷,最终出现大量科学垃圾也就不足为奇了。

现阶段,我国上至国家领导人,下至黎民百姓,普遍关心基础科学研究领域的原创成果不足的问题。那么,如何促进基础科学研究领域的原创成果呢?

一是要持续优化基础科学研究领域资源配置的质量和效率。在科研资源配置过程中,逐步扭转“竞争有余、保障不足”的资源分配制度,注重结果导向,健全基于经验证的基础科学研究原创成果的科研人员和单位的后期补偿制度。

二是要配备符合原创成果产生的基础科学研究单位领导班子。在配备此类单位领导班子时,要关注领导班子成员的道德素养、科学情怀和服务意识,注重选拔干净、担当、敬畏科学、服务意识强的年轻干部,尤其要防范基础科学研究单位领导成员公器私用、争名夺利的道德风险。

三是要营造符合原创成果发现规律的基础科学研究生态环境。好的基础科学研究生态环境具有崇尚科学、敬畏科学、热爱科学等特点,能够引导一线基础科学研究人员脚踏实地、心如止水地探究科学真理。

四是要建立健全符合原创成果发现规律的基础科学研究评价制度。简单量化、以刊评文、急功近利的评价制度不利于一线科研人员平心静气地去探索科学规律,并且这已经成为制约发现原创成果的绊脚石。现阶段迫切需要建立健全长周期、重质量轻数量、重内涵轻形式的基础科学研究领域的评价制度。

大学科技园不必“十项全能”，但要学会“广结善缘”[①]

陈 强[②] 戴大勇[③]

我国经济社会发展和民生改善比过去任何时候都更加需要科学技术解决方案，都更加需要增强创新这个第一动力。作为科学技术研究的重要基地，高校理应积极响应国家战略需求、潜心深耕。大学科技园是高校科学研究和技术发明成果“落地”“入市”的中试平台，理应成为高成长性创新型企业的孵化基地。

高校作为知识的供给者，在科学研究方面着重解决的是从 0 到 1 的突破。大学科技园则应扮演好“接力者”的角色，努力完成从 1 到 10 的跨越，并将“接力棒”传递下去，让更多企业将 10 的能量放大到 100 乃至更多。为了实现这一目标，大学科技园应着力强化三种能力。

首先是发现能力。大学科技园应练就一双“慧眼”，一方面要建立信息收集的机制和渠道，及时了解和把握高校相关学科的重要科研进展，及时了解知名学者和活跃团队的最新研究动态，并通过运用知识图谱、技术雷达等分析技术，从大量的科技成果“弱信号”中去伪存真，见微知著，发现具有开发价值和商业机会的线索。另一方面，要瞄准世界科技和产业发展前沿，深刻理解创新型企业潜在的技术需求。综合以上两方面的研判，在形成有价值的发现后，大学科技园应组织专业力量，着手进行“概念验证”，论证各种创新想法、论文及专利成果的商业化可行性，进而做出是否具有转化价值的判断。

---

① 原文发表于《文汇报》2020 年 10 月 22 日第 05 版。

② 同济大学经济与管理学院管理科学与工程系教授、上海市产业创新生态系统研究中心执行主任。

③ 同济大学国家大学科技园总经理。

其次是链接能力。囿于人力资源、专业深度等因素,大学科技园自身不太可能也不必“十项全能”,关键在于能“广结善缘”,要善于集聚和链接各种功能性资源,构建高校知识供给与企业技术需求的良性互动局面,将科学家的好奇心、企业家的进取心以及资本的趋利性有机地结合在一起。就科技创新来说,不少功能性资源分布于高校内外,涉及概念论证、技术熟化、企业孵化、政策解读、应用场景构建、市场研究、知识产权服务等各个方面,贯穿于“创新想法—科学发现—技术发明—工程化—商品化—创办企业”的全过程。大学科技园要扮演好“催化剂”和“黏合剂”的角色。

最后是转化能力。大学科技园的发现能力意在“选种”,链接能力主要是为种子的萌发和成长创造必要条件,营造良好生态。当这些条件初步具备后,“田间管理”就显得尤为重要了,其水平的高低直接决定了最终的“收成”。“田间管理”所指向的转化能力是一种因势而谋、应势而动、顺势而为的体系化能力,具有多主体、全周期、高协同等特征。既涉及技术交易、企业孵化等“显性转化”,也关乎思想交流、知识互动、创新创业教育、管理提升等潜移默化的“隐性转化”,需要校内外不同类型的主体协同行动,也需要各种功能性平台的“起承转合”。

大学科技园的当务之急是强化以上三项能力,并推动相应的管理机制改革,争取在加强创新网络内部链接、提升产业链现代化水平、推动经济社会高质量发展方面发挥更大作用。

健全顺应科研高质量发展的学术话语体系[①]

周文泳[②]

高质量发展是党的十九大报告提出的新概念，是一种内涵式发展状态。科研高质量发展是指能够促进科技进步、支撑社会经济高质量发展、增强基础组织和社会公众获得感的科研发展状态。学术话语体系是科技创新领域的"上层建筑"，顺应国情特色的学术话语体系是实现科研高质量发展的重要条件保障。

现阶段我国学术话语体系的薄弱环节

学术话语体系主要由话语主体、话语工具、话语规则和话语制度等要素构成，是帮助学术共同体开展学术活动与实现话语功能的话语平台。现代科学源于西方，逐步形成了利于英美等国获取知识资源的国际学术话语体系。由于历史原因，我国学术话语体系相对滞后，现已成为我国科研高质量发展的制约因素。

(1) 国内学术话语体系过度西化。我国学术界参与国际学术话语体系的初心，是希望通过国际学术交流来提升我国的科技竞争力，进而支撑我国社会经济发展。然而，我国学术界出现了"SCI 至上"等学术话语体系过度西化的不良倾向，在各类科研人才、科研项目和科研机构评估中，出现了向擅长发 SCI/SSCI 等英文期刊论文的科研单位和科研人员过度倾斜的现象，造成了从

① 原文发表于"爱科创"微信公众号 2020 年 8 月 14 日，节选自《上海质量》第三期《疫情论文风波反思：论科学研究的高质量发展》。

② 同济大学经济与管理学院管理科学与工程系教授、博士生导师，同济大学科研管理研究室副主任、上海市产业创新生态系统研究中心副主任。

事不同类型研究和不同学科的科研人员和科研机构学术发展机会的不均等，破坏了国内学术生态的多样性，不利于满足国家社会经济高质量发展对不同领域的基础研究原创成果、应用基础研究成果和应用研究成果的现实需要，直接导致我国科技对社会经济发展支撑不足的局面。

(2) 我国学术话语主体自主意识比较淡漠。改革开放初期，我国与美英等发达国家之间的科技实力差距很大，融入美英主导国际学术话语体系有助于我们逐步累积科技实力。如今，改革四十余年，我国不仅完成了科技领域量的累积阶段，也在国际学术话语体系许多领域获得了一定程度的话语权，但我国学术界也出现了重在参与、主体自主意识比较淡漠的被动局面。由于我国学术话语主体的自主意识薄弱，且缺乏对以我为主的学术话语规则和制度的设计，从而导致我国学术话语内容盲目追随“国际热点”与“国际前沿”的误区，导致科研资源配置和科研产出脱离国情需要，制约了我国科技竞争力的稳步提升。

(3) 学术交流语言工具英语偏好。我国在融入国际学术话语体系过程中，在各类国内外西化的学术领域排名榜误导下，国内诸多基层科研单位和科研人员出现了优先在 SCI/SSCI/EI 等英文期刊发表科研成果的选择偏好，导致基层科研单位和科研人员的最新知识性成果优先惠及英语国家及其国民，增加了国人获取国内最新科研成果的难度，降低了我国基层组织和社会公众的获得感。

加快中国特色学术话语体系建设步伐

为了顺应我国科研高质量发展的需求，消除我国学术话语体系建设滞后的不良效应，在此提出如下三点建议。

(1) 强化中国特色学术话语体系顶层设计。中国特色学术话语体系主导世界，是中华民族伟大复兴在学术领域的重要标志。要实现这个目标，需要分三步走。现阶段，可采用参与国际学术话语体系和建设中国特色学术话语体系并重的双规思路，一是我国学术话语体系建设的核心任务是有序治理国内学术话语体系过度西化现象，通过政策引导(如国家两部委联合清理“SCI 至上”问题)，构建中国特色学术话语体系的基本框架并持续充实其内涵，以利于支撑国家社会经济高质量发展的现实需要；二是本着服务我国社会经济高质量发展的客观要求，在参与国际学术话语体系时要做到有所为、有所不为。第二阶段，在中国特色学术话语体系初步成形后，一边充实其内涵，一边增强这一话语体系在华人社会、一带一路国家乃至全球的影响力。第三阶段，在我国综合实力和科技实力处于世界领先地位时，中国特色学术话语体系水到渠成地引领世界。

(2) 加快我国自主学术话语规则制度设计。坚持文化自信，加强政策引导和荣誉激励，增强我国基层单位和科研人员的家国情怀以及参与国际学术交流和合作中的主体意识，以打造自主学术话语规则和制度为着力点，完善具有国情特色的学术话语体系，消除现行国际学术话语体系对我国学术话语内容的负面效应，引导我国学术话语内容实现从追随“国际热点”与“国际前沿”到服务我国科技进步的转型，从而有利于提升我国的科技竞争力。

(3) 加强我国汉语科技成果传播载体建设。推动我国学术成果交流和传播载体（学术期刊、在线论文发布平台、学术成果检索平台等）的评价体系改革，强化我国学术成果同行评议制度建设，营造我国学术成果交流和传播载体公平竞争的环境，以打造国内精品学术期刊为契机，形成以汉语精品学术期刊为代表的高质量学术成果交流和传播载体，增强其对我国基层科研单位和科研人员乃至国外学者的吸引力，从而有利于提升我国基层组织和社会公众及时获取我国乃至世界最新科研成果的及时性和获得感。

身临其境的在线教育，会重置大学教与学的逻辑吗？①

陈 强② 杨 洋③

突如其来的新冠肺炎疫情，正在默默地改变许多我们熟悉的事物。原本缓慢前行的在线教学也因此不得不加快了脚步，虽然步伐难免踉跄，但转眼就为我们揭开了未来教育的面纱。

在线教学对于不少老师和同学而言，还有许多不习惯之处。首先是路径依赖。毕竟大家都已经习惯了课堂教学，场景和模式已然固化。其次是在线教学所依托的基础设施还存在诸多缺陷。目前，在线教学的装备主要是"电脑＋网络＋摄像头＋麦克风"，在某种意义上，装备会限制我们对在线教学未来发展的想象力。网络是在线教学最重要的基础设施，尽管近年来我国网络基础设施发展迅速，但面对大规模、高质量的在线教学需求，仍有巨大的提升空间。另一个比较突出的问题是"现场感"欠缺，与课堂教学相比，师生普遍反映在线教学缺乏"现场感"，仅仅从电脑或手机屏幕的"小窗"中，老师比较难以识别和判断学生的听课状态，从而无法对教学内容和方式及时进行适应性调整。加之缺乏表情、眼神及肢体语言的交流，在线教学很难激发老师的授课热情，也很难调动学生参与互动的积极性。

但是，随着5G、云计算、人工智能、大数据等技术的不断发展，以及新型基础设施的逐步成熟，我们很快就会发现，当前在线教学所遭遇的瓶颈问题都将迎刃而解。

5G网络的覆盖将使得声音、图像以及教学素材的传输更加流畅、稳定。

---

① 原文发表于《文汇报》2020年4月24日。

② 同济大学经济与管理学院管理科学与工程系教授，上海市产业创新生态系统研究中心执行主任。

③ 深圳一得教育科技有限公司创始人，曾任同济大学经济与管理学院管理科学与工程系副教授。

大尺度全高清投影、虚拟现实等技术的广泛应用，将使得在线教学场景更生动、更富有层次、更容易产生“身临其境”的感觉。大数据分析技术的日臻成熟，将推动教学资源多维度和深度的开发利用，用于辅助教学的数据资源也将更加丰富，各种数据库、案例集、工具箱将层出不穷，助推教学效率迅速提升。当这一切成为现实，未来大学教育的基本形态又会发生哪些变化？

当装备能够时刻监督学习时，学生的学习自主性会极大提升吗？

原因很简单，与教学相关的技术快速发展和深度应用，将重塑知识学习和能力习得的供给侧结构，以教师为核心，以教室为场景，以教材为媒介的既定模式将被打破，获取知识和技能的渠道、场景、方式也将变得更加多元和高效。

当大量优质的在线课程可以轻易地以低价甚至免费获取后，学生将有更多选择。更多的教学资源以更加快捷的方式被提供，以更加友好的界面呈现出来，这些都将为学生自主学习创造更多可能。基于大数据和人工智能的“智能督学”与“智能导学”系统的深入应用，也将进一步提升各类学生的学习自主性。

尽管自孔子而降两千多年以来，教育家一直强调“因材施教”，但在传统的课堂教学模式中，仅靠教师以及助教的力量，仍然不可能完美跟进每一位学生的学习感受和学习进度。

然而，在“5G + 大数据 + 人工智能”的技术支撑下，督学系统可以实时观察分析学生在客户端的行为模式，捕捉课程和作业的互动时间、键盘鼠标等输入操作频率、摄像头观测到的面部表情与眼球焦点等信息，从而判断其学习状态并给予协助。

导学系统则可以根据学生在课堂练习和课后作业中的细节表现，与已有大数据进行匹配归类，从而判断其理解难点并提供针对性的解惑资料。这种细粒度、客户化的学习体验可以最大限度地兼顾不同学生的知识基础和学习习惯，真正实现“差异化教学”，提升学生自主学习的能力和信心。

当学生和老师之间不存在信息不对称时，老师还是老师吗？

当学生能够以更有效的方式获取各种显性知识时，教师“传道，授业，解惑"的角色必须做出适应性调整。

长久以来,教师作为一种职业类型,也是基于"信息"的各种"不对称"而存在的,这里所指的"信息"具有多元和多层次的特征,包括知识、技能、阅历、经验、思想等方面,"不对称"则包括教师对教学过程的单向主导和全面操控,以及学生对于课程内容、授课教师及教学方式的有限选择权等。

在过去20年的发展过程中,一般性的知识和技能已经可以通过普通的搜索引擎和门户网站免费获取。而较高层次的知识学习和较为复杂的技能传授,也已形成较为成熟的商业化供给模式。

从这个角度理解,教师要立足于社会,必须加快提升自我,致力于宽视野、深层次、体系化的知识和技能供给,引导学生改善逻辑思维,自主独立思考,快速构建分析框架,不断形成规律性认知。

在传统课堂中,教师是知识体系的提供者。而在不远的未来,由于各种知识信息都可以在网络中得到,所以教师的角色将会迁移为"知识体系的引导者"。一方面,教师基于自身对课程和学生的理解,筛选网络上适合的知识资源并推送给学生。另一方面,重点培养学生检索知识、分析问题的能力,使学生能够针对不同的学习目标,自主思考和构建分析框架并自主搜索适合的知识资源。另外,教师还可以从自己的修养、体验、感悟出发,在学生心智成长方面,发挥建议、启迪和滋养心灵的独特作用。

当教与学的逻辑被重置,大学还是我们熟悉的大学吗?

大学的功能和布局将被重新定义。我们所熟悉的大学组织结构及功能设计,主要基于传统的"教"与"学"的逻辑展开的,当知识的供给侧和需求侧均发生深刻变化后,教师、教室、教材等可能不再是学生获取知识和技能的主要渠道,既有的"生产关系"就必须做出调整。

这里的"生产关系"包括大学的办学理念、组织架构、运行机制及保障体系。时至今日,大学通过教学组织系统和教学质量保障体系的运行,以颁发学历证书和授予学位的方式,给"产品"贴上各种"标签","这些"标签"顺理成章地成为用人单位招聘人才时的重要参考依据。

但是,我们无法排除未来出现这种情境的可能,即如果社会上出现了更有吸引力、更具效率、更加灵活的知识传授机构或方式,学生便可在更短的时间内获取某一特定领域工作所需的专门知识、技能乃至经验。甚至出现更公正、更具效率、更有灵活性的知识和技能认证机构或方式，其认证结果更为用人单位所接受，并得到广泛的社会认可。那么，大学该怎么办？

在科技创新理论中，大学的一个重要社会定位就是"公共的知识池塘"，也就是生产知识并供给全社会，以作为企业机构创新发展的支撑。而在这种新的生产关系下，随着学生"生产"的社会化，大学的"公共知识生产者"的地位可能得以进一步加强，大学生产知识供给社会，社会教育机构运用这些知识培养学生。当然，大学本身也会直接培养学生，但是培养导向可能会逐步调整为"知识创造"，而"技能就业"型的学生比例则会逐渐降低，转由更具效率优势的社会教育机构来培养。

另外，在线教学的广泛应用会推动在线科研的发展，从而导致知识生产方式的变更。学科的边界将日趋模糊，交叉融合的特征则会更加明显，跨学科、跨领域、跨区域、跨组织的科研合作会进一步深化。在这个过程中，教师和学生的知识与技能将在更大范围、更高层面、更综合的格局中得以快速提升。

在大学的空间布局和建筑形态方面，变化可能更大。大规模集中式的学生宿舍及配套设施将快速减少。同时，教室和实验室的尺度和布局将被重新定义，大量智能教学设备及手段将被广泛应用，各种远程遥控机器人装置也将会普遍应用到各种专业的实验室中，让身处不同地域、不同专业的师生共同协作，通过远程操作使他们能在同一建筑中完成试验。线上与线下的融合将成为课堂教学的常态。

或许，这就是大学教育的未来。或许，未来已来。